Fredrik Forsblad

KUNST • ARBEIT • FREIHEIT

In das Ganze hineingelockt

Impressum

Der Untertitel dieses Büchleins ist entliehen aus „Die Wieder-holung", Hamburg, 1961, S. 61, von Constantin Constantius, dem Publikum besser bekannt als Sören Kierkegaard. Das voll-ständige Zitat dort lautet: „Wo bin ich? Was will das heißen: Welt? Wer hat mich in das Ganze hineingelockt (in der Über-setzung von 1991 heißt es: „hineingenarrt") und lässt mich nun da stehen?"

Bibliografische Information der Deutschen Nationalbibliothek: Die Deutsche Nationalbibliothek verzeichnet diese Publikation in der Deutschen Nationalbibliografie; detaillierte bibliografi-sche Daten sind im Internet über http://dnb.dnb.de abrufbar.

© 2025 Fredrik Forsblad
Schlussredaktion: Speedy 42 et al.
Lektorat: Anselm Soos

Verlag: BoD · Books on Demand GmbH, Überseering 33, 22297 Hamburg, bod@bod.de
Druck: Libri Plureos GmbH, Friedensallee 273, 22763 Hamburg

ISBN: 978-3-8192-0691-7

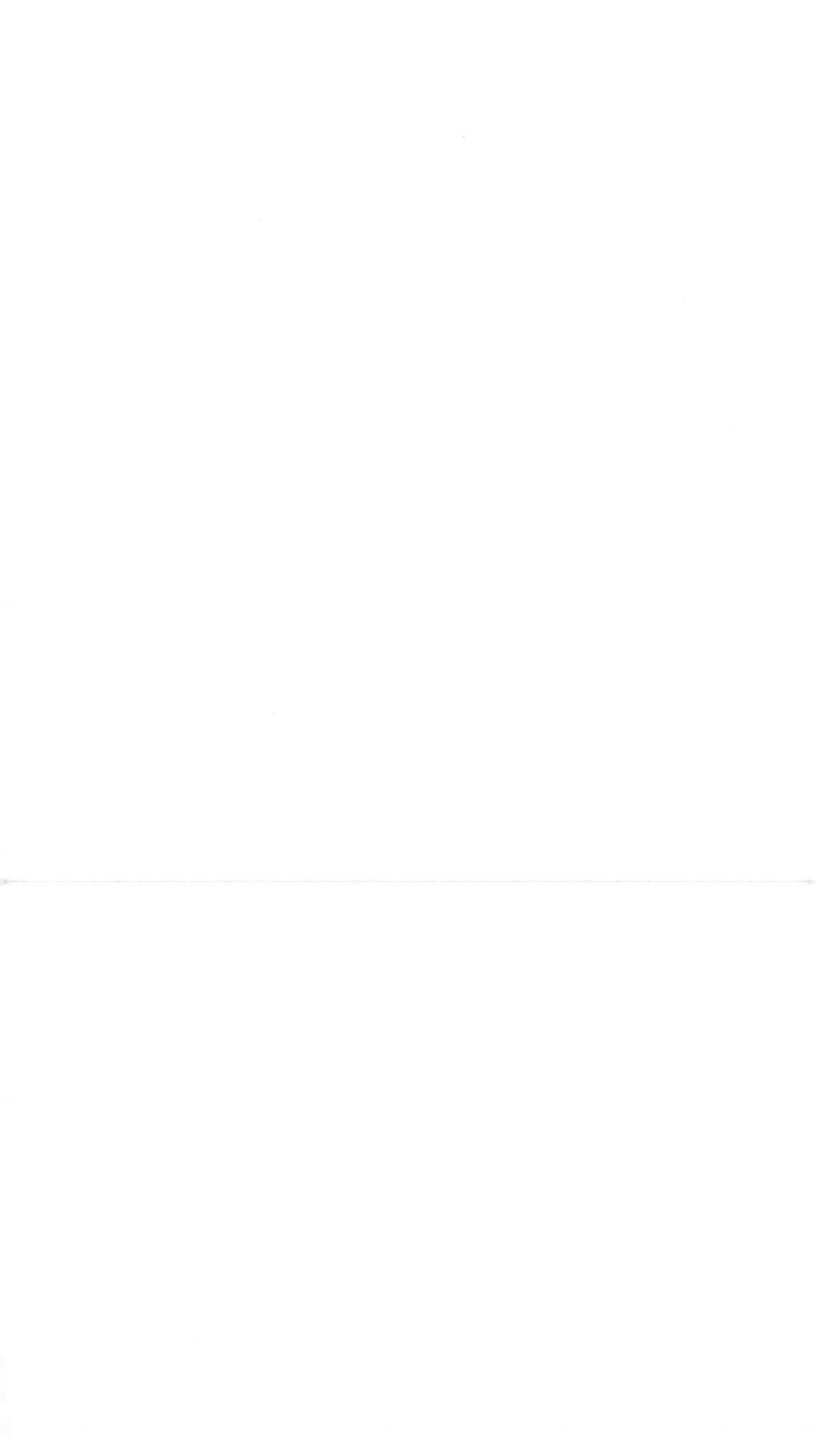

Inhaltsverzeichnis

III. FREIHEIT

KUNST • ARBEIT • FREIHEIT
In das Ganze hineingelockt …

Einleitung

Ein kleiner, doch fester Punkt – so heißt es bei Archimedes von Syrakus – würde genügen, die Welt aus den Angeln zu heben. Eine Schnittstelle dieser Art, das wissen wir heute, gibt es nicht. Vielmehr erleben wir eine sich wandelnde Welt, in der sich ‚poco a poco' normative Konturen auflösen – so sehr, dass eher diese entfesselte Schöpfung uns aus den Angeln hebt, als dass wir sie bewegen könnten.

Wie lässt sich dem schützend entgegensteuern? Wie kann man sich in seinem Dasein behaupten, wenn Werte erodieren und ökonomische, ökologische sowie politische Systeme kollabieren? Ein erfülltes, Glück bringendes Leben muss ein solches sein, in dem die innere Überzeugung und Sinngebung des Einzelnen gesellschaftlichen Widerhall findet. Je größer die Übereinstimmung zwischen subjektiven und objektiven Werten gesellschaftlicher, ökonomischer und sittlicher Art ist, desto erfüllter gestaltet sich das Leben. Der hierfür nötige Schutzraum ist uns – noch – gegeben. Unverzichtbar sind dabei die verbürgten Rechte, die einen solchen Freiheitsraum schaffen – einen Raum, den es zu nutzen gilt, der geschützt, gepflegt und, wenn nötig – wie seit dem russischen Überfall auf die Ukraine – auch verteidigt werden muss. Allerdings nicht vorrangig mit den Mitteln todbringender Waffen, die die westliche Rüstungsindustrie gewinnbringend zur Verfügung stellt, sondern maßgeblich mit den diskursiven Mitteln, die eine demokratisch gestimmte Verfassung nicht nur rechtlich, sondern ebenso moralisch gebietet. Für autonome, selbstbestimmte Wesen muss der Diskurs der einzig gangbare Weg sein – koste es, was es wolle. Das fordert die Vernunft, insofern sie sich als wahrhaft aufgeklärt versteht. Wird diese Sichtweise abgelehnt, liegt der Verdacht nahe, dass partikulare, meist monetäre, mitunter auch ideologische Interessen schwerer wiegen als die Ehrfurcht vor dem Prinzip Leben – einem Leben, in dem jedes einzelne zählt. Das darf nicht geschehen.

Die vorliegende kleine Untersuchung beginnt mit dem möglichen individuellen Rückzug in ein kreativ-künstlerisches Dasein. Die Frage, die sich dabei auftut, ist, wohin genau sich ein Individuum zurückziehen kann, wenn es sich kreativ entfaltet. Gibt es im heutigen globalen Weltgeschehen noch ein Refugium, das sich dem verpflichtenden sozial-ökonomischen Gewebe entzöge? Wenn Kunst den Anspruch vertritt, das Nicht-Identische zu sein, indem es für den Wirtschaftsbetrieb Nutzloses produziert, jedoch in gewichtigem Maße dabei transzendierend sinnstiftend verfährt, ist dies ein guter Grund, Künstler zu sein oder ein solcher zu werden. Der Widersinn dabei jedoch ist, dass die Kulturindustrie den getätigten Sinn von dem, was Kunst ist und sein kann, kommerzialisiert und den Sinn am wirtschaftlichen Erfolg festmacht. Wie verhält sich der Künstler, wenn sein Kunstobjekt zum Fetisch herabgewürdigt wird? Wie verdirbt das Geschäft den Sinn von Kunst? Gibt es für den Künstler aus diesem Dilemma einen Ausweg? Diese dialektische Klemme des „In" und „Gegen", des Kunstschaffens in einem von der Ökonomie gesonderten Raum und der Kommerzialisierung und Herabwürdigung der Kunst zur beliebigen Ware, gilt es auszubalancieren und einen Ausweg zu finden.
In einem zweiten Schritt werden in der hierarchisch gegliederten Arbeitswelt die demokratischen Unzulänglichkeiten der derzeitig waltenden Ökonomie des Spätkapitalismus beleuchtet. Wenn man davon ausgeht, dass politisches Handeln be-

reits in der Basis beginnt und zugleich damit der Anspruch erhoben wird, bis in die feinsten Verästelungen des sozialen Miteinanders demokratisch zu wirken, muss man feststellen, dass das Berufsleben in vielen Bereichen von diesem Prozess ausgeschlossen ist. Noch immer weist die Arbeitswelt totalitäre Strukturen auf, die diesem Anspruch widersprechen. Zugleich offenbart sich im Bereich der Arbeit der alles überdeckende kapitalistische Geist, in dem nichts zählt außer Profit. Den arbeitenden Menschen, die vor der Industrialisierung noch eine Sinnerfüllung in der tätigenden Arbeit erfuhren, werden in der Produktion der Waren Kraft und Hoffnung geraubt und im immer weiter vorantreibenden Fortgang „Geld-Ware-noch mehr Geld" in die Entfremdung getrieben.

Das dritte Kapitel beleuchtet gesellschaftliche Strukturen, die auf der einen Seite einen Rollenzwang provozieren können, mit denen der sensible Einzelne zu kämpfen hat, doch andererseits Freiheit garantieren, die jedoch nur in Form von Abhängigkeit wachsen kann. Lässt sich dabei das eigene Selbst als letztes Ressort der rettenden Erlösung ins Auge fassen? Es wird sich zeigen, dass nur eine spezifisch innere Haltung des jeweils Einzelnen im freien Austausch mit gesellschaftlichen, ökonomischen Normen und Werten darüber entscheiden kann, ob ein integres Leben in Würde und Anstand möglich ist. Hierfür wird der Freiheitsbegriff beleuchtet, insbesondere wie Immanuel Kant diesen in seiner praktischen Philosophie ausgearbeitet hat, da allein über diesen Weg der Begriff der Würde im deutschen Grundgesetz Eingang gefunden hat. Die grundlegenden menschlichen Werte im verfassungsrechtlichen Kanon aufgenommen zu haben, heißt jedoch noch nicht, sie verwirklicht zu haben, obgleich das Streben nach der Realisierung – wobei der Kampf gegen antidemokratische Strömungen von rechts und links dazugezählt werden – eine stete Herausforderung und Aufgabe für die sich in der Verantwortung befindende Regierung bleibt. Solange dieses Streben nach dem Ideal der Würde anhält, so lange wird das gesellschaftliche Leben erträglich sein, auch wenn überall, in allen Bereichen, sich Aporien zeigen, die unüberwindbar scheinen. Die Frage bleibt bis zum Schluss des Büchleins offen: Gibt es für jeden Einzelnen einen Ausweg aus dem „Ganzen", und wie sieht dieser aus? Die Frage zu guter Letzt: Was ist dieses Ganze, in das wir alle hineingelockt worden sind? Das Ganze ist das umgreifende Synonym für Welt mit der abschließenden Bedeutung, dass alles, was war, was ist, was sein wird, alles, was im Bereich des Wirklichen und Möglichen ist, Gegenstand einer Betrachtung sein kann. Über das Ganze lässt sich damit sagen, es ist alles und schließt nichts von sich aus. Eine weitere Bestimmung kommt dem Ganzen nicht zu, denn alles, was sich denken und sagen lässt, spielt sich innerhalb dieses Ganzen ab. Auch das Vergangene, in der Geschichte unendlich weit zurück Liegende, ist nichts anderes als dieses im Ganzen – eben zu einem anderen Zeitpunkt. Alles, was innerhalb dieses Ganzen geschieht, lässt sich beschreiben – aber das Ganze selbst nicht. Denn alles Hinausfragen über das Ganze nach einem Woher, Wozu oder Wohin bedarf eines quasi göttlichen Standpunktes außerhalb von allem, um das Ganze zu beleuchten, aber dann wäre das Ganze nicht mehr das Ganze ... Käme die Welt von irgendwoher, von einem transzendenten Punkt, wäre sie nicht mehr das Ganze. Die Frage nach dem Wozu ruft einen außerweltlichen Schöpfer auf den Plan mit einem aufgegebenen Sinn, der individuelles Streben ad absurdum führen würde.

Die Frage nach einem Wohin unterstellt ein Ziel und ist genauso unsinnig wie die Frage nach einem Woher – das Ganze

bleibt, egal, wie man es dreht und wendet, als Ganzes unerkennbar.

∗ KUNST ∗

Drei Metamorphosen

Gleich vorweg: Kunst hat die immanente Kraft des Zerstörens. Sei es die Emanzipierung disruptiver Künstler von deren Arbeitgebern, vornehmlich der Kirche, wie es im 19. Jahrhundert geschah, oder sei es die Zertrümmerung und Auflösung bestehender Konventionen des Kunstsystems und Normen der Kultur. Dass dies geschieht, dafür sorgt der Umstand, dass Kunst nicht nur gesellschaftliches Tun und Denken in ihrem Wirken reflektiert und abbildet, sondern sich auch in einem realen Zusammenhang mit eben dieser Gesellschaft befindet. Zum Glück ist in den westlichen liberal-demokratischen Systeme die Kunst frei.[1] Verfassungsrechtlich geschützt steht Kunst mitsamt ihrem Subversionspotential in einem Spannungsfeld, in dem Repräsentation und nachhängende Kritik einhergehen. Kunst ist per se ein Abbild der Zeit, gleich wie dekorativ oder provokativ sie ausfällt. Wann immer die Gefahr besteht, dass gesellschaftlich Freiheiten eigeschränkt werden, greift Kunst warnend ein. Der bedeutendste Gegner der Kunst jedoch ist die Wirtschaft mit der allumgreifenden Verwertbarkeit und Konsumierbarkeit, gegen die sich Kunst in ihrer Produktion auflehnt, ja auflehnen muss!

Explizit soll das Ringen um die Stellung der Kunst und der unglaublichen Kraft ihrer inneren Strukturen und Möglichkeiten in der Auseinandersetzung mit äußeren Widerständen der Gesellschaft und Ökonomie aufgezeigt werden. Widerstand gegen vereinheitlichende Tendenzen des Zeitgeistes und der domi-

---

[1] Abgesehen von der Mephisto-Entscheidung des Bundesverfassungsgerichtes vom 24. Februar 1971, in dem klar formuliert wurde, dass die im Grundgesetz vorbehaltlos gesicherte Freiheit verfassungsimmanenten Grenzen unterliegt. Kollidiert Kunst mit anderen Grundrechten, muss eine Abwägung der Rechtsgüter erfolgen. Kunst ist somit verfassungsrechtlich in Schranken verwiesen!

nierenden Kulturindustrie sind nur ein Merkmal von Kunst. Obgleich dieser Aspekt wichtig ist, da sich Kunst besonders bewährt beim Aufdecken konstituierender Formen der Verblendung, von der jede Gesellschaft, auch die liberalste, heim-gesucht wird, herbeigeführt durch überholte Glaubensvorstellungen, Narrative und vor allem durch das giervolle Trachten nach Profit. Bei diesem Kampf geht es nicht vorrangig um künstlerische Autonomie, die sich in der Freiheit des Kunst-schaffenden finden würde, es geht auch nicht um reines Gefallen, also um eine Ästhetik des Sich zeigen Wollens, denn damit würde eine kommerzielle Anerkennung erfolgen just von der Seite, deren bestehende Verhältnisse angeprangert werden sollen. Solch ein Zuspruch muss vermieden werden.

Es geht um klarere, bessere Abgrenzungen der Kunst, mit der sich Kunst als Kunst gegenüber dem Etablierten behaupten kann. Das geschieht nicht allein durch Rückzug in das große Gegen. Das allein wäre Rebellion und Sache politischer Akteure. Wir reden vom großen Rückzug ins Innere des Künstlers, von einer dadurch entstehenden Erhabenheit, durch die drei Metamorphosen entstehen, die hier thematisch erörtert werden.

Die erste Verwandlung findet statt im Akt der sogenannten ästhetischen Kontemplation, bei dem sich das von einem Werk ergriffene Individuum geistig aufhebt. Es hört auf, es selbst zu sein. Der Begriff „ästhetische Kontemplation" ist der Kunstphilosophie Schopenhauers entwendet, der wiederum angeregt war von Kants „interesselosem Wohlgefallen". Der Wille kommt im Prozess der ästhetischen Kontemplation zur Ruhe. Kein Trieb, keine Begierde, keine Störgeräusche des Lebens durchkreuzen das Bewusstsein. Die Welt löst sich auf, wird zum relativen Nichts: Nichts bleibt dem Künstler, außer in Losgelöstheit und Selbstvergessenheit sich mit dem ästhetischen

Objekt zu identifizieren. Der Künstler ist in diesem Moment ganz kunstgeschautes Objekt, er gibt sich völlig auf, er ist schauendes Medium. Hierbei ist nun zu fragen, was das ästhetische Subjekt sein soll, und mit dieser Frage stoßen wir ab dem nächsten Kapitel tief in das metaphysische Kunst-Konstrukt Schopenhauers.

Die zweite Metamorphose ist der innere Rückzug in die Kreativität. Um sich diesem Phänomen behutsam anzunähern, könnte man diesen Rückzug als die Einkehr in einen „hellen Raum", umschreiben, einen Raum, in dem der Künstler geistig sprüht. Es ist ein imaginärer Nicht-Ort, in dem die künstlerische Versenkung im eigenen Schaffen im Vordergrund steht, und in dem das Individuum im kreativen Prozess sich kurzzeitig in tonalen Stürmen und flirrendem innerlichen Erzittern und Ergriffenheit aufhebt. Es ist eine helle Kammer der Transzendenz, in der Neues entsteht, geschmiedet als letzter Sinn, als sinnvoller Halt, im Hier und Jetzt, wo jegliche Identitätslogik am Nichtidentischen zerschellt. Kreativität ist ein Geschenk, geschöpft aus dem eigenen Inneren. Wenn Ideen sich formen und vom Künstler Besitz ergreifen, ist die helle Kammer betreten. Und diese Kammer wird erst verlassen, wenn ein Werk vollendet ist.

Und schließlich als letzte große Metamorphose des Künstlers gibt es die Ekstase, in der man mit geschärften Sinnen eine höhere Seins-Ebene erklimmt. Schlagartig wird man von dieser Stimmung erfasst, sie kommt ohne Warnung, ähnlich einem epileptischen Anfall. Und wenn die Ekstase überkommt, versinkt alles herum wie im Rausch. Eine trunkene Nüchternheit befällt den Künstler. Alles, was in diesem Stadium fokussiert wird, tritt in übermächtiger Schärfe auf. Der Rest herum versinkt im Nebel. Die Blicke des Ekstatikers brennen Löcher in das Sein, doch nichts verbrennt. Alles herum ist klar und deutlich. Es ist der Zustand einer höheren Ahnung.

Allen drei Verwandlungen, oder besser Metamorphosen, ist gemeinsam, dass der Künstler sich in einem gehobenen Seinszustand befindet, bei der die Selbstfindung und Selbstverwirklichung garantiert sind. Bei Eintritt dieser drei Zustände entrückt das von diesen wilden Mächten erfasste Individuum in den kreativen Prozess der Versenkung, der Loslösung vom Alltäglichen, was klar gedeutet werden kann als eine Möglichkeit des großen Heraustretens aus erdrückenden Verhältnissen falschen Lebens.

Präliminarien zur Kunstphilosophie Schopenhauers

Arthur Schopenhauer wurde 1809 in Göttingen an der Georgia Augusta immatrikuliert. Zunächst für ein Semester als Student der Medizin. Jedoch zum zweiten Semester wechselte er über zur philosophischen Fakultät. Zu Hilfe kam ihm bei dem anstehenden Fakultätswechsel Gottlob Ernst Schulze, der kurz zuvor die Universität in Helmstedt verlassen hatte und einem Ruf nach Göttingen gefolgt war. Schulze war als Verfasser des „Aenesidemus", einem Buch, in dem er skeptisch die Vernunftkritik Kants hinterfragte, zu diesem Zeitpunkt ein berühmter Mann. Der junge Schopenhauer las damals zum Einstieg in die Philosophie Schriften von Schelling. Das wusste Schulze und gab ihm den Rat, sich ausschließlich dem Studium der Schriften Platons und Kants zu widmen und sich vorderhand weder mit Aristoteles noch Spinoza zu beschäftigen, bis diese erste Aufgabe bewältigt war. Ein folgenreicher Schritt, den Schopenhauer getreu befolgte, und den er, wie er später oft bekundete, nie bereute. Schulzes Rat wird verständlich, wenn man sich die damalige Zeit vergegenwärtigt. Die große Zeit der Universität

Jena, für eine kurze Spanne Zentrum des geistigen Geschehens, war abgelaufen. Die Lehrtätigkeit Fichtes endete nach dem berühmten Atheismusstreit 1799, und Schelling verließ Jena 1803. Fichte zog weiter nach Berlin und hielt dort seine berühmte Vorlesung über die „Grundzüge des gegenwärtigen Zeitalters", der später seine „Reden an die deutsche Nation" folgten, mit denen er den Übergang von der Philosophie zur politischen Bedeutsamkeit vollzog. Schelling hingegen zog 1803 nach Würzburg, von dort drei Jahre später nach München. Mit den „Untersuchungen über das Wesen der menschlichen Freiheit", einem Werk, das stark beeinflusst war von Jakob Böhme, machte er noch einmal auf sich aufmerksam, bis er anschließend für mehrere Jahrzehnte verstummte. Während die Epoche für Fichte und Schelling abgelaufen war, war die große Zeit Hegels noch nicht angebrochen. Sein Werk „Phänomenologie des Geistes", vollendet in den Tagen der Schlacht bei Jena, ging nach Erscheinen 1807 in der Öffentlichkeit völlig unter. Hegel war von 1806 bis 1808 Redakteur einer Zeitung in Bamberg und anschließend Rektor des Nürnberger Gymnasiums bis 1816. Beide Posten vermittelte ihm sein bester Freund Friedrich Immanuel Niethammer, der wie Hegel Stipendiat im Tübinger Stift war und ab 1807 das Amt des bayerischen Zentralschulrats innehatte.[2] Erst ab 1818, mit der Berufung an die Universität Berlin, begann sein gewaltiger Einfluss auf das Geistesleben in Deutschland.

In dieser geistigen Situation formte sich Schopenhauers philosophisches Verständnis. Mit den beiden Positionen Platon und Kant war die Philosophie Schopenhauers in ihren Grundzügen vorherbestimmt. Aus der von Schulze anfänglich übernomme-

---

[2] Auf Niethammer ist der Begriff des humanistischen Gymnasiums zurückzuführen.

nen Skepsis gegenüber der kantischen Philosophie insbesondere gegenüber dem kantischen Ding an sich formte Schopenhauer seine eigene Denkweise heraus. Ab 1811 löste er sich geistig von Schulze und begann seine selbständige Auseinandersetzung mit den Schriften Kants. Es sollte noch Jahre dauern, bis das System der „Welt als Wille und Vorstellung" entstehen sollte. 1812 wechselte Schopenhauer über zur Universität in Berlin und hörte Vorlesungen von Fichte und Schleiermacher. Was in diesen Jahren bleibt, ist Schopenhauers Einwand gegenüber dem kantischen Ding an sich, das er wie Jacob Sigismund Beck, Gottlob Ernst Schulze, Friedrich Heinrich Jacobi und Salomon Maimon für die schwache Seite der kantischen Philosophie hielt.

Schopenhauer zaubert nach dem Ende seines Studiums eine originell idealistische Philosophie hervor, die besticht durch eine radikale Distinktion von Vorstellung und Wille, wodurch ein Riss sich auftut, der durch die ganze Welt sich zieht. Auf der einen Seite ist das Erkenntnisvermögen, ganz im Sinne Kants verstanden, mit dem man nur Erscheinung – bei Schopenhauer Vorstellung – erhält, aber nicht zum Wesen der Welt vordringen kann. Auf der anderen Seite steht ein Wille, den Schopenhauer zum alles durchdringenden Prinzip erklärt. Um diese beiden Seiten zu erklären und in Verbindung zu setzen, folgen im Hauptwerk „Die Welt als Wille und Vorstellung" in vier Büchern erstaunliche Wechsel und ein überraschendes Zusammenbringen konträrer Betrachtungsweisen. Schopenhauer operiert dabei mit Übergängen von der erkenntnistheoretischen in die physiologische und von der logischen in die psychologische Kategorie. Es gibt ein Gegen- und Ineinander, ein Verschlungen-Sein von Tatsachen der Erfahrung mit Tatsachen jenseits aller Erfahrung, wobei gerade hier Platons Einfluss deutlich wird: der Versuch, über zwei Elemente Herrschaft zu gewinnen: es ist ein Hinüber- und Herübergleiten zwischen dem Reich der Vorstellungen und dem Reich der Dinge an sich, ein Erfassen, ein In-Beziehung-Setzen und Verbinden des Getrennten, das sich zweier verschiedener Organe, zweier Sprachen bedienen muss, und das nur mühevoll mit den Worten und Begriffen unserer Sprache bewältigen werden kann, die ausschließlich dem Reich der Vorstellung angehört, da der Mensch über kein Erkenntnisorgan verfügt, das die Grenzen möglicher Erfahrung übersteigen könnte. Denn es gibt keine Worte und Begriffe, die, frei von aller Bindung an die Anschauung, unmittelbarer Ausdruck metaphysischer Einsichten sein könnten. Eigentlicher Sinn wechselt mit Deutung und Gleichnis, jedoch blitzt im Zeichen des Bekannten, erkenntnistheoretisch Fassbaren, das Unbekannte, Unfassbare auf. Wobei Schopenhauer klar ist, dass es keine erschöpfende, sondern stets eine annähernde Erkenntnis an den Willen geben kann. Jede Erkenntnis, die uns das Wesen der Welt, das eigene innere Wesen enthüllt, bleibt gebunden an das vorstellende Bewusstsein, und so bleibt das Ding an sich als Adäquat des Willens immer nur erkennbar im Verhältnis zur Erscheinung. Was nun der Wille an sich ist, vor aller Erscheinung und somit vor aller Erkenntnis, ist nicht zu beantworten. Hier ist die von Schopenhauer vorgegebene Grenze, wo diskursive Philosophie endet. Und hier, an dieser Naht zwischen Willen und Vorstellung, an diesem Grenzposten allen Erkennens, setzt Schopenhauer im dritten Buch seines Hauptwerkes „Die Welt als Wille und Vorstellung" mit der Kunst an.

Schopenhauers Kunstphilosophie

Wir dürfen nicht vergessen, dass Schopenhauer das Weltgefüge aus dem Vernunft- und Sinnlosen verstehen wollte. Um mit Nietzsche zu sprechen: „Der grundlose, erkenntnislose Wille offenbart sich, unter einen Vorstellungsapparat gebracht, als Welt." Und dieser Wille ist es, der das Leiden in dieser Welt verursacht. Schopenhauer sieht das Leben als von einem nimmer satten und unbefriedigten Willen getrieben, der Leiden verursacht. „Alles Wollen entspringt aus Bedürfnis, also aus Mangel, also aus Leiden."[3] Der Mensch ist in seiner primären Eigenschaft als vom Willen geplagt täglich großen und kleinen Unfällen ausgesetzt, ein durch und durch hilfsbedürftiges Wesen, welches in ständiger Sorge und Furcht lebt. Hinzu kommt das Wissen um die eigene Endlichkeit sowie die reflektierende Betrachtung des Leidens und der Not des Lebens, was den Impuls erklärt, Trost zu finden und hierfür eine metaphysische Auslegung der Welt zu finden. Wäre das Leben endlos und schmerzlos, würde das von Schopenhauer gepriesene metaphysische Bedürfnis des Menschen entfallen. Jedoch dem Leiden gilt es zu entgehen, aber wie, wenn der metaphysisch erkannte Urgrund der Welt nichts anderes ist als dieser Wille und auch alles, was ist, was erkennbar ist, Objektitäten des einen Willens sind?

In den ersten zwei Büchern des ersten Bandes der „Welt als Wille und Vorstellung" legt Schopenhauer die Welt als Vorstellung und anschließend die Welt als Wille dar. Im dritten Buch endlich befasst sich Schopenhauer mit dem großen Feld der Kunst, dessen vorrangige Aufgabe es sein soll, so heißt es verheißungsvoll, sich vom Dienst des Willens zu befreien. Denn Kunst – neben der Mitleidsethik im vierten Buch – bietet die

---

[3] Arthur Schopenhauer, Welt als Wille und Vorstellung, S. 230-231

Möglichkeit, sich diesem Willen kurzzeitig zu entziehen. Der Schlüssel hierfür liegt, wie oben schon angeführt, in der Möglichkeit, sich ganz der ästhetischen Betrachtung hinzugeben, durch die man den Willen vorübergehend zum Schweigen bringen und eine Form von kontemplativer Ruhe und Erhebung erleben kann. In der ästhetischen Erfahrung tritt das Individuum aus seiner subjektiven, willensbestimmten Perspektive heraus und nimmt eine objektive Haltung gegenüber der Welt ein. Diese ermöglicht eine tiefere Einsicht in die wahre Natur der Dinge, da man sie nicht mehr nur im Kontext des persönlichen Wollens betrachtet. In diesem willenlosen Zustand erfasst man die sogenannten platonischen Ideen. Sie sind dasjenige, was den sich fortwährend ändernden Vorstellungen zugrunde liegt. Und sie garantieren das Höchstmaß an objektiver Erkenntnis. Hier macht sich der einstige Einfluss Schulzes bemerkbar, denn Schopenhauer greift zurück auf einen zentralen Begriff Platons, der zwischen der sinnlich wahrnehmbaren Welt und einer übergeordneten, metaphysischen Welt der Ideen oder Formen unterscheidet. Während die sinnlich wahrnehmbare Welt ständigem Wandel und Vergänglichkeit unterliegt, sind die Ideen ewig, unveränderlich und vollkommen. Anders formuliert: Die Ideen sind die Urbilder oder archetypischen Formen aller Dinge in der sinnlich wahrnehmbaren Welt. Jede konkrete Erscheinung oder jedes Objekt in der materiellen Welt ist nur eine unvollkommene Kopie oder Abbildung dieser perfekten und ewigen Ideen. Bedeutsam ist, dass diese Ideen laut Platon unabhängig von der sinnlichen Welt existieren. Während bei Platon die Erkenntnis der platonischen Idee nicht über die Sinneswahrnehmung, sondern ausschließlich über den Intellekt erfahrbar ist in Form einer Anamnese, liegt bei Schopenhauer eine erkenntnistheoretische Trennung vor. Die platonische Idee wird dadurch erreicht, indem das betrachtete

Objekt nicht in die subjektiv gegebenen Formen Raum, Zeit und Kausalität eingegangen sind, sondern lediglich Objekt für ein Subjekt sind. Mit diesem Negieren der Verstandeskategorien überwindet der Intellekt den Willen, schaltet ihn kurzzeitig aus. Damit diese Überwindung des Willens möglich ist, muss der Intellekt überwiegen, was selten genug der Fall ist. Aber wenn der Zustand gegeben ist, tritt über die verkürzte Wahrnehmung das Erfassen der platonischen Idee ein. Bei Platon existiert die Idee unabhängig vom sinnlich wahrgenommenen Gegenstand. Aristoteles kritisierte diesen Umstand und forderte, dass die Idee als Allgemeinheit in den Einzeldingen existieren muss, wobei noch nicht entschieden ist, ob es sich bei dieser Angelegenheit um ein logisches oder ontologisches Problem handelt. Bei Schopenhauer liegt das Sachproblem klar auf der Hand. Da die Platonische Idee grundlegend Objekt für ein Subjekt ist, korrespondiert sie mit den Dingen in der Vorstellungswelt. Die Frage stellt sich jedoch, ob man diesbezüglich zwischen Idealismus und Materialismus unterscheiden muss.[4] Das genetische und kognitive Verhältnis von Denken und Sein wird bei Schopenhauer nicht im Medium abstrakter Begrifflichkeit geklärt, sondern durchaus auf historisch-materialistischem Boden, beispielsweise wenn er den Menschen als praktisches Wesen definiert: denn das Ursprüngliche an ihm, der Wille, prämiert über den Intellekt. Dieser ist nur sekundär, untergeordnet, der Ladenschwengel des Willens. Hieraus

---

[4] Die Frage ist, ob die „Platonische Idee" bloß in unserer Vorstellung vorhanden ist, oder ob sie auch unabhängig davon existiert? Mit dieser Frage katapultieren wir uns mitten hinein in den immer noch untergründig schwelenden Universalienstreit. Paraphrasiert Schopenhauer: Wenn man eine an sich existierende Materie annimmt, muss man konsequenterweise, auch Materialist sein, und diese zum Erklärungsprinzip aller Dinge machen. Wer sie hingegen als Ding an sich leugnet, ist eo ipso Idealist. Somit zeigt sich Schopenhauer als strenger Nominalist; die Begriffe entstammen samt und sonders der anschaulichen Vorstellung, welche daher Urerkenntniss ist und also bei Untersuchung des Verhältnisses zwischen dem Idealen und dem Realen allein in Betracht kommt.

ergibt sich, dass die von Schopenhauer geforderte Demarkationslinie zwischen Realem und Idealem so ausfällt, dass „die ganze anschaulich und objektiv sich darstellende Welt, mit Einschluss des eigenen Leibes eines Jeden, samt Raum und Zeit und Kausalität, als Vorstellung, dem Idealen angehört; als das Reale aber allein der Wille übrig bleibt ... Wille und Vorstellung allein sind von Grund aus verschieden, sofern sie den letzten, nicht hinterschreitbaren Gegensatz in allen Dingen der Welt ausmachen. Das vorgestellte Ding und die Vorstellung von ihm ist dasselbe, aber auch nur das vorgestellte Ding, nicht das Ding an sich selbst: dieses ist stets Wille, unter welcher Gestalt auch immer er sich in der Vorstellung darstellen mag."[5] Schopenhauer ist aus methodischen Gründen Idealist, weil nur dadurch belegt werden kann, dass die Erscheinung durch den Intellekt bedingt ist und somit die objektive Welt in Abhängigkeit von unserem Intellekt steht. Wollte man hingegen eine materialistische Denkweise voraussetzen, also ein objektiv Gegebenes als letzten Erklärungsgrund allem vorausschicken, könnte man zwar verfolgen, wie die organische Natur und auch das erkennende Subjekt hervorgehen, dabei würde man aber übersehen, dass alles, was ist, durch das erkennende Subjekt bedingt ist.

Auf der Grundlage der verschiedenartigen Objektivationen des Willens stellt Schopenhauer eine Hierarchie der Künste auf, basierend auf ihrem Vermögen, den Willen zu suspendieren und

---

[5] Aber die eigentliche Frage nach der „Platonische Idee", die den Grenzposten einer letztmöglichen Vorstellung markiert, ist die, welcher Bewusstheitszustand erreicht wird. Wir dürfen nicht vergessen, dass Schopenhauer als erster Philosoph überhaupt eine Metaphysik a posteriori vertreten hat. Alles, was er aus eigener Erfahrung erkannt hat, wurde von ihm begrifflich eingeholt und in Abstraktion gegossen. So auch die Platonische Idee, ein Begriff von Platon, aber von Schopenhauer am eigenen Leibe an einem Kunstobjekt erfahren. Im Grunde handelt es sich um eine mystische Erfahrung, ähnlich den Praktiken mittelalterlicher Mönche, die jedoch nicht die Platonische Idee im Auge hatten, sondern das nunc stans, das Transzendieren aus der Zeit.

die Ideen als die ewigen Formen der Dinge zu offenbaren. Architektur und die bildenden Künste (Malerei, Skulptur) stehen dabei am unteren Ende, da sie noch stark mit der materiellen Welt verknüpft sind. Musik hingegen, die er als höchste Kunstform betrachtet, hat die einzigartige Fähigkeit, direkt den Willen selbst zu repräsentieren, ohne die Umwege über die Welt der Erscheinungen eingehen zu müssen. Damit sieht Schopenhauer die Musik als eine unmittelbare Darstellung des Willens. Sie drückt das Wesen der Welt und des menschlichen Daseins in ihrer reinsten Form aus, ohne auf konkrete Vorstellungen angewiesen zu sein. Auf diese Weise, als unmittelbarer Ausdruck des Willens, hat Musik eine besonders starke emotionale und metaphysische Wirkung auf den Menschen. Aber die Frage hierbei ist, wie Wohlgefallen und Freude an einem Gegenstand möglich sind, ohne irgend eine Beziehung desselben auf unser Wollen? Schopenhauers Antwort darauf ist, dass wir in der Schönheit der Kunst allemal die wesentlichen und ursprünglichen Gestalten der belebten und unbelebten Natur, also Platos Ideen derselben, auffassen, und dass diese Auffassung zu ihrer Bedingung ihr wesentliches Korrelat, das willensreine Subjekt des Erkennens, d.h. eine reine Intelligenz ohne Absichten und Zwecke, habe. Allgemein und zugleich populär redend kann man den Ausspruch wagen: die Musik überhaupt ist die Melodie, zu der die Welt der Text ist. Wer den Zustand der ästhetischen Kontemplation erreicht und damit die Fähigkeit besitzt, die Welt auf eine besonders objektive und klare Weise zu sehen und diese Einsicht in Kunst zu überführen, verfügt über künstlerisches Genie. Der Betrachter oder Hörer des Kunstwerks hingegen kann durch das Kunstwerk des Genies eine ähnliche Erfahrung der objektiven Erkenntnis machen und so eine tiefe ästhetische Erfahrung erleben. Schopenhauer betrachtet die Kunst als einen bedeutsamen Ausweg, sich dem

Leiden der Welt zu entziehen, indem sie dem Menschen ermöglicht, den Willen zu transzendieren und eine tiefe, kontemplative Ruhe zu finden.

Nähere Betrachtung der Platonischen Idee

Es ist für Schopenhauer ein empirisch nachweisbares anthropologisches Grundproblem, dass Intellekt und Wille auseinandergerissen sind. Der Mensch ist mit sich entzweit, und in dieser seiner Zerrissenheit erlebt er die Welt. Genau an dieser Nahtstelle, an diesem Riss zwischen dem Denken und dem unentwegten, rätselhaften Wollen setzt Schopenhauers Philosophie an. Nicht umsonst heißt das Hauptwerk „Welt als Wille und Vorstellung", wobei letzteres hervorgebracht wird vom Intellekt.

Schopenhauer seziert den Willen, den er zweiteilt: zum einen entdeckt er diesen erlebbar als tief-persönliche Erfahrung im eigenen Selbst, erkannt durch die Formen unseres Intellekts. Jede Regung des Leibes ist dabei zweifach gegeben: zum einen als Bewegung des Körpers in Zeit und Raum, erkannt durch die Formen des Intellekts und somit den Gesetzen der Natur unterworfen, die in der Welt der Vorstellung herrschen und zugleich als Regung des Willens in Form eines Motivs. Motiv und Bewegung sind hierbei identisch, doch zweifach erfahrbar. Die Identität desselben. Erfahrbar im eigenen Körper durch das Bewusstsein. In einem nächsten kühnen Schritt überträgt er diese psychologische Innenschau mit dem im eigenen Selbst gefundenen Willen im analogen Verfahren auf die gesamte Natur und interpretiert den Willen dadurch als metaphysisches Prinzip der Welt. Die eigene innerste Regung wird als treibende Kraft von Welt erkannt. Was hier Schopenhauer philosophisch vollbringt, ist eine Metaphysik a posteriori, nicht gerechtfertigt durch Begriffe, sondern begründet in der An-schauung und aus der Erfahrung und somit empirisch beleg-bar. Mit dem Gang ins „Innere" macht Schopenhauer die große Entdeckung seines Lebens: den Willen, der sich in uns tief im Innern regt, und er erkennt in diesem Willen das kantische „Ding an sich". Dieses von Kant aufgestellte Postulat eines Din-ges an sich, das mit den Sinnesorganen und Formen des Intel-lektes niemals erkannt werden könne, wurde oftmals kritisiert. Schopenhauer war nun der Ansicht, dass der Wille dasjenige sei, was Kant vergeblich postuliert hatte. Jedoch, schränkt er ein, erkennen wir den Willen nicht an sich, sondern nur dasje-nige, was durch die Formen des Intellekts uns gegeben ist, also einen in die Erscheinung getretenen Willen. Aber dasje-nige, was vor aller Erkenntnis des Intellekts als Kraft in uns waltet, das ist das Ding an sich, der Wille an sich, der Kern der Welt, der fühlbar ist, doch erkenntnistheoretisch verschlossen bleiben muss. Schopenhauer verzichtet methodisch darauf, das Hin- und Herleiten zwischen dem Reich der Vorstellungen und dem Reich der Dinge an sich argumentativ bewältigen zu müssen. Denn für solch ein Verfahren bedürfte es für ein Er-fassen zweier verschiedener Sphären auch zweier verschiede-nen Sprachen, was unmöglich ist, da alle Worte und Begriffe der Sprache im Reich der Vorstellung eingeschlossen sind. Wir besitzen kein Erkenntnisorgan, das die Grenzen möglicher Er-fahrung sprengen könnte. Außerhalb der Erkenntnisformen – und hier ist Schopenhauer ganz im Sinne Kants Idealist – ist der Wille Einheit, Ganzheit und ohne Kausalität auch Grundlo-sigkeit, doch im Individuum wird der Wille erst in den Formen Raum, Zeit und Kausalität erfasst. Um diesen Umstand zu ver-anschaulichen, zieht Schopenhauer eine andere Lösung vor. Er changiert bewusst zwischen der transzendental-idealistischen und physiologisch-materialistischen Perspektive, wodurch gewollt Brüche entstehen, die den Riss, der durch die Welt geht, veranschaulichen. Auf der einen Seite ist das Gehirn Erkenntnisträger, auf der anderen Seite wird es zum Erkenntnisobjekt. Das Gehirn gehört einerseits zu den Erscheinungen der Außenwelt und ist als Gehirnmasse physiologische Bedingung des Erkenntnisvermögens, durch welches die Außenwelt wiederum im Gehirn erscheint. Die Welt ist im Kopf – transzendental-idealistisch betrachtet – und der Kopf ist zugleich in der Welt als objektivierter Wille und somit Erscheinung. Beide Positionen bestehen für sich: die Welt hat von der Außenperspektive her betrachtet empirische Realität, vom Intellekt betrachtet ist sie transzendentale Idealität. Obgleich bei der physiologisch-materialistischen Sichtweise nicht vergessen werden darf, dass es stets bei der Betrachtung der Außenwelt eines Intellekts bedarf, um zu dieser Einsicht zu gelangen. Erst dann ist der verengt transzendental-idealistische Blick auf die Welt aufgebrochen. Durch den ermöglichten Perspektivwechsel erhält die Erkenntnistheorie eine aufschlussreiche Dynamik. Doch auch mit dem Perspektivwechsel ist die Frage nicht geklärt, wie man sich dem Willen als Ding an sich annähern könnte. Denn allen Bemühungen zum Trotz ist der Einblick auf den Willen vor aller Erscheinung nicht gegeben, kein Wunder, die materialistische Perspektive zeitigt ebenfalls nur Erscheinungen. Die Erkenntnis, die uns das Wesen der Welt enthüllen sollte, bleibt immer an das vorstellende Bewusstsein und damit an die nicht vermeidbaren Bedingungen des Vorgestellt-Seins gebunden. Selbst die Eindrücke und Empfindungen, die uns das Selbstbewusstsein liefert, wenn wir uns unmittelbar als wollend erfassen, liefern keine umfassende, sondern nur eine näherungsweise Erkenntnis des Dinges an sich. Eine Brücke zwischen Erscheinung und Ding an sich können wir nicht schlagen. Das ominöse Ding an sich ist immer nur im Verhältnis zur Erscheinung Ding an sich, wie auch die Erscheinung immer nur im Verhältnis zum Ding an sich Erscheinung ist. Was der Wille außerhalb der Erscheinung, außerhalb des Erkenntnisvermögens ist, überhaupt, warum er überhaupt ist und uns erscheint, muss unbeantwortet bleiben. Hier endet alle Erkenntnis.

In Schopenhauers Philosophie ist der Wille das allem zugrundeliegende – alles, was ist, ist Ausdruck dieses einen Willens, indem alles, was ist, eine Objektivität dieses Willens ist. Doch durch das erkennende Subjekt ist dieses Prinzip nur empirisch erfahrbar und auch durch das perspektivische Changieren des kognitiven Blickwinkels bleibt der Wille relativiert. So gibt es im Drehen des Betrachtungswinkels kein Erstes, kein Grundlegendes, weder ein erkennendes Subjekt, noch ein Wille, da dieser relativiert wird durch das Erkennen. Alles ist miteinander verknüpft und verwoben. Weder ist der Intellekt der Ausgangspunkt des philosophischen Systems, noch lässt sich der Wille in seiner Blindheit als Prinzip ohne Erkenntnisvermögen näher bestimmen. Alles bleibt relativistisch in der Schwebe. Aus dieser wird der Wille weiter konkretisiert.

Wichtig ist nun, wie Schopenhauer den Willen im Verhältnis zum Intellekt näher bestimmt. Metaphysisch betrachtet ist der erkenntnislose, unzerstörbare Wille als das vorherrschende Prinzip erkannt worden, und damit ist der Intellekt zwangsläufig nichts anderes als eine Funktion des Willens zum Leben. In der Regel, so führt Schopenhauer aus, ist der Intellekt des Menschen so wie das der Tiere auf die Befriedigung materieller Bedürfnisse ausgerichtet. Nahrungsaufnahme, Begattung und Sicherheit sind die natürlichen Ziele des menschlichen Erkennens. Mit diesen subjektiven, rein von persönlichen Interessen geleiteten Gebrauch zeigt sich der Intellekt ganz im Dienst des Willens. Er ist nichts anderes als ein Sklave der Notdurft. Die

Tatsache, dass der Mensch in seiner Erkenntnisausstattung gegenüber der Tierwelt Vernunft besitzt und somit über abstraktes begriffliches Denken verfügt, besagt nur, dass der Mensch kraft des erweiterten Umfangs seines Intellektes in der Lage ist, noch gezielter seine natürlichen Bedürfnisse zu befriedigen.

Ist Schopenhauers Akt der ästhetischen Anschauung Teil eines Zirkels, bei dem zu fragen ist, ob er der Natur geschuldet und real bestehend ist oder einer falschen Denkweise entspringt? Dieser ästhetische Akt soll nämlich bewirken, dass das verbindende Band von Wille und Intellekt auseinanderreißt. Allerdings entspringt der Intellekt einer Gehirnmasse, die genauso objektivierter Wille ist, wie das, von dem er getrennt werden sollte. Wie löst man also den Willen vom Willen, lautet demnach die Frage!

Die Welt ist objektivierter Wille, der erkannt wird. Nichts anderes. Jedoch ist auch die Erkenntnis ebenso eine Objektität des Willens, allerdings auf einer höheren Stufe, entstanden als ein kognitives Mittel zur Erreichung komplizierterer Zwecke, nämlich für die Erfüllung eintretender Motive. Hier greift Schopenhauer weit der Evolutionstheorie voraus. Hier denkt er offen dynamisch-geschichtlich.

Das entwickelte Gehirn objektiviert sich wie jede andere zeitliche Form des Willens durch körperliche Zellen, also durch Nerven, Blut und Gehirn entsteht Denken. (Jede Synapse zündet den Willen, und der Wille zündet die Synapsen.) Wenn das Denken also Ausdruck des manifestierten Willens ist, so folgert Schopenhauer, steht die Erkenntnis, da sie dem Willen ursprünglich entspringt, und daher nichts anderes ist als dieser Wille, diesem zu treuen Diensten. Denken gehorcht dem Willen und somit gehorcht der Wille in einer höheren Potenz sich selbst. Wie sollte sich das Denken diesem Dienst entziehen können? Und von was würde sich Denken entziehen?

Der Intellekt mit seinen apriorischen Formen Raum, Zeit und Kausalität – Schopenhauers verkürzte Darstellung der aristotelisch-kantischen Kategorienlehre – ist der bedingende Ausgang und Ursprung der allgemeinen Gesetzmäßigkeit, die im durchgehenden Kausalnexus der Natur ihren Ausdruck findet. Insofern ist Schopenhauer der kantischen Erkenntnistheorie treu geblieben, dass das erkennende Subjekt mit seinen Formen konstituierend der Natur gegenübersteht. Alle sinnlich wahrgenommenen Gegenstände stehen gemäß dem „Satz vom Grunde" in einem Kausalnexus von Ursache und Wirkung, „vermöge welcher nichts für sich Bestehendes und Unabhängiges, auch nichts Einzelnes, Abgerissenes Objekt für uns sein kann." (Vierfache Wurzel, §16, S. 27) Eine Erkenntnis des An-sich der Welt wird durch die Vorstellung gemäß dem Satz vom Grunde nicht gewonnen. Die apriorischen Formen der subjektiven Erkenntnis bedingen die angeschauten Dinge nur als Erscheinung. Sie geben nur den formalen, aber nicht realen Hinweis auf das Objekt. Aber gerade der reale Hinweis auf das Objekt ist bei der ästhetischen Betrachtung von grundlegender Bedeutung. Die formale Seite der Objekte hingegen ist dasjenige, was dem Willen gemäß von Interesse ist. Dasjenige, was in der Zeit, an einem bestimmten Ort, unter den jeweiligen Umständen, aus nachvollziehbaren Ursachen, mit entsprechender Wirkung ist, wird vom Individuum erkannt und regt den Willen an. Höbe man alle Relationen des Objektes auf, würde das Objekt verschwinden.

Das eigentlich Wirkliche oder vielmehr der adäquate Repräsentant des eigentlich Wirklichen ist nun die „Platonische Idee".

Sie ist die adäquate Objektivität des Willens. Während die Erscheinungen aufgrund des Satzes vom Grunde einer zufälligen, flüchtigen Form unterliegen, wofür die Form der Zeit verantwortlich ist, kommt der „Idee" bleibende, wahre Bedeutung zu. Die subjektiven Anschauungsformen des Individuums vermitteln den Eindruck der Vielheit, des Wechsels und des Entstehens und Vergehens. Diese Erkenntnisformen bilden das letzte Prinzip aller Endlichkeit.- Die „Idee" hingegen ist weder vielfältig, noch kommt ihr Veränderung geschweige Entstehung oder Vergänglichkeit zu. Die „Idee" bleibt davon unberührt, da der Satz vom Grunde auf die Erkenntnis der „Idee" nicht anwendbar ist. Obwohl die Formen des Satzes vom Grunde in der ästhetischen Anschauung aufgehoben werden, muss ein letzter Erkenntnisrest übrigbleiben: die Form des Objekt-Seins für ein Subjekt. Alle anderen Formen der Erkenntnis hingegen sind aufgehoben. Es ist, laut Schopenhauer, die „erste und allgemeinste Form aller Erscheinung, d. i. Vorstellung." (WI, S. 206) In diesem Zusammenhang greift Schopenhauer auf Platon und Kant zurück, um an deren Formen der „Platonischen Idee" und des „Dinges an sich" den eigenen Standpunkt herauszuarbeiten. Die „Platonische Idee" als das Korrelat der ästhetischen Anschauung ist Vorstellung in ihrer ersten und allgemeinsten Form. Damit ist die Idee ein Objekt und als Vorstellung anschaulich erkennbar. Kants „Ding an sich", das Schopenhauer dem Willen gleichsetzt, ist hingegen nicht in der Vorstellung objektiviert (Obgleich bereits der Begriff „Ding" Anschauungsformen impliziert), ist nicht Objekt für ein Subjekt, und somit von der „Platonischen Idee" unterschieden.

Wie geht nun dieser Akt von sich? Es ist eine Frage der Balance zwischen Wille und Intellekt. Obgleich Gehirn und Denken Objektitäten des Willens sind, hat die Erkenntnis, wenn sie stark genug ist, die Kraft, sich von dem zu lösen, was es im Grunde ist und erkennt: Wille. Schopenhauer hat diesen Akt, wie überhaupt seine gesamte Metaphysik aus der eigenen Erfahrung geschöpft. Jeder, der sich in ein Kunstwerk vertieft hat, kann diesen Prozess nachvollziehen. Wenn der Blick sich auf das Kunstobjekt richtet, alles andere herum allmählich ausblendet, sich selbst dabei vergisst, ganz dieses Objekt ist und nichts mehr anderes ist. Es ist der Übergang, wie Schopenhauer sagt, von der gemeinen Erkenntnis, die nur einzelne Dinge auffasst, zur höheren Erkenntnis, in der man sich „verliert". Erblickt man die zeitlose „Platonische Idee", erblickt das erkennende Subjekt einen adäquaten Repräsentanten des Willens. Das reine, schmerzlose Subjekt des Erkennens wird augensonnenhaft, ist kein Individuum mehr, kennt kein Wollen und keinen Schmerz mehr, wird Selbsterkenntnis des Willens. Subjekt und Objekt sind nicht mehr zu unterscheiden, in der anschaulich erfassten Idee sind sie beide aufgehoben und eins. Der Wille erkennt sich selbst und dadurch bekommt man in bestimmter Weise einen tieferen Blick in die Welt. In der kontemplativen Betrachtung von Kunstwerken oder der Natur wird eine distanzierte Perspektive zu sich selbst eingenommen, und die platonischen Ideen werden als die Essenz der Dinge erfasst. Es scheint eine Paradoxie zu ein, dass beim Eintritt der ästhetischen Anschauung der Wille ganz aus dem Bewusstsein verschwindet. Aber das muss geschehen, weil in der Betrachtung des Willens die Regungen des eigenen, individuellen Willens ausgelöscht sind. „Reines Subjekt des Erkennens werden, heißt, sich selbst loswerden: weil aber dies die Menschen meistens nicht können, sind sie zur rein objektiven Auffassung der Dinge, welche die Begabung des Künstlers ausmacht, in der Regel, unfähig." (P II, §205, S. 443)

Die ästhetische Erfahrung ist eine Form der temporären Erlösung von den Leiden des Lebens, verursacht durch den unerbittlichen Drang des Willens.

Die platonischen Ideen bei Schopenhauer sind keine metaphysisch unabhängigen Entitäten wie bei Platon, sondern durch gesteigerte Erkenntnis Ausdrucksformen des allumfassenden Willens. Sie bieten eine Möglichkeit, die tiefere Realität hinter der Welt der Erscheinungen zu erkennen.

Die ästhetische Anschauung funktioniert, weil nach Schopenhauers Lehre der Widerstreit allen Seins in der Möglichkeit der Vielheit beruht, die wiederum durch das Erkenntnisvermögen des Menschen wie auch des Tieres gegeben ist. Die Platonische Idee nun ist der Grenzposten der „Vereinzelung" des Willens, sie ist nicht dieser Wille, doch eine adäquate Idee davon, da sie eingetreten ist in die Form des Objekt-Seins, hingegen der Wille vor allen Formen des Erkennens nicht vorstellbar ist. Zumindest ist die veranschaulichte Idee dem Willen adäquat, das bedeutet, wer die Idee Kraft des gesteigerten Intellekts erfasst, ist dem Wesen der Welt deutlich näher gerückt, dem alltäglichen Sein hingegen entrückt. Mit der Abkehr von der Vielheit der Erscheinungen sind auch die eigenen Befindlichkeiten ausgelöscht und somit sind Wünsche, Ängste, Begierden nicht mehr vorhanden – es existiert die reine Erkenntnis in Form der angeschauten Idee, das abstrakte Vermögen ist dabei nicht im Spiel. Das Versenken spielt ausschließlich in der Anschauung statt. Mit dem Negieren des „principium individuationis" als die alltägliche Wahrnehmung in Zeit und Raum und der dadurch ermöglichten Vielheit und Veränderung, bleibt nur die angeschaute Einheit, die repräsentativ die Natur widerspiegelt: beginnend bei der unbelebten Materie mit der Idee der Schwere, aufsteigend zur organischen Materie, repräsentiert in der Idee der Kristallisation, fortfahrend im Tierreich mit dem Eintreten in das Reich der Reize und schließlich gipfelnd beim Menschen, in dem der Wille sich mit den anschaulich-abstrakten Erkenntnismöglichkeiten ein Licht gezündet hat, aber nicht zum Behuf des abusiven sich selbst Erkennens, sondern allein, um den Motiven des Willens besser gerecht zu werden. Die Möglichkeit des sich Versenkens ist gegeben, sie ist empirisch nachweisbar. Man muss nun nicht der Philosophie Schopenhauers exakt folgen, um das große Potenzial dieser geistigen Handlung zu erkennen. Versenkung ist das Betreten eines Raumes, in dem nicht nur der Wille schweigt, sondern auch alle gesellschaftlichen Verstrickungen und Verblendungen entfallen. Hier ist der Künstler bei sich, losgelöst von allem und ganz allein.

Hinein in die helle Kammer: künstlerische Kreativität

Kreativität ist die Fähigkeit, aus dem Nichts – gottesgleich – etwas Neues und Originelles zu erschaffen. Sie ist eine fundamentale geistige Kraft, durch die Wirklichkeit geprägt und geformt wird. Denn sie besitzt die ungeheure Eigenschaft, Neues in die Welt zu setzen – Kraft des Geistes. Und so verändert sich Welt, verändern sich die Werte in ihr, verändert sich aller Sinn. Was wäre die Welt ohne Kreativität?

Schon Platon beschäftigte sich mit dem Phänomen des geistigen Schöpfens und erkannte seine ungeheure Bedeutung – allerdings fehlte im griechischen Kulturraum der Begriff der Kreativität, der erst später Einzug fand in der lateinischen Sprache. So findet man in der Vulgata und auch in den vorhandenen Fragmenten der Vetus Latina (beide viertes Jahrhundert) erste Hinweise auf den Begriff Kreativität. In der Übersetzung der Genesis des Alten Testaments heißt es: „In principio creavit Deus caelum et terram"[6], womit zum Ausdruck gebracht wird, dass es ein intelligentes Wesen gewesen sein muss, welches die Welt erschaffen hat. Das Wort creare/schöpfen kommt dem zufolge nur einem göttlichen Wesen zu, dass in der Lage ist, aus dem Nichts etwas zu schaffen. Ex nihilo creatio! Eine voraussetzungslose Schöpfung, die aus dem Meontischen kommt.

Platon verwendete für die künstlerische Tätigkeit des Menschen den Begriff der poiesis. Und auch bei ihm gilt: Der Mensch ist nicht in der Lage, wie ein Gott aus dem Nichts zu schaffen. Künstlerische Arbeit, sei es ein Bild, ein Text, eine Skulptur etc. alles Geschaffene ist nur eine Nachahmung der Natur. Eine Imitation des Gegebenen. Denn nur das vom Demiurgen Geschaffene kann vom Künstler erkannt, nachgeahmt und materiell bearbeitet werden. Der Künstler kann lediglich mit dem Geschaffenen umgehen. Doch Platon unterscheidet zwischen menschlicher und göttlicher poiesis. Während der Demiurg die Urbilder und Ideen schafft, nach deren Gesetzen und Regeln die materielle Welt sich als Abbild verhält, kann der künstlerisch begabte Mensch Kraft seines Geistes die Urbilder erkennen, aber nur inadäquat wieder-geben. Allerdings anerkennt Plato eine göttliche Kraft, die den künstlerischen Menschen überkommt: es ist der Zustand des Rausches, in dem der Mensch Großes zu schaffen vermag: „Nun aber werden die größten aller Güter uns durch den Rausch zuteil, wenn er als göttliches Geschenk verliehen wird... der aus Gott stammende Rausch (ist) edler als die von Menschen stammende Besonnenheit." [7] Wenn also der

---

[6] In der Septuaginta heißt es in Gen. 1: Ἐν ἀρχῇ ἐποίησεν ὁ θεὸς τὸν οὐρανὸν καὶ τὴν γῆν. Hier wird also noch das Verb epoiesen verwendet

[7] Plato, Phaidros, S. 40

Künstler in die geistige Nähe Gottes rückt, das Geschenk des Rausches empfängt, wird er beseelt von Kräften, die die Urbilder deutlicher werden lassen. Im Enthusiasmus (der Besessenheit von Gott) und der Mania (der manischen Begeisterung) wird der Künstler vom Göttlichen ergriffen, wird Kunst mehr als bloße Nachahmung, da sie nunmehr teilnimmt an den wesenhaften Urbildern der Welt. Nicht umsonst hat sich auch unser heutiger Sprachgebrauch an die Tatsache angelehnt, dass Ideen jemandem „zukommen" (mir kommt da eine Idee, ich bin auf einen Gedanken gestoßen etc.), als dass Ideen aus dem Inneren selbst strömen.

Für den graecophilen Alt-Philologen Friedrich Nietzsche gibt es zwei Arten, kreativ zu sein: Zum einen gibt es das Apollinische, das für Ordnung, Maß, Harmonie, Klarheit und die Welt der Formen und Begrenzungen steht. Es ist das Prinzip des Traumbildes, das die chaotische Wirklichkeit in eine fassbare und verständliche Form gießt. Apollinische Kunst, insbesondere die dorischen Säulen, die Tempel, Plastik und die epische Dichtung, schafft eine ideale Welt der Schönheit, die den Menschen von der chaotischen, zerstörerischen Realität distanziert. Zum anderen gibt es als Gegenpol das Dionysische, das das Rauschhafte, Ekstatische und Maßlose verkörpert. Es repräsentiert das Chaos, die Auflösung der Individuation und das Einswerden mit dem universellen Lebensstrom. In der Musik und ehemals im Kult der Dionysos-Dithyramben zeigt sich diese Dimension als ekstatische Erfahrung, in der die Grenzen der Individuation aufgehoben werden. Es sind zwei grundlegend verschiedene, aber dennoch untrennbare Prinzipien, die, wenn sie im Kunstwerk sich vereinen, die Realität umfassend abbilden, die für Nietzsche zerrissen und widersprüchlich ist – genau aus diesem Grund stehen die beiden Prinzipien Apollinisch und Dionysisch in einem

Spannungsverhältnis: Während das Apollinische die chaotische, zerstörerische, lebensfeindliche Realität durch Formgebung und Ordnung zu bändigen versucht, reißt das Dionysische diese Begrenzungen immer wieder ein und offenbart die tiefe, unkontrollierbare Vitalität des Lebens. Die griechische Tragödie, so Nietzsche, entstand aus der produktiven Verbindung dieser beiden Kräfte – aus dem Widerstreit zwischen der formgebenden Kraft des Apollon und der ekstatischen Auflösung des Dionysos. Doch diese Dialektik lässt sich nicht aufheben; der Widerstreit ist ein Grundzug des Lebens. Wirklichkeit ist weder rein geordnet, noch völlig chaotisch, sondern bleibt stets von diesem inneren Widerspruch durchzogen. Kunst hat die Kraft, diesen Widerspruch aufzudecken und kurzzeitig zu versöhnen. Kreativität ist in diesem Sinne ein Offenlegen der Zerrissenheit und somit ein künstlerischer Auftrag, diesem Dilemma gerecht zu werden. Es sind natürlich nicht mehr die Seins-Widersprüche allein, sondern vielmehr die gesellschaftlichen Unzulänglichkeiten, um die sich Kunst bemüht.

Aus heutiger Sicht, in einer tief säkularisierten Denkweise braucht es keine Kunstgottheiten mehr, um die Bedeutung der Kreativität herauszustellen. Auf die Frage, woher die zündenden Ideen, die Gedankenblitze, Besessenheit in der Kunstschaffung herrühren, verweist man auf den sonder-lichen Begriff des Unterbewusstseins, der ein nicht vertretbares Mittelding sein soll zwischen Nichtwissen und Wissen. Gleichwohl gesteht man dem Künstler ein schöpferisches Vermögen zu, Neues und Originelles zu schaffen. Es ist ein Ergriffen-Sein von einer Idee, die im Kopf des Kunst-Schaffenden heranreift und im Ergebnis etwas präsentiert, was im Wesentlichen neu ist und auch demjenigen, der die Idee hervorgebracht hat, vorher unbekannt war. Mit anderen Worten: Es ist ein Mysterium. Denn wie kann man etwas schaffen, was einem nicht bekannt war? Das bedeutet, ein kreativer Prozess ist mit der Generierung neuen Wissens verbunden. Durch Kombinieren, Rekontextualisierung, Erschaffung neuer Konzepte und Paradigmen wird das Feld der Reproduktion mit bestehenden Denkmustern überwunden und ein geistiger Fortschritt in Gang gesetzt. Damit ist kreative Kraft zu verstehen als eine Dynamik, die Existenz stets neu formt und transformiert. Kreativität hält die Welt am Laufen.

Immanuel Kant hat Kreativität – im 19. Jahrhundert noch als Genialität verstanden – als eine besondere kreative Gabe aufgefasst, die es erlaubt, etwas hervorzubringen, das ohne Regel existiert und dennoch eine neue Regel setzt. Das gelingt, indem der Mensch befähigt ist, fortwährend Symbole und Bedeutungen zu erzeugen. In pragmatischen und kognitions–wissenschaftlichen Theorien wird Kreativität als eine Mischung aus divergierendem Denken, Intuition und Erfahrung dargestellt. Es ist eine Form des experimentellen Umgangs mit Vorhandenem, bei dem Reflexion und Erfahrung neue Lösungen hervorbringen.

Für den Kunstschaffenden selbst ist es ein erhebendes Gefühl, kreativ zu sein. Denn Kreativität bedeutet im wahrsten Sinne des Wortes: es wird Licht! So wie Dichterfürst Goethe das Gefühl hatte, dass er, wenn er Schriften von Immanuel Kant las, in einem hell erleuchteten Raum sitzen würde, so befindet sich der vom kreativen Schwung erfasste Künstler in einer hellen Kammer, in der alles herum durch das Denken selbst erleuchtet ist und in der nichts ist außer er selbst und seinen Gedanken, die sich wundersam fort weben. Wie ist das möglich? Wir erinnern uns: „Gott sprach: Es werde Licht. Und es wurde Licht." Mit Licht ist die erste Creatio verbunden, durch diese beginnt die Welt, beginnt alles herum zu leuchten. „Und Gott sah, dass es gut war!" Licht geht einher mit einer ethischen und einer epistemologischen Deutung: Licht ist gut und erst durch das Licht werden wir den Dingen sehend und erkennend gerecht. Übertragen auf den im kreativen Prozess sich befindenden Kunstschaffenden bedeutet es: in dem Moment, in dem die Idee aufblitzt, etwas schlagartig transparent wird, gleichermaßen einleuchtet, braucht der Geist keines anderen Mittels als seiner selbst, um zu leuchten. Das Licht bedarf keines anderen Mediums als seiner selbst, um zu erscheinen. Geist leuchtet sich selbst ein. Was aber den erleuchteten Geist vom Licht der alltäglichen Phänomene unterscheidet – zumindest seit Plotin: Die Sichtbarkeit des Lichtes selbst sei nur Abglanz der Lichthaftigkeit des Geistes (Enneaden 6.8.18, 33–36). Der Geist hat wie das Licht die Eigenschaft, sich selbst zu erscheinen. Es ist nicht nur eine Eigenschaft des Geistes, nein, es ist Teil seines Wesens, durchlichtet zu sein (pephōtismenon). Nach Plotin ist der Geist reines Licht. Hier wird Licht als Metapher zur Wahrheit sichtbar. In unserem Fall der geistigen Erleuchtung in einer ringsum strahlend erleuchteten Kammer wird die Bedeutung des kreativen Prozesses verständlicher. Zum einen als Wert und Sinn des Akts, zum anderen als ein individueller Prozess, der ganz aus sich schöpft und in Freiheit seinen Geist in etwas völlig Neues bewegt. Kreativität so betrachtet ist ein existentialistischer Akt des radikalen Selbstentwurfs – ein lichtspendender Schöpfungsprozess, in dem der Künstler sich absetzt von Gesellschaft, indem er seine eigene Existenz aktiv gestaltet – und bei seiner Rückkehr in die Gesellschaft diese verändert, da er mit seinem Werk neue Maßstäbe setzt.

Musik als Vorschein des Noch-Nicht

Musik ist mehr als bloße Unterhaltung, mehr als bloßes akustisches Ornament, das wissen wir. Ernst Bloch hat im „Geist der Utopie" 1918 wie einstmals Schopenhauer hundert Jahre vor ihm ein Hohelied über das wundersame Vermögen der Musik angestimmt. Für Bloch ist Musik als eine metaphysische Kraft eine Vorahnung des Noch-Nicht-Seins, ein utopisches Gefüge, das sich im Medium des Klangs realisiert. Musik ist die Artikulation eines Mangels, eines Sehnens, das nicht mit dem Gegebenen sich zufriedengibt, sondern über sich hinausweist. Sie entwirft einen Klangraum, in dem die Möglichkeit eines besseren, eines erfüllteren Daseins hörbar wird, ohne dass es schon im Hier und Jetzt existierte.

Dabei ist Musik für Bloch nicht bloße Abbildung der Realität, sondern ein Widerhall des utopischen Prinzips selbst. Das Noch-Nicht-Bewusste, das in der Geschichte wie auch in der Natur als strebender Impuls wirkt, findet in der Musik eine der reinsten Formen seiner Artikulation. Denn Klang kann auf eine Weise die innerste Sehnsucht des Menschen ausdrücken, die kein begriffliches Denken vollständig einholen kann. Vor der Musik wird das Wort zum Bettler! Musik ist ein Medium des Vorwärtstreibens. In ihr tönt das Unabgeschlossene, das Offene, das noch nicht Gewordene, Mögliche mit. Gerade in den harmonischen Spannungen, in der Bewegung von Dissonanz zur Auflösung, in einer gewissen Form des Unendlichen innerhalb der Endlichkeit der Komposition offenbart sich jene Dynamik, die als das utopische Prinzip gelten kann.

Diese besondere Wirkung der Musik gründet in Blochs metaphysischem Denken, das die Welt nicht als statisch Gegebenes, sondern als prozesshafte, noch unvollendete Wirklichkeit begreift. Die Musik ist für Bloch ein Ausdruck des Weltprozesses selbst, ein Medium, das das Prinzip der werdenden, sich entwickelnden Totalität auf eine unmittelbare Weise erfahrbar macht. Sie ist ein Widerhall jenes ontologischen Unfertigen, das die menschliche Existenz und die Geschichte selbst durchzieht. Die Welt ist in Blochs Philosophie nicht abgeschlossen, sondern von einer immanenten Tendenz zur Verwirklichung eines besseren Zustands durchzogen. Musik wird so zur hörbaren Antizipation dieser Bewegung, zum sinnlichen Ausdruck des Prinzips der Hoffnung, das als latente Potenz in der Wirklichkeit angelegt ist.

Besonders bedeutend für Blochs Musikdenken ist die Idee des „Vorscheins", jener ästhetischen Kategorie, die in der Kunst – und insbesondere in der Musik – das Zukünftige bereits gegenwärtig erscheinen lässt, wenn auch nur in Andeutung. Der Klang vermag eine Präsenz zu erzeugen, die nicht im bloßen Jetzt verharrt, sondern auf das Noch-Nicht-Seiende verweist. In dieser Weise besitzt Musik eine transzendierende Qualität, nicht im theologischen, sondern im utopischen Sinne: Sie übersteigt die gegenwärtige Realität, indem sie einen Eindruck davon vermittelt, was sein könnte.

Dass insbesondere die Musik der Romantik und Spätromantik, etwa bei Beethoven, Wagner oder Mahler, für Bloch jene zukunftsweisende Dimension zu bieten hatte, sei dahingestellt. Die Musik dieser Künstler war für Bloch klanggewordene Antizipationen dessen, was und wie die Welt sein könnte. Musik sollte grundsätzlich eine Spannung evozieren, die nie vollständig in Ruhe aufgeht. Musik darf kein geschlossenes harmonisches Gebilde sein, kein ruhendes Sein, sondern eine Bewegung, ein Drängen, ein Vorwärtsstürmen in ein noch nicht ergriffenes Morgen.

Die innere Tendenz der Musik zum Utopischen verweist zugleich auf ihre gesellschaftliche Dimension. Denn wenn Musik jenes Noch-Nicht-Sein hörbar macht, dann ist sie zugleich eine Kritik an der Gegenwart. Sie verweigert sich der bloßen Affirmation des Bestehenden, sie rührt an die Sehnsucht nach einer anderen Welt. Dies gilt besonders für Musik, die in ihrer Struktur das Moment der Verheißung bewahrt – sei es in dionysischen Steigerungen oder in schwebenden, entrückten Klängen. Musik muss zum Medium des Hoffens, zum Widerstand gegen die bloße Faktizität werden, zu einer Stimme des unermüdlichen Aufbruchs.

Auch in der musikalischen Ausdruckskraft einfacher Melodien sieht Bloch zumindest eine kleine Spur der Utopie. Denn das einfach gehaltene Lied ist nicht notwendig reaktionär, sondern kann die Stimme der unterdrückten Sehnsucht sein. Die Melancholie in Liedern, die klagenden Tonfolgen, die an die Erfahrung des Verlusts und doch auch an die Möglichkeit eines Neuanfangs rühren, sind Ausdruck jenes tief verwurzelten Strebens nach einer besseren Welt.

Musik ist für Bloch keine bloße Kunstform unter anderen, sondern eine der unmittelbarsten und kraftvollsten Ausdrucksweisen des menschlichen Strebens schlechthin. Sie entzieht sich dem bloß Rationalen, dem bloßen Begriffsdenken, weil sie tiefer ansetzt – an jenem Ort, an dem das Noch-Nicht-Bewusste zu tönen beginnt. In der Musik klingt die Zukunft mit, nicht als fertiges Konzept, sondern als Ahnung, als Möglichkeit, als Verheißung. Musik ist deshalb nie vergangenheitsverhaftet, sondern immer auf das Kommende hin geöffnet. Sie macht das Unmögliche denkbar, indem sie es hörbar macht, und sie lässt in ihren Klängen die leise Hoffnung anklingen, dass das Noch-Nicht-Seiende einmal zur Wirklichkeit werden könnte.

Kunst und Gesellschaft

Wie kein anderer betonte Theodor W. Adorno, im Grunde ganz im Sinne Schopenhauers, die Autonomie der Kunstwerke und die Wichtigkeit derselben, aber stellte zugleich die große Gefahr zur Disposition, der die Kunst in ihrer Logik und Eigengesetzlichkeit stets schon ausgesetzt ist. Was dem Schopenhauerschen Kunstbegriff gänzlich fehlt, ist die Bezogenheit auf gesellschaftliche Verhältnisse. Das sich Bewegen in bestimmten sozialen Mustern, die Tatsache, dass Erkennen nie rein individuell ist, sondern schon immer auf einer sozialen Bühne in einem spezifischen kulturellen Raum stattfindet, wird hier gänzlich ausgeblendet. Ganz im Sinne der kantischen Tradition glaubte Schopenhauer mit dem Begriff der Allgemeingültigkeit Genüge zu leisten. Hier holt Adorno, durch Hegel und Marx geschult, nach: Obwohl Kunst autonom sein soll, ist sie zugleich tief in gesellschaftliche Verhältnisse verstrickt, ist sie Ausdruck davon, der sich, kritisch reflektierend, in den Kunstwerken widerspiegelt. So forderte er, dass diese unabhängig von gesellschaftlichen Zwängen und unmittelbarem Nutzen existieren. Denn Kunstwerke besitzen eine eigene Logik und Gesetzmäßigkeit, die sich der instrumentellen Vernunft und der ökonomischen Verwertbarkeit entziehen. Aber wie soll es möglich sein, Teil von etwas zu sein und zugleich sich dem Teil zu entziehen? Die Gefahr, so Adorno, besteht darin, dass es eine gesellschaftliche Sphäre gibt, in der sich die konstitutive Eigengesetzlichkeit der Kunst aufhebt: es ist die Sphäre der Warenform. Der Sinn und auch der tief ethische Kern von Kunst ist der, dass man sie nicht konsumieren soll, sondern gutheißt, sich in ihr versenkt, aufhebt, sie stillschweigend anerkennt. In der „Ästhetischen Theorie" stellt Adorno die autonome Kunst der Kulturware gegenüber. Gerade so wie Kunstwerke den unterschiedlichen Projektionen der Betrachter ausgesetzt sind, werden sie dinghaft, werden sie zu Kulturwaren herabgesetzt. Denn die in den Projektionen realisierte Symbiose von Konsument und Kunstwerk ist für Adorno lediglich Symptom einer deutlich tieferliegenden Entfremdung zwischen Subjekt und Objekt. Aus den herabgewürdigten Kunstwerken vernimmt der Betrachter nur das „standardisierte Echo seiner selbst"[8], das dadurch gekennzeichnet ist, Gebrauchswert zu erkennen und somit die emanzipatorische Kraft des jeweiligen Kunstwerkes untergräbt. Die Kulturindustrie, ein enormes Geschäftsfeld, fördert den Umstand der Entfremdung, indem sie mit Massenkultur und Unterhaltungskunst Anpassung und Konformismus zeugt, statt kritisches Denken und individuelle Reflexion zu stimulieren.

Dabei ist auch für Adorno die ästhetische Erfahrung eine wichtige Form der Erkenntnis, die über rationales Wissen hinausgeht. Kunstwerke können durch ihre Form und Inhalte komplexe, widersprüchliche Erfahrungen und Wahrheiten als Ausdruck gesellschaftlicher Realitäten vermitteln, die auf andere Weise nicht ausgedrückt werden können. Damit die Kunst nicht ihren kritischen Impuls im Kommerzialisierungsprozess verliert, müssen einerseits die etablierten Mechanismen der ausbeutenden Kulturindustrie behoben werden und andererseits das gleichwohl asymmetrische wie entfremdete Verhältnis zwischen Subjekt und Objekt aufgehoben werden. Nur auf diesem Wege ließe sich die Autonomie von Kunst retten. Aber so einfach ist das nicht. Kunst kann sich nicht als Retter des Irrationalen in einer durchrationalisierten Welt erklären, und auch nicht glauben, dass sie sich jenseits der Ware behaupten kann.

---

[8] Adorno, Ästhetische Theorie

Um sich der Logik der Verdinglichung entziehen und dem Entfremdungsprozess von Subjekt und Objekt entkommen zu wollen, muss der Künstler mit den Waffen der Rationalität und Technik ans Werk gehen. Also die Abkehr vom Schopenhauerschen Universalgenie ist gefordert, hin zum technisch ausgeklügelten Spezialistentum. Mit der Selbstbeschränkung der Individualität soll der Künstler nicht mehr Materialbeherrschung ausüben, sondern seine Fähigkeiten in den Dienst der Eigenlogik des Materials einbringen. So, die Zuversicht Adornos, wäre das Kunstwerk nicht mehr ein Objekt im Sinne des Privateigentums. Der Künstler verschwindet, es soll nicht mehr ihm zugeschrieben werden, das Kunstobjekt wird mehr Subjekt als Objekt an sich. Mit dieser Einschränkung der Individualität hin zum Spezialistentum nähert sich Adorno ungewollt dem Typus des mittelalterlichen anonymen Künstlers. Sinn und Ziel dieses Unterfanges ist es, eine in der Produktion stattfindende Symbiose von Subjekt und Objekt zu vermitteln, womit die Utopie einer überindividuell wahren, mit anderen Worten von Herrschaftsansprüchen ebenso wie von Selbstunterwerfung befreiten Subjektivität ausgedrückt ist. So würde der Künstler nach Adorno zum „Statthalter des gesellschaftlichen Gesamtsubjekts" werden. Fakt jedoch ist, dass die Kulturindustrie das Individuum auf die Konsumentenrolle reduziert, weil eine andere Macht viel größer ist als die Kunst: die Akteure der Kulturindustrie sind zugleich Diener des Kapitalismus, in dessen Struktur es liegt, alles, was ist, zur Ware zu reduzieren. In dieser Dialektik bewegt sich Kunst: zum einen ist sie Potenzial zur gesellschaftlichen Kritik und Befreiung aus verengenden Verhältnissen, weil sie die Fähigkeit besitzt, das Nicht-Identische, das Unangepasste und das Utopische auszudrücken. Somit sind Kunstwerke notwendige Räume der Reflexion und Opposition gegen die Vereinnahmung durch kapitalistische Verwertungslogiken und gesellschaftliche Zwänge. Der Trend ist: Gesellschaftlich angesehene Künstler suchen eine gewinnfördernde Balance zwischen Kreativität und Vermarktung, weil sie sich dadurch mehr Freiheit versprechen. Ihre Überlegung ist: je mehr Kunst einbringt, desto ökonomisch freier kann man als Künstler agieren. Jedoch geht diese Freiheit zu Lasten des kreativen Inputs, weil dieser durch und durch überflutet ist mit merkantilen Gedanken. Wer diese Balance eingeht, befindet sich voll und ganz im ökonomischen Raum.

Kunst als uneinheitlicher Begriff

Das Konzept Adornos durch Spezialisierung und Technisierung der Kunst die Entfremdungsmechanismen aufzuheben und das gesellschaftlich verstörte Verhältnis von Subjekt und Objekt zu versöhnen, gestaltet sich utopisch, da es schwierig ist, eine einheitliche Definition von Kunst zu formulieren, die allseits akzeptiert werden könnte. Ob für die Realisierung dieses utopischen Gedankens gemeinsame Aspekte und Ansätze, die in der aktuellen Diskussion über Kunst hervorgehoben werden, reichen, sei dahingestellt. Allgemeinplätze, dass Kunst ein breites Spektrum menschlicher Aktivitäten sei, das kreative, ästhetische, emotionale und intellektuelle Aspekte umfasst, reichen nicht aus. Breit gefächert schließen sich traditionelle Medien wie Malerei, Skulptur und Musik modernen Formen wie Performance, Poetry-Slam, digitale Kunst sowie Installationen an. In allen diesen Gattungen bleibt Kunst ein Medium, durch das Künstler ihre Ideen, Gefühle und Perspektiven ausdrücken. Dieser Ausdruck ist sowohl persönlich, aber als ein solcher auch gesellschaftlich geprägt. Somit sind Kunstwerke Spiegelbild oder Kommentar zugleich zur menschlichen Erfahrung und zur Gesellschaft. Aber was nützt es, wenn Kreativität und Innovation im Dienst marktüblicher Überlegungen eingesetzt werden? Die Potentialität, neue Wege des Sehens und Verstehens der Welt zu erforschen, die Tatsache, dass künstlerische Innovation bestehende Normen und Erwartungen herausfordern und neue ästhetische und konzeptionelle Möglichkeiten eröffnen kann, verblasst bei der immanenten Stärke des warenbezogenen Denkens und Trachtens im allumfassenden kapitalistischen System. Auch wenn moderne Kunst die Interaktivität und Partizipation des Publikums sucht, um Reaktionen zu provozieren und Interpretationen zu beeinflussen, kann dadurch der Warencharakter, der belastend zwischen Kunstwerk und Betrachter steht, kaum vernichtet werden. Die Bedeutung eines Kunstwerks, vordergründig durch seinen Kontext und die Interpretation des Publikums bestimmt, läuft gezielt in die falsche Richtung: der Opernbesuch wird zum gesellschaftlichen Ereignis, es geht um Sehen und gesehen werden. Die Reglements der Industrie setzen weitläufig den Rahmen von Kunst. Denn Definition und Wertschätzung von Kunst wird stark von kulturellen Institutionen wie Museen, Galerien, Kunstmessen und dem Kunstmarkt beeinflusst. Diese Institutionen spielen schon seit langem eine wesentliche Rolle bei der Bestimmung, welche Werke als Kunst anerkannt und wie sie bewertet werden. Dabei ist entscheidend, dass die Ware Kunst so geliefert wird, dass den Kunstliebenden nur noch die Rolle des Konsumenten zuteil wird. Alle Bemühungen, auch außerhalb des Kunstmarktes, sind auf Erfolg ausgerichtet. Kulturindustrie denkt ökonomisch. Dennoch: Auch wenn Kunst zur Ware wird und somit „entkunstet" wird, darf man nicht den Mikroblick für das Feinmaschige verlieren, in dem Subversives ungefiltert durchsickern kann. Die Autonomie der Kunst bleibt verborgen bestehen, man muss sie in den abgelegenen Nischen der Kulturindustrie finden.

Der falsche Schein der Kunst

Das größte Glück auf Erden für einen musizierenden Künstler ist, einen Vertrag bei einer Plattenfirma zu ergattern. Man kann sich nicht vorstellen, welche Kräfte hierfür mobilisiert werden. Ein Lied wird komponiert, das tagelang im Probenraum mit der Band geübt wird – solange geübt, bis die passende Form für das Lied gefunden worden ist. Anschließend werden Demo-Aufnahmen erstellt und auf YouTube platziert. Dort werden alle Hebel geschaltet, um Aufmerksamkeit zu erzeugen. Hashtags, Before Eight, ein sich multiplizierender Freundeskreis, und wenn das Lied die entsprechenden Codes aufweist, die vom verzückten Publikum, als Coolness wahrgenommen werden, nimmt der Verlauf kommerzielle Formen an. Welch ein Jubel ertönt, wenn ein A&R-Manager aufgrund zahlloser Klicks auf gängigen Plattformen, die das Lied und der Künstler verursacht haben, Interesse bekundet. Je größer und mächtiger die Firma ist, die der A&R-Manager vertritt, je mehr Künstler dort verpflichtet sind, desto größer das Glück des Künstlers, vor allem wenn dessen Potenzial in der Einschätzung der Firma so groß erscheint, dass die Causa zur Chefsache wird. Die Größe der Firma bestimmt die Reichweite der Marketingaktionen und der schwerpunktmäßige Einsatz verheißt Gutes. Denn je größer, desto einflussreicher, je mehr finanzieller Einsatz, desto größer die Wahrscheinlichkeit, bekannt zu werden. Um darüber hinaus ein Star zu werden, müssen alle Götter – falls es diese geben sollte – mitspielen. Ein Sechser im Lotto mit richtiger Zusatzzahl ist wahrscheinlicher.

Wenn nach vielem Hin und Her mit Einsatz von Rechtsanwälten ein für beide Parteien passender Vertrag ausgehandelt worden ist, geht es zur Unterschrift. Dann, ja dann ist es geschafft, denkt sich der Künstler. Doch dann, genau dann ist alles vorbei, was mit Kunst zu tun hat. Formal betrachtet ist der Künstler nichts anderes als ein Angestellter mitsamt den entsprechenden Verpflichtungen, die er für die Firma einbringen muss. Am besten mit Pflichteifer die Aufgaben übernehmen, die solch ein Vertrag vorsieht, denn dies wird als Zeichen der Willigkeit anerkannt. Das Liedgut ist bloßes Produkt, der Tonträger ist Ware, die verkauft werden soll. Alles Gebärden des Künstlers ist der Tanz um das Goldene Kalb. Der Arbeitsraum des Künstlers ist nicht das Büro, sondern der Probenraum, das Aufnahmestudio, das Foto-Studio, das Fitnessstudio und natürlich die Bühne – als angestellter Künstler muss man gut aussehen, Leistung bringen und Geld einfahren – wenn das nicht funktioniert, steht die Kündigung an. Eine Zeitspanne bleibt, meist sind es ein paar Wochen nach der ersten Veröffentlichung, die zeigen, dass man zu den Gewinnern zählt. Oder auch nicht. Sollte die Gunst des Publikums ausbleiben, wird kurzer Prozess gemacht. Es gibt keinen Kündigungsschutz, keine Abfindung, der Künstler kann froh sein, wenn der Vertrag den Passus hat: „verrechenbar, nicht rückzahlbar", was nicht immer der Fall ist. So kommt der Künstler unbeschadet davon, ohne Schulden. Doch auch wenn der Künstler im Pop-Wrestling-Ring besteht, die wahren Gewinner dieses Spiels sind die Plattenbosse, die bequem hinterm Schreibtisch sitzen und sich freuen, dass es Individuen gibt, die geneigt sind, sich auf ein Künstler-Dasein einzulassen. Dabei ist klar, dass es, sobald eine Firma sich vertraglich eingesetzt hat, es nicht mehr um Kunst geht, sondern ausschließlich um Leistung und Vermehrung des Kapitals. Wer in die Industrie geht, verlässt mit großen Schritten den Raum der Kunst, weil es dort nicht um Kreativität geht, sondern darum, so viel Ware wie möglich zu verkaufen. Gewinne erzielen ist der einzige Sinn. Alles andere ist Täuschung, Selbstbetrug, Maskerade, Nicht-Kunst, ein falscher Schein.

Die heimliche Allianz von Kunst und Kapital

Im Kontext der Idee einer „sozialen Plastik" veröffentlichte Joseph Beuys 1979 die verstörende Parole „Kunst = Kapital", um Überlegungen anzustellen über den Zusammenhang von Kunst, Gesellschaft und Ökonomie. Beuys wollte mit diesem Satz nicht eine Gleichsetzung von Kunst und finanziellem Kapital vornehmen, sondern mit provozierender Geste den Kapitalbegriff erweitern. Und er sah im schöpferischen Handeln, das nicht auf materielle Güter oder finanziellen Reichtum begrenzt ist, eine Ressource, die soziale und gesellschaftliche Prozesse transformieren kann. Dahinter verbarg sich das generalisierende Konzept, dass jeder Mensch ein Künstler sei – damit war natürlich nicht gemeint, dass jeder Mensch das Talent habe, ein großer oder Ausnahmekünstler zu sein, aber Beuys gestand jedem Menschen die Fähigkeit zu, Gesellschaft und Kultur aktiv mitzugestalten. Dies war Teil seines politischen Engagements, das Beuys unter anderem in seiner Mitwirkung an der Gründung der ehemals pazifistischen Partei „Die Grünen" und seiner Tätigkeit als Hochschullehrer verfolgte.

Der Begriff Kapital, auf den Beuys abzielt, stammt von dem lateinischen Wort Caput, das für Kopf steht. Ursprünglich bedeutete der Begriff die Kopfzahl einer Viehherde – je mehr Köpfe, je kapitaler, desto reicher war der Besitzer. Kapital bezeichnet demnach Ressourcen, ökonomisch betrachtet reden wir im kapitalistischen System über Bargeld, Bankguthaben, Vermögenswerte wie Aktien oder Anleihen etc. Wenn Arbeit über das zum Leben notwendige Produktionsniveau hinausgeht und ein Überfluss an Gütern und somit eine Steigerung der Einnahmen erzielt wird, entsteht Kapital. Darüber hinaus gibt es das künstlerische Kapital, die funkelnden Gedanken, Ideen eines Künstlers, verwirklicht in großartigen Kunstwerken, gleichsam kreative Schöpfungen aus dem Nichts, doch nicht nötig, um zu überleben, nicht nützlich für den täglichen Gebrauch, eher zu betrachten als ein Phänomen des Überflusses. Bestimmen wir die Beziehung zwischen Kunst und Kapital etwas genauer. Wenn Kunst als Ausdruck von Kreativität, Individualität und dem Streben nach etwas „Höherem" oder „Schönerem" oder als Kritik am Bestehenden verstanden wird, ist Geld, das zu Kapital anwächst, eine Form der Macht, die auf Akkumulation und ökonomischem Nutzen basiert. Beiden Positionen in ihrer Unterschiedlichkeit ist gemeinsam, dass sie Überfluss generieren. Doch die Vorzeichen sind bei Kunst und Kapitel anders verteilt. Wenn die Kunst abusiv nach Schönem, Höherem, Andersartigen strebt, schafft sie damit einen Mehrwert an Sinn, öffnet neue, ungeahnte Räume, beeinflusst und verändert das Bestehende. Bei der Vermehrung des Geldes zum Kapital ist es anders. Denn Geld macht nur dann Sinn, wenn es knapp ist. Wäre es das nicht, würde der Markt inflationär zusammenbrechen. Aber gerade, wenn dann in dieser Knappheit ein einzelner Produzent Geld anhäuft, was über den Bedarf des täglichen Nutzens weit hinausragt, stellt sich ein Überfluss ein, der kontrastierend zur Knappheit wirkt. So ist es mit der Kunst. Würde man nur das zum Leben Nötige erzeugen, würde das große Feld des Noch-Nicht, des Nicht-Identischen auf der Strecke bleiben. Beider Sinn entspringt also aus dem Überfluss, doch der Kapital-Überfluss entstammt der Knappheit des Geldes, und Kunst schafft Neues, Überflüssiges.

Beider Überfluss befindet sich a priori in einem gesellschaftlichen Raum, in dem die lingua pecunia über allem ragt. In diesem Spannungsverhältnis stellt sich nun die Frage, inwieweit Kunst ihre Autonomie gegenüber den Kräften des Marktes bewahren kann. Kunst strebt nach Autonomie, nach einem Raum, in dem sie unabhängig von ökonomischen Zwängen existieren kann. Wir wissen, sobald Kunst in einer kapitalistischen Gesellschaft zur Ware wird, ist sie den Gesetzen von Angebot und Nachfrage unterworfen. Hierin liegt ein Paradoxon: Kunst als Ausdruck von Freiheit und Kreativität wird zur Ware, deren Wert in Geld bemessen wird. Adorno hat erkannt, dass die Kulturindustrie, also die Massenproduktion von Kunst und Kultur, dazu führt, dass Kunst ihre kritische Funktion verliert und zu einem Mittel der Manipulation und Kontrolle durch die herrschenden ökonomischen Kräfte wird. Somit wird Kunst als kapitalistisches Instrument missbraucht, indem sie zum Konsumprodukt degradiert wird, das den Status quo, den es zu kritisieren gilt, eher stabilisiert, als ihn zu hinterfragen. Historisch-materialistisch betrachtet, ist Kunst schon immer in den Kontext der Produktionsverhältnisse und der gesellschaftlichen Widersprüche eingebettet. Kunst ist demnach nicht nur ein überhistorischer Ausdruck menschlicher Kreativität, sondern auch ein Produkt der jeweiligen ökonomischen und sozialen Verhältnisse. Im Kapitalismus wird Kunst zur Ware, die auf dem Kunstmarkt gehandelt wird. Die Produktionsbedingungen der Kunst sind stark von den gesellschaftlichen Verhältnissen bestimmt: Ein Künstler ist, wie jeder andere Arbeiter, in ein Netz von Produktions- und Reproduktionsverhältnissen eingebunden. Seine Arbeit wird durch die Verhältnisse des Kapitals geprägt – sei es durch Patronage, staatliche Unterstützung oder den freien Markt. So gibt es Einrichtungen, wie beispielsweise die Kunsthalle der Hypo-Vereinsbank in München, in der

Ausstellungen namhafter Künstler stattfinden. Kunst wird in diesem Fall von Kapital befeuert, wird bewertet, bekommt einen Preis, wird zur Ware, zum anderen wird Kunst auf diesem Weg publik gemacht, erhält Resonanz, somit wird Kunst als Kunst von anderen erkannt und anerkannt.

Historisch betrachtet hat Kunst schon immer auf die Entwicklung des Kapitalismus reagiert und umgekehrt. In der Renaissance etwa, einer Zeit des aufstrebenden Handelskapitalismus, wurden Künstler oft von reichen Patriziern und Kaufleuten gefördert. Im 19. und 20. Jahrhundert führte die Industrialisierung zu neuen Formen der Kunstproduktion und -verbreitung, von der Massenproduktion von Kunstdrucken bis hin zur Etablierung von Galerien und Auktionshäusern.

Gleichzeitig hat Kunst auch immer wieder versucht, sich von den Fesseln des Kapitals zu lösen und eine utopische Gegenwelt zu entwerfen. Die Avantgarde-Bewegungen des 20. Jahrhunderts, wie der Surrealismus oder der Dadaismus, stellten bewusst die Logik des Marktes und des Kapitals in Frage und suchten nach neuen, nicht-kommodifizierten Ausdrucksformen. Doch auch diese Bewegungen wurden oft vom Kapital vereinnahmt, sei es durch Sammler, Museen oder den Kunstmarkt selbst.

Die Beziehung zwischen Kunst und Kapital kann als verschlungen dialektisch beschrieben werden: Kunst versucht, ihre Autonomie zu bewahren, wird aber immer wieder vom Kapital einverleibt und als Ware gehandelt. Gleichzeitig reflektiert und kritisiert Kunst die Verhältnisse, in denen sie produziert wird, und bietet idealiter einen Ausweg oder zumindest eine Kritik am Bestehenden. In einer kapitalistischen Gesellschaft bleibt Kunst jedoch stets ambivalent, da sie sowohl ein Produkt als auch eine Reflexion der materiellen Verhältnisse darstellt. Aus diesem schwebenden Verhältnis kommt Kunst nicht heraus.

In und Gegen – außen bleiben!

Die antithetische Formel „In und Gegen" ist von Erich Przywara übernommen und könnte als Modell für künstlerische Rebellion gegenüber der Industrie interpretiert werden, indem man Kunst als etwas versteht, das sowohl in der industriellen Realität existiert als auch gegen sie arbeitet. Erich Przywara entwickelt seine These „In und Gegen" im Rahmen seiner Metaphysik der Analogie, insbesondere in seinem Hauptwerk „Analogia Entis" von 1932, in dem er das Spannungsverhältnis zwischen Gott und Welt und zwischen Endlichkeit und Unendlichkeit beschreibt. „In" bedeutet für ihn, dass die Welt und das Geschöpfliche in Gott gegründet seien, also eine gewisse Teilhabe am göttlichen Sein haben. Die Position des „Gegen" betont zugleich die radikale Andersheit Gottes, die Unendlichkeit, die sich nicht einfach in der Endlichkeit auflösen lässt. Diese Spannung zwischen In und Gegen ist für Przywara wesentlich, da sie das geschöpfliche Sein als etwas definiert, das immer zugleich auf Gott hingeordnet (in) und ihm unendlich untergeordnet (gegen) ist. Es ist ein dialektisches Verhältnis zwischen Gott und der Schöpfung, das nicht deduktiv abgeleitet, sondern aus einer Reflexion über die Struktur des Seins und die geschöpfliche Existenz entwickelt worden ist. Wenn man nun die Struktur dieser Dialektik sich vergegenwärtigt: 1. Die Geschöpfe haben eine analoge Teilhabe am göttlichen Sein, aber keine Identität mit ihm. 2. Alles Endliche existiert nur aufgrund der schöpferischen Setzung durch Gott und ist von sich aus nicht notwendig. 3. Die Endlichkeit kann nur in Bezug auf das unendliche Sein verstanden werden.

Übertragen auf säkularisierte Endlichkeits-Verhältnisse in der Welt bedeutet das: 1. Die Künstler haben eine analoge Teilhabe an der omnipotenten Industrie, sind dieser aber untergeordnet. 2. Ohne den technischen Voraussetzungen, die die Industrie schafft, wäre Kunst nicht denkbar. Die Mittel, die gegen das Bestehende angewendet werden, sind aus dem Bestehenden geschöpft. 3. Kunst kann nur aus den gesellschaftlich-industriellen Verhältnissen verstanden werden. Die spannungsgeladene Dialektik des In und Gegen kann nicht aufgelöst werden.

Die Frage lautet nun: Wie kann man sich entscheidend abgrenzen von der übermächtigen Kulturindustrie und vor allem wie bewahrt der Künstler hierbei seine Autonomie? Wie verhalten sich nun in diesem verzwickten Spiel beispielsweise Song-Texte? Songs trachten per se nicht nach Wahrheit, was immer diese auch in ihrem Zeitkern sei, eher nach dem Richtigen, obgleich der Duktus primär geleitet wird von der Erkenntnis, dass alles Hinausstehen und -treten wollen erst dadurch zu einem ernst zu nehmenden „Gegen" wird, indem es sich misst und entsprechend kritisch verhält zu dem zu verurteilenden großen „In" als dem machtvoll Waltenden. Liedgut bezieht sich auf empirisch vorherrschende Wirklichkeit, allerdings in distanzierender Form der Antithese, wohl wissend, dass reine Negation ins Ideologische abdriften würde. Um einen Rückfall zur Position des „In" zu vermeiden, ist es hilfreich, den Blick nicht nur auf das „Gegen" sondern vor allem auf das vermittelnde „und" zu richten. Erst das „und", welches die beiden unversöhnlichen Gegenpole „In" und „Gegen" auseinanderspreizt, ist der Garant für einen schwebenden Zustand im zwielichtigen Heute. Bei jeder Kritik muss man in das „In" des Bestehenden eintauchen, um bis zur letzten Scheidung sich vorzukämpfen. Vor dem allerletzten Bruch, hart am Rande der Negation der Werte, erscheint das erlösende „und" als die letzte Rettung vor der eigenen ideologischen Verblendung.

Man könnte kritisch einwerfen, dass alles, was Popmusik auszeichnet, mittlerweile abhängig ist vom Gebrauch abgenutzter
und abgefertigter Zeichen produzierender Kulturindustrie, die
als diese schnell erkannt werden, nämlich als das, was sie sind:
kapitalistische Codes kontinuierlichen Verfalls. Popkultur ist
schon lange in den verkommenden Zustand einer Überfluss-
krise geraten, bei dem außer billigem Warenfetisch keine ästhetischen Funktionen mehr zu erkennen sind. Verknappte Me-
lodie-Rudimente, endlose Wiederholungen, statisierende
Rhythmen wie auch zweit- oder drittverwertbare Samples, um
nur einige Details zu nennen, an denen man die repetitive Sig-
natur von Pop erkennen kann.

Wenn in früheren Dekaden erfolgreich die Illusion ausgegeben
wurde, dem falschen Leben könne kurzzeitig entronnen werden durch ästhetische Distraktion geschah dies primär
dadurch, dass Vermarktung sich schon immer auf einen nicht
reduzierbaren Persönlichkeitskult konzentrierte, ohne dem
funktionierende Popmusik nicht denkbar ist, und auch niemals
war. Pop ist immer schon mehr als normativ geprägter Klang.
Würde man nur diese formale Seite betrachten, müsste man
schnell erkennen, dass der reine Klangkorpus allein nicht aus-
reichte, um gerade das Objekt zu sein, dessen Klangzauber
vom einzunehmenden jugendlichen Konsumenten vernommen
wird. Die Resonanz, auf die es wirklich ankommt und sich beim
Rezipienten in Entzündung und Ekstase entlädt, ist vorwiegend
dem auserwählten Subjekt geschuldet, das hinter dem großen
Klangzirkus steht. Erst wenn Künstler und tönendes Kunstwerk
ineinander verschmelzen, identisch werden, kann ein Gebilde
wie Pop entstehen. Jedoch ist Pop immer schon einem dialektischen Prozess unterworfen, der in seinem Ende offen ist: zum
einen beginnt es mit einem großen Bejahen, indem beim
Klangerlebnis das Subjekt erfüllend anwest – oder auch nicht.

Diese schwirrende Kohärenz zwischen Subjekt und Objekt ist fundamental gegeben und unauflösbar. Gesellschaftliche Akzeptanz bleibt ein Geheimnis. Zum anderen gibt es keinen anderen Weg, als dass sich Pop gesellschaftlich etabliert. Persönliche Präferenzen erleben in der Öffentlichkeit entweder eine umgreifende Akzeptanz in Fan-Gruppierungen, oder aber sie stoßen auf Ablehnung. Bei diesem asymmetrischen Verhältnis kommen Regeln zum Einsatz, die von Gruppe zu Gruppe unterschiedlich ausfallen. Von kollektiver Euphorie mit bizarr anmutenden Erregungszuständen bis zur Enttäuschung ist in der öffentlichen Aufarbeitung von Pop alles möglich. Wobei vor allem gilt: Individuelle Geschmacksurteile werden immer allererst sozial vermittelt und auch konstituiert. So auch individuelle Vorlieben für Pop! Wechseln wir die Seite: Um ein Produkt im Markt positionieren zu können, bedarf es massiver Aufbauarbeit. Doch die Arbeit eines A&R-Managers bei der Schaffung und Marktplatzierung eines Künstlers ist zugleich Zeugnis eines schmerzvollen Vereinnahmungsprozesses. Vermarktete Attraktivität geschieht immer um den Preis von Selbstaufgabe, Selbstentfremdung, mitunter Selbstauflösung. Der Preis ist hoch. Zu hoch! Erfolg ist stets gekoppelt an Star-Verdinglichung. Der Künstler wird zur Ware wie sein Produkt, für das er steht. Statt einer künstlerisch wertvollen Aura wird ein fader Schein inszeniert. In diesem Spiel nach oben zu kommen, erfolgreich zu sein, ist schwierig; oben sich zu behaupten und bleiben, ist eine Kunst des sich steten Anpassens. Der Künstler muss fähig, willig und vor allem schön sein. Das sind ganz klar Kriterien aus dem Arbeitsleben, was deutlich macht, dass Kunst, will sie ökonomisch verwertbar sein, ein Geschäft ist. Dieses Triangulum des marktstrategischen Anforderungsprofils ist ein unverzichtbares Momentum. Fehlt eine dieser Komponenten des Profil-Dreiecks, fällt man prompt aus dem Muster vermittlungsfähiger Artisten. Wir erinnern uns an den Rauswurf des Beatles-Schlagzeugers Pete Best. Als Produzent George Martin Zweifel am Können des Schlagzeugers der Beatles ankündigte, war die Sache bereits entschieden. Auch bei den Rolling Stones kam es zur bitteren Trennung. Andrew Loog Oldham, der ehemalige Manager der Rolling Stones, beförderte Gründungsmitglied und Pianist Ian Stewart aus der Band, weil er erkannte, dass sein Talent nicht mit seinem Äußeren vereinbar war. So musste Stewart aufgrund des nicht zu kittenden Imageproblems bis zu seinem frühen Tod ein Schattendasein hinter den goldenen Kulissen führen. Er durfte im Studio mitwirken, doch der Ruhm auf den Bühnen der Welt blieb im verwehrt. Vermeintlicher Glanz und Glorie der Band gingen an ihm vorüber. Pop ist identitätsstiftender Persönlichkeitskult. Die schöne Maske des Dionysos muss gut sitzen, die Insignien von Anmut, Schönheit, Vitalität und berstender Jugend der Welt sichtbar vorliegen, hervorgebracht von einer übermächtigen Unterhaltungsindustrie. Wenn die Produktvermarktung via Medien eine öffentliche Resonanz erfährt, steht der Krönung zum Pop-Gott oder -Göttin nichts mehr im Weg. Das ist Pop! Clevere Bands versuchen, bei dem Spiel, in welchem sie die marketing-strategischen Produktträger sind, die kreative Kontrolle zu behalten. Dieser Versuch geht nur solange gut, wie der Erfolg anhält. Schon allein in diesem Spiel mitzuwirken, gleich ob mit oder ohne Kontrolle, genügt, um sich von sich selbst zu distanzieren. Man wird sich fremd in diesem Geschäft, solange man in der Kategorie des Zweckhaften verhaften bleibt.

Es gibt jedoch auch den Künstlertypus, der aus der argumentativen Kette dieser Betrachtungen ausgeschlossen werden kann. Das geschieht, wenn er sich bewusst der Position des „In" wie auch des „Gegen" entzieht. Dieser Künstler ist ein

Hochseiltänzer und balanciert in schwindelerregender Höhe auf dem „Und". Ein Schritt daneben und er stürzt in die Tiefe des dialektischen Mühlrads des „In" und „Gegen". Wie kann dieser Balanceakt Realität werden? Es ist allein eine Frage des Willens und des klaren Bewusstseins und es hat vor allem mit der Liebe zu tun, die man für die Sache empfindet. Je mehr man für seine eigene Kunst entflammt ist, desto mehr entkommt man dem Zweckhaften. Es ist wie ein Raum, den man verlässt und einen anderen, helleren Raum betritt. Es ist eine delikate Nische, die in den 50er und 60er Jahren Realität wurde, sogar gesellschaftlicher Natur, als sich Beat-Poeten im berüchtigten Beat-Hotel im Pariser Quartier Latin trafen, um dort, frei von ökonomischen Zwängen, ihre Texte zu verfassen. Sie fragten nicht danach, welcher Verlag diese Texte veröffentlichen wird oder welche Leserschaft sich dafür interessiert. Das Zweckhafte war wie weggeblasen. Wer dort verweilte, war von ökonomischen Bindungen befreit und lebte in einer völlig anderen Sinngebung. Dieser modus vivendi ist Aufgehoben-Sein im durchaus positiven Sinn, denn wenn man die Frage stellt, von woher dieses intensive Gefühl rührt, dann folgt die Antwort: es überwältigt ein Ich, dass sich kreativ gestaltend gegen das Ganze des normativ Waltenden auflehnt. Es ist ein flüchtiger Moment, der nur in einem deutlich begrenzten Öffentlichkeitsraum stattfindet und daher die ansonsten so bedeutsame Lebensform des bios politikos ausschließt. Auch ist es nicht die aristotelische Form des bios apolaustikos, denn was dort in kreativer Sphäre geschaffen wird, entspringt keiner Genusssucht. Nein, in der lichten Kammer des kreativen Schaffens, einem „Beatopia", findet man den Typus des bios pragmatikos, den Schaffenden, der um des Schaffens Willen schafft und in diesem Prozess völlig aufgeht. Es ist die Geburt einer jeden Kunst, die wundersame Entstehung von Musik, entsprungen aus intuitivem Drang, der alles um sich herum verneint, um in diesem einen goldenen Augenblick im Jetzt anzuheben im reinen Schaffen, in der Verwirklichung echter Kunst. Diese Fügung kommt und verfliegt. Hebt sie an, transzendiert sie hinfort vom bedrückenden Bestehenden, löst sie sich auf, platzt die zerbrechliche Blase des kreativen Schaffens und entlässt den ermattenden Künstler aus seinem Schöpfungsraum, liefert ihn wieder aus an die weltlichen Gewalten. Natürlich ist in diesem Stadium des Rückzugs in die eigene Innerlichkeit die Idee der ästhetischen Stimmigkeit aufs Äußerste bedroht, weil sowohl Sinn- wie auch Wahrheitsgehalt die dringlichen Rückbindungen sind an die soziale Wirklichkeit mit ihren objektiven und geistigen Bezügen. Kunst und so auch Musik wird erst dann glaubhaft, wenn sich in ihr die realen Begebenheiten des sozialen Miteinanders widerspiegeln. Kunst wird dann unwahr, wenn sie ohne substantiellen Gehalt ist oder aber ihr Gehalt nur noch als eine Reflexion auf den Warencharakter erkannt wird. Ernstzunehmende Kunst als solche gelingt erst, wenn sie außerhalb gesellschaftlicher Bindungen stattfindet, sich besinnend zurückzieht in die kreative Klausur, um dort, aufgeladen mit den Bedrängungen und Nöten der Zeit, sich als lebendiger Ausdruck der Zeit zu manifestieren. Dieses kreative Klaustrum hat die Industrie niemals betreten und wird es auch nicht, da es außerhalb der Reichweite marktstrategischer Überlegungen liegt. Der Prozess des Schaffens ist nicht relevant, nur das Ergebnis zählt ökonomisch. Es ist ein „Wahnfried"-Bezirk, weit vom Rande des „In" und „Gegen", wo alle marktstrategischen, kapitalistischen Brandungen brechen. Worte wie Profit, Verkaufsstrategie, Image etc. verlieren dort ihren Sinn, ihre Gültigkeit und ihre Bedeutung. Insofern ist eine kreative Zelle ein Ressort der Abgrenzung, bestimmt von dem unbedingten Willen des Schaffens. Auf dieser Ebene wäre der Wunsch, das

Spiel mitzuspielen, bei dem alles Denken und Trachten auf das Niveau industrieller Prozesse reduziert wird, ein schwerer Kategorienfehler.

So lässt sich das Schaffen von Kunst, von Musik aus der Perspektive kreativen Schaffens und darüber reflektierend verstehen als ein gelingender Versuch des Rückzugs aus bedrängenden Verhältnissen. Wenn die „In"-Position radikal negiert wird, verstärkt sich hiermit zwangsläufig die Antithese des „Gegen", jedoch heben sich beide Pole zeitweilig auf im Schwingen des engen Raumes dazwischen. In dieser Haltung der Ausgrenzung entsteht ein radikal Anderes, nämlich Sinn, der alles andere ausschließt. Und Sinn, der nicht begrifflich markiert wird, ist das spürbare Nicht-Identische. In diesem Raum des Nicht-Identischen prallen divergierende Kritikpunkte ab, denn es geht nur um die Sache selbst. Jeder Zweck entfällt, nur der Sinn wächst in der Auseinandersetzung mit sich selbst. So gibt es in dieser kategorialen Sphäre keine Art von Klassifizierung und Ausgrenzung, noch käme es zu Ablehnungen und Ausmusterungen – alle diesbezüglichen zweckorientierten Urteile des waltenden entfremdenden Industriedenkens hätten kein Gewicht mehr. Hier zelebriert sich Kunst im allgemeinen und Musik im Besonderen selbst, fernab von jeder Nützlichkeitslogik. Beurteilungskriterien wie willig, fähig und ästhetische Bemusterung gedeihen nicht in diesem Raum. Und wenn auch später, wenn der nur kurzfristig entfachte Schaffensrausch abgeebbt ist und der Künstler sein kreatives Klaustrum verlassen hat, in einer etwaigen Bemusterung des kreativen Potentials, das musikalisch Geschaffene sich der Verkaufsstrategie aufgrund unüberbrückbarer Vermittlung entzöge, wären auch nach und außerhalb des Kreativprozesses de facto alle Bindungen zur Industrie und deren Vermarktungsziel restlos gekappt. Hierfür könnte primär eine begriffsverstörende Inkompatibilität der

Texte sorgen, die einer fragwürdig gewordenen fetischhaften Denkungsart und Verwertungslogik radikal im Wege stünde. Kurzum, bevor künstlerisches Leben geopfert würde zugunsten eines entfesselten Warenfetischismus, müsste Kreativität, dieser fragil-fruchtbare Raum des Schwebens und Schaffens außerhalb des dialektischen „In" und „Gegen" auf dem schwindelhohen Hochseil des „und" erst einmal untergehen! Das wird nie passieren, solange es echte Künstler gibt!

Der dritte Ausweg:
Ekstase aus dem Geist der Musik

Sie stehen auf der Bühne, schwitzen und schreien sich die Seele aus dem Leib. Aus ihren Röhrenverstärkern, den mittlerweile legendären VOX AC 30, dröhnt der Sound der vier-, sechs- und zwölfsaitigen Rickenbacker-Gitarren, hinzu mengt sich der dreistimmige Harmoniegesang sowie ein Schlagzeug, das sie antreibt und mit jedem harten Snare-Schlag die Band zusammenhält. In diesen kostbaren Augenblicken verspürt der Künstler auf der Bühne unsagbare Freude. Wie ein Blitzschlag überstrahlt dieses Gefühl die Erkenntnis, dass just in diesem Moment, im Dröhnen und Schreien, er eine Erfüllung findet, die weit über das Maß des normativen Daseins hinausreicht. Über ihn ergießt sich die Schale des überschäumenden Lebens.

Je heftiger und ungestümer er die Melodie des Liedes aus sich herausschreit und sich dem Publikum mit jeder Faser seines Herzens kompromisslos hin- und preisgibt, desto weiter rückt er mental vom eigenen Geschehen ab, bis er die tosende Band, das Publikum, sein eigenes Agens nur noch schemenhaft begreift. Sein Selbst hat sich losgelöst von den Ketten der Vernunft, aufgelöst, und betrachtet verwundert das Schauspiel der Ekstase … sein Ich als transzendentales Subjekt kann, nein, muss sich stets selbst in ein Verhältnis setzen – diese Ordnung des waltenden Selbstseins könnte gefährlich auf dem Spiel stehen. Leben ist wie dünnes Eis, die brüchigen Stellen der Kontingenz konstituieren die Möglichkeit des Fallens, Sinkens und des sich Verlierens.

Dennoch, in diesem Augenblick ist klar, dass das Leben gut und schön ist und selbst transzendentale Gesetze und geltende Normen sich in einer höheren (Un)Ordnung auflösen können. Probleme, Sorgen, selbst Leiden, das stark auf einem lastet und den Blick verdüstert, verliert seinen Schrecken und offenbart sich als nichtiger Schein in einem womöglich ästhetischen Spiel. Unüberbrückbare Gegensätze heben sich mühelos auf und zeigen sich im Aufeinanderprallen als seelenverwandtes Treiben. Der Kopf explodiert. Die Vernunft löst sich auf in Milliarden funkelnder Sterne, die die tönende Allheit in gleißendes Licht tauchen. In einem gewaltigen Crescendo offenbaren sich ungeahnte Möglichkeiten des Begehrens, der Grund des Daseins liegt sichtbar vor dem sonnenhaften Auge, das in ungeahnte Tiefen hinab gleitet und – oh Wunder – sich selbst erkennt. Im aufbrüllenden Schlussakkord begreift der ekstatische Künstler die letzte große Wahrheit: In der Musik ist sich jeder selbst der eigene Gott. Die Welt ist die eigene Kreation. Subjekt und Welt fallen zusammen. Gemäß dem eigenen Sinnbild wird alles, endet alles. Willkommen in Beatopia.

Ein Blick schöner Augen aus dem Publikum reißt den Künstler abrupt aus seiner Entrücktheit in die Wirklichkeit zurück. Die Ekstase verebbt, die heimgesuchte Vernunft sammelt die Sterne ihrer selbst, und siehe da: die Welt herum wird wieder prosaisch. Nahezu. Wäre da nicht der intensive Blick des ultracoolen Girls, der auf ihm ruht. Wow! Auf einen Schlag ist er mehr Mojo als Vernunft. So ist der Fall in die Wirklichkeit erträglich. Wer weiß, vielleicht ist dieser Blick die Geburt einer Ekstase sinnlicher Art? Noch fünf Songs, vielleicht auch sechs, dann wird es sich herausstellen. Vorab wird die unbekannte Schöne Diotima getauft, egal, wie sie wirklich heißt. Der vom Schlagzeuger schnell eingezählte Song verlangt die volle Aufmerksamkeit. Noch einmal alles geben. So wird der Augen-Flirt jetzt beendet. Nur für kurze Zeit. Um ihn später wieder aufzugreifen, dafür um so heftiger, leidenschaftlicher. Der Beat schwängert die Luft, es ist heiß und stickig im Club. Schweiß tropft auf die Gitarre, der Anzug klebt nass am Körper. Doch keine Spur von Müdigkeit. Auch nicht bei den Bandkollegen. Jeder Song wird gespielt, als ob er der letzte im Leben sei – das Publikum schreit, will mehr. Also gibt die Band noch ein paar Zugaben, bis die Kette der Höhepunkte nicht mehr überboten werden kann, und dann, nach dem letzten brachialen Akkord, nach dem allmählichen Abflauen des tosenden Applauses, tritt wieder die Stille in das Leben. Verzweifelt versuchen die Musiker, den Augenblick der wilden Lust festzuhalten. Vergeblich. Der Beat rinnt ihnen aus den Händen, der Auftritt gleitet vorbei, Leere breitet sich aus ... Die Leere nach dem dionysischen Sturm. Die Uneigentlichkeit hat die Band wieder fest im Griff und setzt sie wieder der waltenden Ordnung aus. Beatopia und zurück.

Nach dem Konzert, nach dem rauschhaften Exzess, fühlen sich die Musiker ausgebrannt, die Anstrengungen der letzten Stunden machen sich nun doch bemerkbar. Jetzt heißt es runterkommen vom Berg der Ekstase, umziehen, ein paar CDs verkaufen und in einem letzten Talk relaxen mit den verbliebenen Fans. Ein gutes Gefühl macht sich breit, trotz der Müdigkeit. Aber noch einmal müssen die letzten Kräfte mobilisiert werden für den ruhmlosen Epilog: Abbauen, Kabel einrollen,

Equipment hochtragen, alles in den Autos verstauen, ein letzter Blick auf die Stätte des Wirkens, ein Stich im Herzen des Leadsängers: das Super-Girl ist nicht mehr da. Aber: Beatboys don't cry. Die Pflicht steht nun auf dem Programm: Zum Probenraum fahren, den ganzen Kram hinuntertragen in den muffigen Übungskeller – das Finale ist geschafft.

Der Schlagzeuger, hat noch kurz vor Verlassen des Clubs an die Gage gedacht. 500 Euro. Wenig Geld für das inszenierte Spektakel. Aber Bares interessiert kaum. Musik macht man nicht für Geld. Es ist tröstlich, dass es geistige Zustände und kreative Räume gibt, die Geld niemals kaufen kann. Die ökonomische Logik reicht nicht in alle Ecken des Lebens. Oder doch? Auch ohne üppige Gagen, ohne einen Plattenvertrag gibt es Glück. Die Band hat es sich wieder einmal bewiesen: der Beat lebt. Ergo gibt es Glück. Und wenn auch dieser Art nur für einen kleinen Augenblick. Eine Sternstunde für Beatniks. Vielleicht sogar nur eine Sternminute. Wie viele mühsame Stunden, Tage, Wochen verrinnen dagegen. Schwer und doch schön, für diesen einen Augenblick zu leben. Das ist es: Ein Ziel, eine Vision, ein Leben darauf hin, Sinn des Daseins im Musik-Kollektiv. Schon sehnt sich die Band nach dem nächsten Auftritt. Die ewige Wiederkehr der Ekstase, hoffend auf die Rückkehr nach Beatopia. Wird Diotima dann wieder auftauchen?

Vorausgehende Überlegungen zum Begriff der Ekstase

Der Begriff der Ekstase hat divergierende Bedeutungen. Kein Wunder, in seiner langen und komplexen Geschichte, die sich von der Antike bis in die Moderne erstreckt, war die Ekstase mit unterschiedlichen Vorstellungen verbunden und unterlag vielen philosophischen, religiösen und kulturellen Veränderungen. Zum einen bezeichnet Ekstase einen Akt des Heraustretens aus dem gewöhnlichen seelischen Zustand. Der Begriff stammt folgerichtig vom griechischen Wort „ἔκστασις" (ekstasis), was wörtlich „Hinaustreten" bedeutet, im Sinne eines Herausgehens aus sich selbst. Es beschreibt einen Zustand, in dem das Individuum die Grenzen des normalen Bewusstseins oder Selbstseins überschreitet und eine intensive Verbindung zu etwas Höherem oder Transzendentem erlebt. Dabei kann es sich um spirituelle, religiöse, mystische oder auch künstlerische Erlebnisse handeln. Hinzu kommt die grundlegende Annahme einer Vereinigung mit Gott, einer unio mystica.

Platon prägte den Begriff der Ekstase im Rahmen seiner philosophischen Lehren über die Ideenlehre und die Beziehung der Seele zur Welt der Ideen. Für Platon, der eigentlich mit richtigem Namen Aristokles hieß, war die Ekstase eine Form der Enthüllung des Göttlichen. In seinem Dialog „Phaidros" beschreibt er die Ekstase als einen Zustand, in dem die Seele aus ihrem gewöhnlichen Zustand des Körperlichen heraustritt und eine Vereinigung mit den ewigen und reinen Ideen erfährt. Diese Erfahrung ermöglicht es dem Menschen, das Wahre, Schöne und Gute zu erkennen, wobei die Seele sich über das Sinnliche hinaus zu den höheren geistigen Realitäten erhebt. Er betont somit die Erhebung der Seele, weg von der physischen Welt hin zu einer erhabenen geistigen Dimension. Die Ekstase war bei Platon eng mit dem Eros verbunden, die Gottheit, die die Seele anzieht und in die Sphäre des Göttlichen hebt.

Plotin als Begründer des Neuplatonismus entwickelte Platons Gedanken weiter und gab der Ekstase eine noch stärkere spirituelle und metaphysische Dimension. In seiner Philosophie (Enneaden) wird die Ekstase zu einem wesentlichen Mittel der

Rückkehr der Seele zu ihrem göttlichen Ursprung, dem „Einen"
dem höchsten Prinzip der Realität, das jenseits des Seins liegt.
Für Plotin ist Ekstase der Höhepunktt eines inneren geistigen
Weges, bei dem die Seele aus der materiellen Welt heraustritt,
um sich mit dem „Einen" zu vereinen. Dieser Zustand der Vereinigung mit dem Einen war ein Erlebnis reiner Transzendenz,
bei dem das Individuum sein Bewusstsein und seinen Intellekt
transzendiert.

Mit dem Aufkommen des Christentums erfuhr der Begriff der
Ekstase eine bedeutende Veränderung. Während Platon und
Plotin die Ekstase als philosophisch-geistigen Zustand betrachteten, der die Seele in die Nähe des Göttlichen rückt, wurde
sie im christlichen Kontext stärker an den Glauben und das Erleben Gottes gebunden. Im Christentum wird Ekstase als eine
Form der mystischen Vereinigung mit Gott verstanden. Die
Heiligen und Mystiker des Mittelalters (z. B. Teresa von Ávila
oder Johannes vom Kreuz) beschrieben ekstatische Zustände,
in denen sie eine direkte Erfahrung Gottes machten, die oft
durch intensive emotionale und körperliche Erfahrungen be-
gleitet war. Die christliche Ekstase betonte weniger den intellektuellen Aufstieg zu einer metaphysischen Einheit, sondern
die Liebe zu Gott, die das Individuum in eine übernatürliche
Erfahrung führen kann.

Ein wichtiger Aspekt der christlichen Ekstase war die Rolle der
Gnade: Während in der platonischen Tradition die Ekstase
durch philosophische Praxis erreicht wurde, wurde sie im Christentum als Geschenk Gottes betrachtet, das der Mensch durch
Hingabe, Gebet und Demut empfängt.

Mit der Säkularisierung, insbesondere ab der Aufklärung im 18.
Jahrhundert, veränderte sich die Bedeutung der Ekstase. Die
Entzauberung der Welt und der Rückzug des Religiösen aus
vielen Bereichen des Lebens führten dazu, dass die Ekstase

zunehmend von ihrer spirituellen und religiösen Bedeutung losgelöst wurde. Die Ekstase wurde in säkularen Kontexten zu einem Zustand intensiver Erfahrung, der nicht unbedingt auf
eine göttliche oder metaphysische Dimension verweist. In der
Romantik (19. Jahrhundert) wurde die Ekstase häufig in Zusammenhang mit der Kunst und der Natur gebracht. Künstler
und Dichter suchten nach intensiven Erlebnissen, die sie über
das Alltägliche hinausführten, und beschrieben Ekstase oft als
eine Begegnung mit dem Sublimen, sei es in der Natur oder in
der Kunst.

Im 20. Jahrhundert wurde die Ekstase weiter säkularisiert und
mitunter sogar psychologisch und neurologisch interpretiert.
Ekstatische Zustände wurden zunehmend als Veränderungen
des Bewusstseins verstanden, die durch Meditation, Musik,
Drogen oder andere Mittel erreicht werden konnten.

In der Psychologie (etwa durch Carl Gustav Jung) und später
in der Hippiebewegung und der New-Age-Bewegung wurde die
Ekstase oft als eine Form der Selbsttranszendenz verstanden,
die dem Individuum hilft, über das eigene Ego hinauszuwachsen und ein erweitertes Bewusstsein zu erlangen.

Hinein in die Ekstase

„Jetzt bin ich leicht, jetzt fliege ich,
jetzt sehe ich mich unter mir,
jetzt tanzt ein Gott durch mich."
Also sprach Zarathustra (KSA 4,5)

Was passiert, wenn man vom Gewohnten, beziehungsweise
Normativen abweicht? Wie geht Ekstase vor sich? Was geschieht bei dieser Entfesselung?

Keiner hat die entfesselnde Macht der Ekstase besser beschrieben als Friedrich Nietzsche in seinem Erstlingswerk. „Die Geburt der Tragödie aus dem Geiste der Musik"! Kunst ist dem Wesen nach und in ihrer Fortentwicklung an die Duplizität des Apollinischen und des Dionysischen gebunden. Wie der Dualismus der Geschlechter – was sich in der derzeitigen Gender-Debatte allmählich aufhebt – in andauerndem, reibendem Kampf mit kurzweiligen Perioden der Versöhnung sich zeigt, so stellt sich Nietzsche analog den Gegensatz vom machtvollen Wirken der Kunstgottheiten Apoll und Dionysos vor als ein unentwegtes Ringen zwischen der bildenden, formverliebten Kunst und der im Gegensatz dazu stehenden unbildlichen Kunst der Musik. Diese Triebe treten in offenem Widerstreit gegeneinander an und steigern sich wechselseitig zu immer „neuen, kräftigeren Geburten". Die vollendete Kunst wäre die Versöhnung der beiden Kunsttriebe, wodurch, wie in der griechischen Tragödie, gleißend bildende Kunst und rauschhaft tönende Musik eins werden.

Hier steht Nietzsche ganz in der Tradition Schopenhauers. Nicht umsonst greift er bei der Erklärung der Gottheiten auf dessen Terminologie zurück.

Apollo steht für das Begrenzte, den schönen Schein. Alles, was geistig erfasst werden kann und in eine Form und Ordnung gegossen wird, alles, was unter dem Primat der Kontrollierbarkeit der Welt steht, in summa alles Rationale fällt unter den Begriff des Apollinischen. Es ist sowohl Anschauungs- wie auch Existenzweise und wirkt sowohl psychisch wie auch kulturell. Im Schopenhauerschen Sinne ist Apollo die Gottheit des principii individuationis, aus dem „die ganze Lust und Weisheit des Scheines, samt seiner Schönheit" zu uns spricht.

Doch wer an den apollinischen Formen irrewird, den „Schleier der Maja" durchtrennt, dem Satz vom Grunde entsagt, an den gängigen Formen der Erkenntnis zu zweifeln beginnt, der steigert seine Subjektivität in Selbstvergessenheit, der wird ganz und gar dionysisch. Gegenüber dieser heißen Kraft zeigt sich die apollinische Gesundheit blass, leichenfarbig, während das Dionysische glühendes Leben verheißt. Dieser Zustand kommt dem des Rausches nahe, herbeigeführt durch Narkotika, singend, tanzend – dies wird seit Jahrtausenden praktiziert. Während die „ästhetische Anschauung" mit gesteigertem Intellekt die herkömmlichen Formen des Satzes vom Grunde überwindet und sich dabei als Individuum aufhebt, feiert das Dionysische die Weltenharmonie. Auch hier zerreißt der Schleier der Maja, doch erhebt sich das Individuum, spürt den Versöhnungsgedanken in sich, umarmt jubelnd die Welt. In der Ekstase ist jeder mit jedem auf wundersame Weise vereint, selbst die entfremdete, unterdrückte Natur reicht die Hand.

Ein Zustand also, in dem man seine gewöhnlichen Grenzen und Identitäten überschreitet, wobei das Selbst mit seinen persönlichen und sozialen Normen sich auflöst. Bei diesem Vorgang erlebt der Mensch eine intensive, oft körperliche Erfahrung, die mit einem Gefühl der Auflösung oder des Verlustes der eigenen Identität einhergeht. Der Mensch in Ekstase muss den erweiterten Bewusstseinszustand als eine Trennung von Körper und Geist auffassen. Denn die Ekstase vermittelt oft das Gefühl, aus dem eigenen Selbst herauszutreten und sich, falls sie religiös stimuliert ist, einer transzendenten Gottheit zu nähern. Das Ich-Bewusstsein ist reduziert, das Bewusstsein von Zeit, Raum und Kausalität hebt sich auf zugunsten eines Einheitserlebnises. Jedoch fehlt es an den sprachlichen Mitteln, diesen entrückten Zustand in Worte zu fassen, da er in der Anschauung passiert und begrifflich-abstraktes Denken bei weitem übersteigt. Auffallend ist, dass während der Ekstase die körperlichen Fähigkeiten sich signifikant verändern: neben übersteigenden Emotionen, weitgehender Schmerzunempfindlichkeit und auftretenden Krämpfen lassen sich mitunter auch außer-gewöhnliche Fähigkeiten beobachten: Visionen, heilende Kräfte, gesteigerter Mut, genial-künstlerische Ausdruckskraft und Glossolalie. Nicht immer verläuft die Ekstase mit dem Gefühl der überdimensionierten Harmonie. Die Ekstase kann im betroffenen Menschen sowohl das Gefühl von großer Lebensfreude wie auch eine tiefe Depression hinterlassen.

Paulus war bekanntlich Ekstatiker. Es ist zu fragen, ob er sein dogmatisch-religiöses Weltbild auf seine ekstatischen Erlebnisse zurückführt oder diese dem Weltbild unterordnet. Immerhin war er nach dem Damaskus-Erlebnis ein radikal anderer. Theologe Günther Bornkamm hat dafür eine verblüffende Erklärung: es war Gottes Wille, dass Paulus dieses Erlebnis hatte und dass aus dem Verfolger der kampfeslustige Verfechter christlichen Glaubens wurde.

Wir wollen das Phänomen der Ekstase näher einkreisen und bestimmen.

Es liegt in der Natur des Menschen, stets aus sich herauszutreten, indem er sich unentwegt auf die Zukunft entwirft. Er strebt dabei nach etwas, was noch nicht ist. Er will sich damit selbst bestimmen. Dies gelingt ihm antizipierend, da er ein offenes, nicht festgestelltes Wesen ist. Tod ist Stillstand, Leben der Drang nach Verwirklichung. Sartre hat festgemacht, dass es drei (Anfangs)Stadien der Ekstase gibt: Wer sich auf die Zukunft konzentriert, blickt dem Nichts ins Auge, da das Zukünftige noch nicht ist. Hier ist der Mensch Entwurf, umgeben von Möglichkeiten, die es zu verwirklichen gilt. Doch zugleich hat er Angst vor der Zukunft und es drängt ihn, ihr aus dem Weg zu gehen. So ist diese Form der Ekstase zu Ende, bevor sie beginnt. Die Angst steht ihr im Weg.

Die zweite Form der Ekstase betrifft die Anderen. So versucht der Mensch sein „Für-sich-Sein" zu wandeln in ein „Für-den-anderen-Sein". Doch meistens endet diese Annäherung in der Verdinglichung des anderen. Der andere wird Zweck für uns, nicht Selbstzweck. In diesem Sinne wird keine Ekstase herbeigeführt, lediglich die Freiheit des anderen wird im Konflikt geraubt.

Der dritte Weg der Ekstase führt zum „In-sich-Sein", der jedoch ein Widerspruch in sich selbst ist. Wenn man wie Sartre eine vorgegebene Essenz leugnet und damit auch Gott negiert, ist das eigene Sein unbestimmt, ist nichts außer der Möglichkeit der Verwirklichung. Und wer nicht aus Freiheit handelt und sich verwirklicht, übt Verrat am eigenen Wesen, das bei Sartre bestimmt ist als Bewusstsein zur Freiheit, die es zu verwirklichen gilt, auch als Einsicht und Wille zur Gestaltung. Wer an die Essenz glaubt, verliert sich im Absurden. Von diesem Blickwinkel heißt es: „Es ist sinnlos, dass wir geboren wurden, es ist sinnlos, dass wir sterben, es ist absurd, dass wir leben." Sein lässt sich von keinem anderen Sein ableiten. Somit ist es kontingent. Alles, was ist, könnte anders sein. Nichts existiert aus bestimmtem Grund. Existenz ist sinnlos.

In allen Formen geht es um die Identität des Außer sich Seins mit dem Zu sich selbst Kommen. Um das zu erreichen, muss der Mensch ausbrechen aus den gewohnten diskursiven Denkweisen, um eine höhere Seinsweise, eine höhere Wirklichkeit zu erfahren.

Für Platon war die theia mania (enthusiastische Entrückung) Quell künstlerischen Schaffens und zugleich Erreichung einer höheren Wahrheit. Im Grunde kommt seine Interpretation des Entrückt-Seins der ästhetischen Kontemplation Schopenhauers nahe.

Ekstase entwächst aus dem Bereich der normativen Sinnlichkeit. Man hört eine Melodie, man vertieft sich in eine Farbe, man spielt ein Instrument, alleine oder in einer Gruppe und plötzlich – wie von Geisterhand – verliert man sich in dem, was man tut oder erblickt, von einem Augenblick zum nächsten hebt man ab: und dabei schärfen sich die Sinne bis zur überirdischen Klarheit. Wie im Rausch – ein Analogon, das man oft bei der Ekstase verwendet – versinkt die Welt herum und dasjenige, an was sich der Geist klammert, erfährt eine ungeheure Dichte und Bedeutung. Während in der ästhetischen Anschauung man identisch ist mit dem Kunstobjekt, indem Subjekt und Objekt eins werden, ist in der Ekstase die Zweiheit vorhanden, aber alles, beide Pole, in hoch potenzierter Weise. Das Subjekt ragt über sich hinaus, vermag Dinge zu tun, die im Normalzustand undenkbar wären, und so stark die subjektiven Impulse aufblitzen und alles in ein gleißendes Licht tauchen, so bedeutsam groß erscheint und berührt dasjenige, durch das die Ekstase hervorgerufen wurde. Auffallend ist, dass im Zustand der Ekstase der Raum der menschlichen Möglichkeiten um ein Vielfaches anwächst, er wird so groß, dass das Unmögliche zur Selbstverständlichkeit wird.

Ekstase ist Ausdruck einer gesteigerten Lebensbejahung, weit hinein reicht die Empfindung, so weit, dass das Bewusstsein am Rande des Todes tanzt. Heidegger hat bekanntlich das Dasein des Menschen als ekstatisch beschrieben, da Existenz eine Weise des Seins ist, das offen steht für die Offenheit des Seins. Es ist nicht das Hinausstehen als der Weg vom immanenten Innern des Bewusstseins, um ein Objekt zu erhalten, wie dies bei Immanuel Kant der Fall war: das nach außen gerichtete Subjekt wird von Objekten affiziert, formt daraus Erscheinungen. Bei Heidegger ist es eher der umgekehrte Weg des waltenden Seins, das in seiner Unverborgenheit das Dasein an west. Ob man nun das Sein als Unverborgenheit oder Gott hierfür deklariert, ist nicht entscheidend. Es ist der tief theologische Kern der Philosophie Heideggers, dass das Dasein aufgehoben sei in einem Sein. Existenz wird nicht von der Subjektivität oder Substanz her verstanden, sondern er liefert das Dasein als Offenheit dem Sein aus als das Innestehen in der Weise der Sorge und das Ausdauern im Äußersten zum Tode. So bestimmt Heidegger das Wesen der Existenz, das aus sich herausragt, um im Sein inne zu stehen. Diese Ekstase ist normativer Art. Seinsweisen des Gewöhnlichen. Es ist typisch für Heidegger, dass er Worte aus dem gewöhnlichen Kontext reißt, um ihnen eine andere Bedeutung zuzusprechen. Das Affiziert werden von außen als Momente der Ekstase zu deklarieren, ist fraglich, denn Ekstase ist mehr als dieser normative Akt!

Wenn man im Medium der Kunst die Ekstase verstehen will, wird das Alltägliche, die Routine durchbrochen, erhöht, begünstigt durch einen subjektiven Prozess. Wäre es andersrum – so wie in der religiösen Betrachtungsart der Ekstase Gott oder das Sein das Individuum anwest – dann ist zu fragen, warum das Alltägliche nicht immer zum Ausbruch aus dem Normativen führt. Mit rechtem Fug kann man behaupten, dass in der Ekstase die Welt „romantisiert" wird, ganz im Sinne Novalis: „Romantisieren ist nichts, als eine qualitative Potenzierung ... Indem ich dem Gemeinen einen hohen Sinn, dem Gewöhnlichen ein geheimnisvolles Ansehen, dem Bekannten die Würde des Unbekannten, dem Endlichen einen unendlichen Schein gebe, so romantisiere ich es."[9] Durch diese poetische Tat als der Akt des sich selbst Überspringens tritt die Totalität der Welt deutlicher hervor, im Kunstwerk wird der Sinn dieser

---

[9] Novalis, Logologisches Fragment 105

„romantisierten" Welt erfahrbar, wenn auch nicht ganz mitteilbar. Gegensätze fallen im Romantisierungsprozess zusammen: das Gewöhnliche und das Besondere, das Begrenzte und das Unendliche heben sich in der Einheit auf. So verkündet Novalis: Der Mensch vermag in jedem Augenblick ein übersinnliches Wesen zu sein. Ohne dies wäre er nicht Weltbürger – er wäre ein Tier".

Der entscheidende Unterschied zwischen normativem und davon herausgerissenem Zustand ist, dass in der Ekstase das Normale absolut wird. Allerdings nur im Sinne der Bedeutung. Alles andere herum ist da, aber jedoch ohne Bedeutung, ohne Glanz, ohne Sinn – nur dasjenige, welches die Ekstase entzündet hat, zählt, ansonsten versinkt die Welt in Nichtigkeit. Die Welt spiegelt sich nur noch in dem Funken, der die Ekstase ins Leben rief. Intensiver lässt sich Leben nicht mehr spüren.

Zur Verdeutlichung der heutigen Situation: Kunst im Mittelalter

Die Tatsache, dass wir heutzutage Werke schaffen, um einen ästhetischen Genuss zu erzeugen, um mit der tief aus dem Inneren erzeugten Kreativität Kritik am Bestehenden auszuüben, um damit überholte Werte, marode Systeme und fragwürdig gewordene Institutionen in Frage zu stellen, um überhaupt das Medium Kunst als Exit-Strategie zu verstehen, als den großen Rückzug aus dem Ganzen, um zu transzendieren, um sich von allem Gültigen zu distanzieren, um konzeptuell und visionär gestärkt zurückzukommen – dies alles ist als Privileg und große Errungenschaft zu betrachten, denn dies war nicht immer so. Vor der Erhebung und Apotheose der Vernunft in der Renaissance, vor der Fokussierung auf das Menschliche als das Maß von allem, vor der ansetzenden Industrialisierung und Kapitalisierung des Marktes und den damit zusammenhängenden gesellschaftlichen strukturellen Veränderungen war Kunst eher als gehobenes Handwerk (ars) zu verstehen. Im Mittelalter klafften Kunst und Ästhetik auseinander. Kunst war das Ressort des Handwerkers, der streng nach Maß der philosophisch geltenden Maximen die Werke schuf, und die Ästhetik war der Philosophie überlassen, die den ästhetischen Kanon der Antike, vor allem von Platon und Aristoteles, übernahm, wobei jedoch viele daraus sich entwickelnde Fragen und Ansichten durch Hinzunahme christlichen Gedankengutes einen neuen Sinn gewannen. Wäre dem nicht so gewesen, wäre mittelalterliches Denken als ein bloßer Kommentar zur Antike zu verstehen gewesen.

Schönheit war im Mittelalter vorwiegend ein Attribut Gottes. Das ist nicht verwunderlich, da die Verbindung von philosophischen, theologischen und künstlerischen Perspektiven es mit sich brachte, dass das mittelalterliche Denken zur Schönheit tief in religiöse und metaphysische Überlegungen eingebettet war. Die Art und Weise, wie Kunst und Schönheit betrachtet wurden, war oft spirituell, und der ästhetische Wert eines Objekts wurde in Beziehung zur göttlichen Ordnung gesehen. Der mittelalterliche Mensch betrachtete die Schöpfung als ein Produkt des göttlichen Willens, weshalb das Schöne eng mit dem Guten und dem Wahren verknüpft war. Dabei muss man zwischen zwei grundlegenden Traditionen der Ästhetik unterscheiden: Die metaphysische Tradition war von Philosophen wie Platon und Augustinus beeinflusst, die Schönheit als Ausdruck des Göttlichen ansahen. Schönheit war also nicht nur in der äußeren Erscheinung eines Objekts zu finden, sondern vielmehr in der inneren Ordnung und Harmonie. Doch es gab auch eine materialistischere Tradition, die auf Aristoteles zurückging

und sich mit der physischen Beschaffenheit und der Wahrnehmung von Kunstwerken beschäftigte. In dieser Tradition
spielte das Verhältnis von Proportionen, Maß und Symmetrie
eine zentrale Rolle.

Generell unterschied man bei diesem zentralen Begriff der
Schönheit innerhalb der Ästhetik zwischen pulchrum und aptum. Pulchrum wurde, besonders angelehnt an die Ideen von
Platon, als eine Eigenschaft verstanden, die nicht nur auf sichtbare Schönheit beschränkt war, sondern auch eine geistige
und moralische Dimension umfasste. Somit kam auch das Gute
in Betracht, angelehnt an Plato, und auch hier wurde differen-
ziert: decorum und honestum. Schönheit wurde als das Erscheinen von Ordnung und Harmonie beschrieben, das heißt,
als die Harmonie, Proportion und Symmetrie, die in allen Dingen vorhanden sein soll. Pulchrum bezog sich also auf das, was
in seiner inneren Ordnung schön und vollkommen war, und
umfasste ästhetische sowie ethische und metaphysische Aspekte. Durch den hohen Stellenwert einer christlich propagierten intelligiblen Schönheit wurde eine geistige und psychologische Realität geschaffen, die den mittelalterlichen Menschen
prägte.

Thomas von Aquin zerlegte die Schönheit (pulchrum) in drei
Aspekte. a) Integritas (=Ganzheit): Ein Objekt muss vollständig und intakt sein, um schön zu sein. Sodann b) Proportio
(=Proportion/Harmonie): Die Teile eines Objekts müssen in einem ausgewogenen Verhältnis zueinanderstehen, und c) Cla-
ritas (=Klarheit/Leuchtkraft): Das Objekt muss eine gewisse
Strahlkraft oder Klarheit besitzen, die seine innere Essenz
zeigt, die das Objekt im Glanz erstrahlen lässt. Genau diese
Eigenschaften machen laut der mittelalterlichen Philosophie
ein Objekt wahrhaft schön, wobei Schönheit nicht nur auf das
Göttliche bezogen wurde, sondern auch die Erhabenheit und

Schönheit der Natur wie auch die Kunstwerke im Blickfeld standen. Somit webte die Ästhetik ein Band zwischen Natur, dem Geist und dem Göttlichen.

Aber neben dem Begriff des pulchrum gab es auch den Begriff aptum, am besten übersetzt als Angemessenheit. Was nichts anderes besagt, als dass etwas in Funktion schön sei – diese Lehre stammte ebenfalls aus der Antike und wurde von Cicero über Augustinus an die Scholastik überliefert. Dieser Begriff bezeichnete im Gegensatz zu pulchrum die Zweckmäßigkeit oder Angemessenheit eines Objekts in Bezug auf seine Funktion oder seinen Zweck. Es ging darum, dass eine Sache zu dem passt, wofür sie gemacht ist, dass sie sich also harmonisch in ihren spezifischen Zusammenhang einfügt und ihrem Zweck entspricht. Während pulchrum also eine gewisse Eigenständigkeit besitzt und für sich betrachtet schön sein kann, ist aptum immer in Beziehung zu einem bestimmten Kontext oder einem bestimmten Ziel zu sehen. Ein Objekt ist dann aptum, wenn es seinem Ziel dienlich und funktional angemessen ist, selbst wenn es nicht als „schön" im ästhetischen Sinne gelten könnte. Als Beispiel kann man einen kunstvoll verzierten Kelch heranziehen, der dem Begriff des pulchrum unterliegt, weil er harmonisch gestaltet und schön anzusehen ist. Er wäre jedoch nur aptum, wenn seine Form und Gestaltung auch für den liturgischen Zweck angemessen und funktional wäre, also leicht gehalten werden könnte, nicht zu schwer ist, um ihn hochzuheben, und so gestaltet ist, dass er als liturgisches Gefäß geeignet ist.

In der mittelalterlichen Philosophie wurden Schönheit (pulchrum) und Angemessenheit (aptum) oft zusammen betrachtet und auch vermengt, da das Schöne häufig auch das war, was sich harmonisch in seine Umgebung einfügte und seinem

Zweck entsprach. Bei aller Schönheit schimmerte stets der didaktische Zweck durch. So erklärte der irische Benediktinermönch Honorius Augustodunensis von Autun (ca 1080 bis ca. 1150), dass beispielsweise die Malerei einen dreifachen Sinn habe: sie soll das Gotteshaus verschönern, auch soll sie das Leben der Heiligen den Menschen ins Gedächtnis rufen und sie soll auch der Freude der Ungebildeten dienen. Doch die Begriffe waren nicht synonym. Pulchrum konnte eine allgemeine, universelle Schönheit bezeichnen, die an sich wertvoll war. Aptum hingegen war eine zweckbezogene Angemessenheit, die nicht unbedingt „schön" im ästhetischen Sinn sein musste, aber in ihrer Funktion oder ihrem Zusammenhang perfekt passte.

Diese Unterscheidung beschäftigte die Scholastik. Thomas von Aquin betrachtete beide Konzepte als Teil eines umfassenderen Verständnisses von Ordnung, Zweck und göttlicher Schöpfung. Die gesamte Schöpfung wurde hier als schön angesehen, da sie einer ggöttlichen Ordnung folgte, und jedes einzelne Element war dann aptum, wenn es seiner göttlich bestimmten Funktion oder seinem Platz in dieser Ordnung gerecht wurde. So wird verständlich, dass im Mittelalter der Begriff „Kunst" eine andere Bedeutung als in der Moderne innehatte. Kunst wurde im Mittelalter vor allem als Handwerk (ars) verstanden. Der Künstler oder Handwerker war jemand, der nach vorgegebenen Regeln arbeitete, die aus der Tradition stammten. Es ging nicht um individuelle Inspiration oder Originalität, sondern um die getreue Nachahmung bestimmter Vorbilder und um die Erfüllung von Funktionen, oft im liturgischen oder sozialen Kontext. Noch dazu war die mittelalterliche Kunst stark auf Funktionalität (aptum) ausgerichtet. So diente etwa die Architektur in erster Linie religiösen oder weltlichen Zwecken (z. B.

Kirchenbauten oder Burgen), wobei die Schönheit oft als Nebenprodukt der Zweckmäßigkeit angesehen wurde. Die perfekte Schönheit fand sich in der Natur als Teil der göttlichen Schöpfung, und die Kunst sollte versuchen, diese Harmonie nachzuahmen. Alle Kunstwerke mussten bestimmten Regeln der Proportion folgen, die als Spiegel des göttlichen Plans galten. Dies war besonders in der Architektur der Fall, wo etwa die Zahlenverhältnisse von Kirchenbauten theologisch und symbolisch aufgeladen waren. Hinzu kam die spirituelle Dimension: Da Schönheit mit dem Göttlichen in Verbindung gebracht wurde, waren Hässlichkeit und Unordnung oft gleichbedeutend mit Sünde oder dem Bösen. Symbole spielten dabei eine große Bedeutung, da sie über das Sichtbare hinaus auf tiefere religiöse oder moralische Wahrheiten hinwiesen. Es gibt Beispiele für diese Symbolik in der christlichen Kunst, wie etwa die Darstellung von Heiligen, deren körperliche Schönheit oder Unversehrtheit auf ihre moralische Vollkommenheit verweist. So war das Abbild des Teufels schön, wenn es die Hässlichkeit des Teufels überzeugend darstellen konnte und so den ästhetischen Zweck erfüllte.

Cicero schrieb in seinem Büchlein De natura deorum: Nihil omnium rerum rerum melius est mundus, nihil pulchrius est.[10] Nichts ist also schöner als die Welt. Um diese sinnliche Gewissheit und ästhetische Sicht des Kosmos' in die Philosophie zu übertragen, wurden mehrere Kategorien eingeführt, die allesamt aus der Triade „numerus, pondus und mensura abgeleitet wurden: modus (Maß, Art), forma (Gestalt, Form) und ordo (Ordnung, Struktur), substantia (Wesen, was einem Ding zu-

---

[10] Übersetzung: Von allen Dingen ist nichts besser und nichts schöner als die Welt.

grunde liegt), species (Anblick, Erscheinung) und virtus (Wirk-kraft) wie auch quod constat, quod congruit, quod discernit. (was feststeht, was übereinstimmt, was sich unterscheidet) Für eine exakte Bestimmung der Dinge eigneten sich diese Begriffe nicht, allerdings konnten Schönheit wie auch moralische Werte damit unterschieden werden. So schrieb Wilhelm von Auxerre in der summa aurea: Idem est in ea (substantia) ejus bonitas et ejus pulchritudo. (In der Substanz fallen ihre Güte und ihre Schönheit zusammen.)

Hinter dieser Begriffsakrobatik verbarg sich der Versuch, die drohende Dialektik zwischen Gut und Böse abzuwenden, die die Welt beherrscht mit ungewissem Ende. Ausgegangen ist dieser häretische Gedanke von den Manichäern und gnostischen Bewegungen im ersten nachchristlichen Jahrhundert, der von den Katharern aufgegriffen worden war. Nicht nur die Seele war von dem Kampf zwischen Gut und Böse ergriffen, der ganze Kosmos war nach dieser Lehre in einen Kampf zwischen den Prinzipien des Lichts und der Finsternis verstrickt. Beide Prinzipien, so die manichäische Lehre, sind unerschaffen und ewig. Laut den Manichäern gab es keinen Ausweg aus diesem verharrenden Dualismus. So bemühte sich die Scholastik für eine positive Deutung der Schöpfung, indem sie nicht die dunklen Mächte negierte, sondern in die Güte Gottes einband. Indem man feststellte, dass Einheit, Wahrheit und das moralisch Gute (bonitas) metaphysisch dem Seienden inhärent sind, ließ sich daraus schließen, dass alles, was existiert, wahr, eines und gut ist. Wenn das Schöne eine feste Eigenschaft alles Seienden ist, dann fußt die Schönheit des Kosmos auf einer metaphysischen Gewissheit. Als schön wird in der Welt das bezeichnet, was an der Schönheit teilhat. (Johannes Saracenus) Es ist nur ein kleiner Einblick in eine Epoche, in der sich innerhalb von tausend Jahren vieles zugetragen hat: beginnend mit dem aus christlicher Sicht barbarischen Jahrhunderten, der karolingischen Herrschaft, die Wiederentdeckung des Humanismus durch Alkuin, die große Angst in der Jahrtausend-Wende, die ersten Kreuzzüge, das Hervorkommen des Feudalismus, die ersten Stadt- und Zunftkulturen, die große Blüte der Gotik, die Romanik u. v. m..

Bei all diesem Wandel waren die Menschen getragen von einem Gedanken einer auf Gott gegründeten Weltordnung. Kunst hatte sich nach den Prinzipien dieser Ordnung zu richten. Wenn Kunst aus dem Bestehenden durch eine Meisterleistung herausragte, dann geschah das nur, indem die zu tragende Idee aufs Beste realisiert worden war. Neuorientierung und Selbstverwirklichung war der Kunst im Mittelalter fremd. Den Scholastikern war es unverständlich, dass Dichtung das Wesen der Dinge intensiver fassen könnte als die reine Ratio.

Der mittelalterliche Künstlertypus

Für Thomas von Aquin waren die dichterischen Zeugnisse von Poeten bloße infima doctrina – also Zeugnisse auf niedrigem Level. Dichtung, so seine Meinung, würde aufgrund ihres inneren Fehlens an Wahrheit von der Vernunft nicht verstanden. Schon allein beim Vergleich der Dichtung zur Heiligen Schrift kann der Poet nur verlieren. Der moderne Mensch weiß, dass die Genialität und Einzigartigkeit eines Kunstwerkes von mehreren Faktoren abhängen: In der Kunst werden alle erlebten Erfahrungen, die Intuition, das Gefühl wie auch der in sich stattfindende Wirkungsprozess von Imagination und Fantasie wie auch die zündende Idee für das jeweilige Kunstwerk eingebracht. Einzigartig wird ein Kunstwerk gerade dann, wenn die Erfahrung, der Kunstverstand und die sachgerechte Bearbeitung des autonomen Stoffes zusammenfallen und die Idee des Künstlers somit realisiert wird. Dies alles konkretisiert und zur Vorstellung gebracht, ergibt ein Kunstwerk.

Im Mittelalter hingegen war Kunst in einem eher eingeschränkten Verhältnis betrachtet worden. In der Scholastik war man der Ansicht, dass literarische Texte nicht unendlich viele Bedeutungen haben konnten. Texten wurden lediglich vier Bedeutungsebenen oder „Sinnschichten" zugesprochen, das galt für literarische wie auch für religiöse Schriften, darunter auch die Bibel. Diese vier Sinne sollten dabei helfen, die Texte in ihrer Tiefe zu verstehen und für unterschiedliche Lebens- und Erkenntnisbereiche zu deuten. Diese Sinnschichten waren:

1. sensus litteralis oder historicus: (der literale oder historische Sinn) meint die wörtliche Bedeutung des Textes, also das, was der Text auf der Oberfläche beschreibt. Hier geht es um die objektiven, faktischen Inhalte und Ereignisse, so wie sie sich historisch zugetragen haben oder wie sie im Text beschrieben werden.

2. sensus allegoricus (der allegorische Sinn) zeigt symbolische oder übertragene Bedeutungen auf, die oft in Verbindung mit dem Glauben oder theologischen Lehren stehen. Die allegorische Deutung zielt darauf ab, eine tiefere geistige oder verborgene Bedeutung im Text zu finden. Zum Beispiel wird das Volk Israel im Alten Testament oft allegorisch als Vorbild für die Kirche gedeutet.

3. sensus moralis oder tropologicus (der moralische Sinn) bezieht sich auf ethische und moralische Lehren, die aus dem Text gewonnen werden können. Er soll Anleitungen für das richtige Handeln im Alltag und für die moralische Lebens-führung geben. Viele Erzählungen, besonders aus der Bibel, wurden so gedeutet, dass sie als Vorbilder für Tugenden oder moralisches Verhalten dienen.

4. sensus anagogicus (der anagogische oder eschatologische Sinn) verweist auf die überirdische oder spirituelle Dimension und die endgültige Bestimmung des Menschen. Er zeigt, wie der Text auf das Ziel des Menschen, das Jenseits oder das ewige Leben, hinweist. Die anagogische Deutung richtet den Blick auf die letztendlichen Dinge (wie das Himmelreich oder das göttliche Heil) und gibt der Textinterpretation eine übergeordnete, transzendente Bedeutung.

Diese vierfache Bedeutungsebenen wurden in der Scholastik entwickelt, um die Bibel und andere spirituelle Texte tiefer zu interpretieren und so den Gläubigen eine differenzierte Perspektive auf die Inhalte zu bieten.

Durch die starke Bindung an Regeln und Institutionen war die Stellung von Künstlern in der mittelalterlichen Gesellschaft eine gänzlich andere als in der Renaissance oder in der Neuzeit. Künstler galten damals, abgesehen von ein paar Ausnahmen, kaum als kreative Einzelgenies, sondern vielmehr als Handwerker. Die Kunst diente überwiegend religiösen Zwecken und weniger dem Ausdruck individueller Kreativität. Daher war das Ansehen von Künstlern stark an die Kirche oder wohlhabende Auftraggeber gebunden, wie etwa den Adel oder städtische Würdenträger, die Kunstwerke für Kirchen, Kathedralen oder Burgen in Auftrag gaben.

Auch waren Künstler häufig in Zünften organisiert, besonders in den späteren Phasen des Mittelalters. Zünfte regelten die Ausbildung, Preise und die Qualität der Arbeit, aber auch das berufliche Ansehen. Das künstlerische Schaffen wurde somit als Handwerkskunst angesehen, und Künstler blieben oft anonym, ohne einen ausgeprägten Namen in der Gesellschaft. In der Regel arbeiteten sie im Auftrag und produzierten Kunst nach festgelegten religiösen oder symbolischen Vorgaben, mit wenig Raum für individuelle Interpretationen.

Dennoch gab es einige Künstler, die besonders gefördert wurden und sogar regionale Bekanntheit erlangten, allerdings war dies die Seltenheit. Erst ab dem späten Mittelalter, im Übergang zur Renaissance, begann sich das Bild des Künstlers als Schöpfer und eigenständige Persönlichkeit herauszubilden. Beispielsweise der Künstler Giotto di Bondone, geboren ca. 1267 in Vespignano, gestorben 1337 in Florenz. Er war Maler, Mosaizist und zudem Architekt. 1303 beorderte Papst Benedikt IX. ihn nach Rom, wo er zehn Jahre tätig war und dort seinen Ruf als begnadeter Maler festigte. Dante Alighieri und Boccaccio haben ihn lobend erwähnt. Es gibt über ihn die Anekdote, dass Giotto auf einem Bild von seinem Meister Cimabue eine kleine Fliege gemalt hat, die so täuschend echt aussah, dass Cimabue versuchte, sie vom Bild zu verscheuchen. Giotto war der Erneuerer der italienischen Malerei: er überwand die starren Formen der byzantinischen Malerei, führte eine neue Farbgebung ein und obwohl er vorwiegend religiöse Themen behandelte, führte sein Wirken zum italienischen Realismus. 1320 kehrte er nach Florenz zurück und gründete dort eine wirtschaftlich florierende Werkstatt. Zudem wurde er Baumeister an der Bauhütte des Doms von Florenz. Er verband geschickt Kunst mit Gelderwerb und war somit seiner Zeit voraus. Zur selben Zeit etwa war Simone Martini tätig. Geboren um 1284 in Sienna und gestorben 1344 im Papstsitz Avignon. Martini war Schüler von Giotto die Bondone und malte Fresken und Altarbilder. Ab 1315 hatte er sich einen Ruf erarbeitet, der ihm gestattete, handsignierte Fresken im Palazzo Publico in Sienna zu erstellen. 1317 wurde er Hofmaler von Robert von Anjou, dem König von Neapel. Mit seinem Malstil und dem geschickten Crossover italienischer und französischer Stilelemente hob er die gotische Kunst auf eine neue Stufe. Beide Künstler erhielten bereits zu Lebzeiten größere Anerkennung und arbeiteten für hochrangige Auftraggeber. Beide schufen Neues und trugen so zu einer Art Bekanntheitsgrad bei, der ihnen sowohl Respekt als auch bessere Vergütung einbrachte. Diese Anerkennung veränderte ihr Leben insofern, als sie Zugang zu wohlhabenderen Mäzenen hatten und möglicherweise eine höhere soziale Stellung erhielten. Dennoch entsprach ihre Stellung noch nicht der eines Superstars im heutigen Sinne. Vielmehr war es ein beginnender Wandel, in dem Kunst und künstlerische Individualität zunehmend wertgeschätzt wurden, ein Prozess, der sich im Laufe der Renaissance noch stärker etablieren sollte.

Es sind mehrere Faktoren, die den Künstler im Mittelalter von den Bohemians der Neuzeit unterscheidet. Das Mittelalter war geprägt von einem starren Weltbild, tradiert von der Antike und zum eigenen Nutzen stilisiert von der Kirche. In diesem geistigen Umfeld war der Künstler nur ein ausführendes Organ, das den waltenden Theorien gehorchen musste. Der Künstler war primär Handwerker. Jedoch wurden zu allen Zeiten, so auch im Mittelalter, herausragende Talente gewürdigt, was sich, war der Künstler merkantil geschickt, finanziell bezahlt machte durch Anheuerung beim Hof oder der Kirche. Somit war für den Künstler ein sorgenfreies Leben garantiert, jedoch freies Schaffen war dadurch nicht möglich. Eine Verbreitung des Könnens, des Talentes war nur durch Mundpropaganda möglich, andere Möglichkeiten gab es vor dem Buchdruck und der allgemeinen Schulpflicht nur bedingt. Bildung war nur der Elite und dem Klerus zugängig.
Andy Warhol hat klar erkannt, dass Kunst in der Neuzeit, bedingt durch die fortschreitende Technisierung, einem Paradig-

menwechsel unterliegt. Das Unikat ging in Serie. Durch die An-
fertigung unzähliger Kopien - Vinyl, Kunstdrucke, CDs, Bücher
u.v.m. und durch eine Flut medialer Verbreitungskanäle wurde
Kunst ein zunehmend gesellschaftliches Ereignis und somit war
der Künstler Teil dieses gesellschaftlichen Ereignisses. Eines
muss aus diesem Prozess festgehalten werden: Ohne Industrie
und ohne die technischen Möglichkeiten wäre Kunst in dem
Ausmaß, wie wir sie heute kennen und erleben, nicht möglich.
Technik und Fortschritt sind Insignien des waltenden Kapitalismus. Hinzu kommen Freiheitsräume, in der der Einzelne sich
künstlerisch für und wider das geltende System entfalten kann.
Kunst, Freiheit und Kapital sind eng verknüpft.

* ARBEIT *

Historischer Bedeutungswandel der Arbeit

Der Begriff der Arbeit hat sich im Laufe der Zeiten stark gewandelt. Im antiken Griechenland wurde körperliche Arbeit als etwas betrachtet, das von freien Bürgern vermieden werden sollte. Sie galt als notwendiges Übel, das von Sklaven oder Handwerkern verrichtet wurde. Die Gesellschaft in Athen war in vier Klassen unterteilt: Bürger und Frauen, Metöken, also Bürger ohne Staatsbürgerschaft, und Sklaven. Bei den freien Bürgern gab es noch eine Adelsschicht, die angesehen war. Platon betrachtete Arbeit als eine notwendige, aber minderwertige Tätigkeit im Vergleich zu geistiger Betätigung, als deren Gipfel er die philosophische Erkenntnis rechnete. In der Politeia (Der Staat) beschreibt er eine ideal organisierte Gesellschaft, in der Arbeit von denjenigen erledigt wird, die zur Klasse der Bauern, Handwerker und Händler gehören. Diese Klasse unterscheidet sich von den Wächtern (Kriegern) und den Philosophen-Königen, die das höchste Wissen besitzen und daher befähigt sind, die Gesellschaft zu lenken. Diese Dreiteilung des Staates entspricht den drei Seelenteilen des Menschen. Der begehrende Teil (Epithymetikon/ ἐπιθυμητικόν) verlangt nach sinnlichen Freuden wie Essen, Trinken und Reichtum. Der mutige Teil (Thymoeides/ θυμοειδές) ist der Sitz von Ehre, Mut und Willenskraft und schließlich der höchste, weil vernünftige Teil (Logistikon/ λογιστικόν) strebt nach Wahrheit und Weisheit.

Ein gutes Leben (eudaimonia) entsteht, wenn diese drei Teile in einer harmonischen Ordnung stehen, wobei die Vernunft die Führung übernimmt, die Willenskraft sie unterstützt und die Begierden gezügelt werden. Hierbei sieht Platon die Gerechtigkeit (Dikaiosyne) als den Schlüssel zum guten Leben. Seine Vorstellung von Gerechtigkeit basiert auf der Idee, dass jeder das tun sollte, was seiner Natur und Fähigkeit am besten entspricht. Gerechtigkeit bedeutet hier, dass jeder Seelenteil seine angemessene Rolle einnimmt: Die Vernunft herrscht, der Mut unterstützt, und die Begierden werden gezügelt. Dies führt zu innerer Harmonie. Gerechtigkeit ist also ein Prinzip der Ordnung, bei dem jedes Element im Staat und in der Seele seine natürliche Aufgabe erfüllt. Sie ist also nicht eine Frage individueller Rechte, sondern ein harmonisches Gleichgewicht im Individuum wie auch in der Gesellschaft. Gerechtigkeit besteht darin, dass jede Klasse ihre Funktion erfüllt, ohne in die Aufgaben der anderen einzugreifen.

Ein Mensch ist erst dann glücklich, wenn er in seiner Seele dieselbe Ordnung erreicht, die in einem idealen Staat vorherrscht: Die Vernunft soll regieren (wie die Philosophen-Könige). Der Mut soll die Vernunft unterstützen (wie die Wächter). Die Begierden sollen kontrolliert werden (wie die arbeitende Bevölkerung). Das gute Leben (Eudaimonia) ist demnach ein Leben, das von Gerechtigkeit, Weisheit und der harmonischen Ordnung der Seele geprägt ist. Glück ist nicht einfach nur Lust oder materieller Wohlstand, sondern die Verwirklichung der höchsten Tugenden und die Teilhabe an der Wahrheit. Ein ungerechtes Leben hingegen, in dem die Begierden über die Vernunft herrschen, führt zu Chaos und Unzufriedenheit.

In solch einer Einstufung war Arbeit also eine notwendige Funktion innerhalb der gesellschaftlichen Ordnung, aber in seiner Beschränkung nicht das höchste Ziel des Menschen. Arbeit, das erkannte Plato, war notwendig für das Überleben des Staates, doch wahre Tugend und Erkenntnis sowie Glückseligkeit konnten nur durch philosophische Reflexion erreicht werden. In seinem berühmten Höhlengleichnis veranschaulichte Platon, dass wahres Glück nur durch die

Erkenntnis der Ideenwelt erreicht werden kann. Die meisten Menschen leben wie Gefangene in einer Höhle und halten Schatten an der Wand für die Wirklichkeit. Wer aber durch Philosophie die wahre Realität erkennt – die Idee des Guten , der führt das beste Leben. So ist Arbeit nicht die Voraussetzung für ein gelingendes Leben, da das Glück, wie Platon es definierte, nicht an äußeren Wohlstand oder körperliche Lust gebunden ist, sondern an die Erkenntnis des Guten.

Sein Schüler Aristoteles hatte die gleiche Sicht auf Arbeit. In seiner Nikomachischen Ethik unterschied er zwar zwischen Tätigkeiten, die der reinen Lebenserhaltung dienen, und solchen, die zur Entwicklung der Tugend beitragen. Aber wie Platon betrachtete er körperliche Arbeit und Handwerk als Tätigkeiten, die notwendig sind, aber nicht zur höchsten Form des Glücks (Eudaimonia) führen. Wahres Glück sah er wie sein Lehrer in der praktischen und theoretischen Betätigung des Geistes, insbesondere in Philosophie, Politik und ethischem Handeln. Zudem war Aristoteles überzeugt, dass einige Menschen von Natur aus zur Arbeit bestimmt seien, während andere, die freien Bürger, sich höheren Tätigkeiten widmen sollten. Sklavenarbeit war für ihn eine natürliche und selbstverständliche Grundlage der Gesellschaft.

Die Römer betrachteten Arbeit differenzierter, sie waren auch wesentlich pragmatischer veranlagt als die Griechen. Deren Gesellschaft war aufgeteilt in Patrizier, Plebejer und Sklaven, wobei die Patrizier privilegiert waren durch Abstammung, Besitz und politische Position. Die Plebejer bildeten zwar die Mehrheit der Bevölkerung ab und waren in Berufen tätig als Bauern, Handwerker, Händler und Arbeiter. Auf dem Land lebten die meisten Menschen als Bauern oder Viehzüchter. Sie versorgten die Menschen in den Städten mit Nahrungsmitteln.

Händler brachten die Lebensmittel unter die Leute. Auch Ärzte gab es, die zum Teil bereits spezialisiert waren, wie der Wundheiler oder der Ophtalmologist. Auch Frauen waren berufstätig, sowohl auf dem Land als auch in der Stadt. Bei Ausgrabungen in Pompeji fand man einen Grabstein für eine Ärztin. Frauen der Oberschicht standen dem Haushalt vor, gaben den Sklaven Anweisungen und waren für die Erziehung der Kinder zuständig. Die Plebejer besaßen wenig Land, hatten aber zumindest Bürgerrechte. Den Bodensatz der Gesellschaft bildeten die Sklaven, die eines Herren Eigentum waren, und für alle Arbeiten eingesetzt wurden. Wenn man sich der hoch entwickelten Infrastruktur des römischen Reichs bewusst wird mit den Straßen, Aquädukten, Tempeln und Befestigungs–anlagen, kann man ermessen, was für ein Arbeitspensum vonnöten war, um alles aufzubauen. Mit der Arbeitskraft der Sklaven konnten die Bauwerke errichtet werden, auch die Arenen für Wagenrennen, Gladiatorenkämpfe und Theaterbesuche. Es war eine stark hierarchisch geprägte Gesellschaft, in der es eine klare Arbeitsaufteilung gab.

Cicero hatte eine ambivalente Haltung zur Arbeit, besonders zur körperlichen und handwerklichen Arbeit. Seine Sichtweise war stark von der aristokratischen römischen Oberschicht geprägt, die geistige und politische Betätigung höher bewertete als manuelle Arbeit. In seinem Werk „De Officiis" (Über die Pflichten) unterscheidet er verschiedene Arten von Arbeit: An oberster Stelle stehen die ehrenwerten Tätigkeiten, die mit geistiger Betätigung, Staatsführung, Philosophie oder Redekunst verbunden waren. Diese sah er als würdig an für einen freien und gebildeten Mann. Dann folgten die niederen Tätigkeiten, also körperliche und handwerkliche Arbeiten, beispielsweise Handwerker oder Händler, die Cicero als weniger ehrenhaft betrachtete, weil sie nach seiner Auffassung keinen intellektuellen oder moralischen Mehrwert boten und oft aus bloßem Gewinnstreben ausgeübt wurden. Schließlich gab es die unwürdigen Tätigkeiten, also Arbeiten, die mit körperlicher Anstrengung oder Dienstleistung verbunden waren (Arbeit von Sklaven oder Lohnarbeit). Diese Arbeiten galten als besonders verächtlich, da sie nach Ciceros Auffassung die Freiheit des Menschen einschränkten. Dass Cicero die geistigen und staatsmännischen Tätigkeiten hoch einschätzte, während er körperliche Arbeit als minderwertig betrachtete, lag daran, dass die Unfreien die niederen Arbeiten verrichteten. Auf dieser sozialen Grundlage sind die gesell-schaftlichen Werte der römischen Oberschicht, für die politische und philosophische Betätigung als Ideal galt, als fragwürdig anzusehen.

Im Mittelalter erhielt die Arbeit durch die christliche Ethik eine neue Bedeutung. Sie wurde als Möglichkeit zur Buße und zur Verherrlichung Gottes betrachtet.
Augustinus betrachtete die Arbeit als Folge der Erbsünde, aber zugleich als Mittel zur Gottesnähe. Vor dem Sündenfall im Paradies war Arbeit für den Menschen nicht mühsam, sondern eine erfüllende Tätigkeit gewesen. Nach der Erbsünde wurde Arbeit zur Last und diente als Strafe Gottes („Im Schweiße deines Angesichts sollst du dein Brot essen", Gen 3,19).
Gleichwohl hatte Arbeit einen positiven Aspekt: Arbeit konnte helfen, Müßiggang zu vermeiden und dem ggöttlichen Willen zu folgen. Besonders betonte Augustinus die kontemplative Lebensweise (Gebet, geistige Beschäftigung) als höherwertig im Vergleich zur körperlichen Arbeit.
Thomas von Aquin betrachtete Arbeit als von Gott gewollten Teil der Schöpfung und hatte eine positivere Sicht auf Arbeit als Augustinus. Er ordnete Arbeit in die göttliche Ordnung ein

und sah sie als Mittel zur Erhaltung der Gemeinschaft. Arbeit diente nicht nur dem individuellen Überleben, sondern auch dem Gemeinwohl. Er teilte Arbeit auf in die vita activa (tätiges Leben, z. B. Handwerk, Landwirtschaft) und in die vita contemplativa (beschauliches Leben, z. B. Theologie, Gebet), wobei letzterer Weg für ihn als höherwertig galt. Arbeit war notwendig und moralisch wertvoll, solange sie in Maßen betrieben wurde und den Menschen nicht von Gott ablenkte. Durch den Primat christlichen Denkens wurde Arbeit nicht als Selbstzweck oder Mittel zur persönlichen Bereicherung angesehen, sondern als eine göttlich verordnete Pflicht im Dienst der Gemeinschaft und des Seelenheils.

Das sollte sich in der Neuzeit ändern: Mit der Aufklärung und dem Aufkommen des Kapitalismus veränderte sich die Sicht auf die Arbeit grundlegend. Die transzendente Perspektive des Göttlichen wurde aufgehoben, und die Reflexion über bestehende Verhältnisse begann. John Locke definierte Arbeit als einen zentralen Bestandteil des Eigentumserwerbs. In seinem Werk „Zwei Abhandlungen über die Regierung" (Two Treatises of Government, 1689) argumentiert er, dass Eigentum durch Arbeit entsteht. Nach Locke gehört die Erde allen Menschen gemeinschaftlich, aber indem jemand Arbeit in eine natürliche Ressource investiert, macht er sie zu seinem Eigentum. „Was immer er nun dem Zustand entzieht, in dem es die Natur ihm bereitgestellt hat, und mit seiner Arbeit vermischt, mit etwas verbindet, das ihm gehört, das macht es zu seinem Eigentum." Nach dieser Theorie kann durch die Bearbeitung eines Stücks Land oder durch die Schaffung eines Produkts einer Person ein legitimes Eigentumsrecht zugesprochen werden. Arbeit hat somit als Quelle des Eigentums einen pragmatischen Sinn bekommen.

Die Gewährleistung des Eigentums ist bis heute neben der Handlungs- und Gestaltungsfreiheit des Menschen ein wichtiges Moment in der Verfassung. Jedem Bürger soll durch eigene Arbeit und Leistung der erworbene Bestand an vermögenswerten Gütern garantiert sein.

Rousseau betrachtete Arbeit eher kritisch, insbesondere im Kontext der gesellschaftlichen Ungleichheit. In seinem Werk „Diskurs über die Ungleichheit" von 1755 argumentierte er, dass die Arbeit, wie sie in der Gesellschaft organisiert ist, zu sozialer Ungleichheit und Abhängigkeit führt. Rousseau ging von einem ursprünglichen Naturzustand aus, in dem Menschen frei und unabhängig lebten. Mit der Entstehung von Privateigentum und Arbeitsteilung begann die soziale Ungerechtigkeit. Für Rousseau bedeutete Arbeit also Unterdrückung, weil sie den Menschen nötigt, sich der Gesellschaft und deren Hierarchien unterzuordnen. Gleichzeitig erkannte er jedoch an, dass Arbeit in einer gut organisierten Gesellschaft notwendig ist, solange sie gerecht verteilt wird und nicht zu Unterdrückung führt.

Immanuel Kant sah Arbeit als eine moralische Pflicht und als wesentlichen Bestandteil der menschlichen Selbstverwirklichung an. In seinen Schriften „Grundlegung zur Metaphysik der Sitten" (1785) und „Die Metaphysik der Sitten" (1797), betonte er, dass Arbeit eine Möglichkeit sei, sich selbst zu verbessern und zum Wohl der Gesellschaft beizutragen. Für Kant war Müßiggang moralisch problematisch, da er die Selbstdisziplin und die Vernunft des Menschen untergräbt. Arbeit war für Kant ein Prüfstein, durch den der Mensch seine Autonomie ausübt und sein Leben nach vernünftigen Prinzipien gestaltet. Dabei war für Kant weniger die wirtschaftliche oder produktive Dimension der Arbeit entscheidend, sondern ihre ethische Bedeutung: Für den Königsberger Philosophen war Arbeit

Ausdruck von Pflichterfüllung und Vernunft. Die Tatsache, dass Arbeit nicht bloß als ein wirtschaftlicher Akt zu verstehen ist, sondern tiefere gesellschaftliche und moralische Implikationen aufweist, wurde in der modernen Philosophie mit Fragen der Identität, der Sinnhaftigkeit und der sozialen Gerechtigkeit verknüpft.

Hannah Arendt hat einen entscheidenden Beitrag zur Arbeit geleistet, indem sie den Oberbegriff Arbeit auflöste in die grundlegenden Bereiche Arbeiten, Herstellen und Handeln.

Die Arbeit sah Arendt als eine niedere, aber notwendige Tätigkeit an, die dem biologischen Überleben dient. Sie verstand darunter alle Tätigkeiten, die zur Erhaltung des Lebens beitragen, wie Nahrungsproduktion, Hausarbeit oder körperliche Arbeit. Arbeit ist durch ihre Vergänglichkeit gekennzeichnet: Die erzeugten Güter werden konsumiert und müssen ständig neu produziert werden. Daher ist Arbeit zyklisch: Sie muss immer aufs Neue wiederholt werden, weil sie nie ein dauerhaftes Ergebnis schafft. Diesem Kreislauf entkommt man nicht. Arbeit ist für Arendt unfrei, denn sie bindet den Menschen an die Notwendigkeiten des Lebens und verhindert echte Freiheit oder Kreativität.

Ganz anders dem gegenüber ist nach Arendt das Herstellen, das auf die Erschaffung dauerhafter Gegenstände zielt – etwa Kunst, Gebäude, Technik oder Institutionen. Diese Tätigkeiten schaffen eine beständige Welt und sind daher höher anzusehen als bloße Arbeit.

Als höchste Form menschlicher Tätigkeit gilt für Arendt das Handeln. Es bedeutet, aktiv in der Öffentlichkeit zu sprechen, politisch zu handeln und mit anderen Menschen eine gemeinsame Welt zu gestalten. Dies ist für sie der Bereich verwirklichter Freiheit. In der kapitalistischen Arbeitsgesellschaft sah sie eine Überbewertung der Arbeit und eine Vernachlässigung des politischen Handelns. In einer Gesellschaft, die das Feld des Handelns ausschließt, sind Menschen vor allem mit Konsum und Produktion beschäftigt, ohne sich wirklich aktiv am öffentlichen Leben zu beteiligen. Dabei sollte Arbeit nicht das Zentrum des Lebens sein – wichtiger sei das politische und schöpferische Handeln.

Bevor wir nun zur Analyse der bestehenden Arbeitsverhältnisse fortschreiten, werfen wir noch einen kurzen Blick auf den real gescheiterten Sozialismus, der Arbeit verstand als eine zentrale gesellschaftliche und wirtschaftliche Tätigkeit, die nicht nur der individuellen Existenzsicherung dient, sondern auch dem Gemeinwohl und der gesellschaftlichen Entwicklung. Dabei standen mehrere Kernprinzipien im Vordergrund: Im sozialistischen Verständnis war Arbeit nicht nur eine individuelle Angelegenheit, sondern eine gemeinschaftliche Verantwortung. Jeder arbeitsfähige Mensch sollte nach seinen Fähigkeiten zur Produktion und zur Gesellschaft beitragen. Im Gegensatz zur kapitalistischen Arbeitsauffassung mit der Betonung auf Lohnarbeit und Profitmaximierung sollte Arbeit im Sozialismus sinnstiftend sein und den Menschen nicht entfremden. Arbeitslosigkeit sollte aufgehoben werden, jedem eine Beschäftigung garantiert werden. Berufe sollten nicht durch Marktmechanismen, sondern durch gesellschaftlichen Bedarf bestimmt werden. Ganz im Sinne Marx' sollten Produktionsmittel (z. B. Fabriken, Maschinen, Land) gesellschaftliches Eigentum sein, so dass der Mehrwert nicht von Kapitalisten angeeignet werden kann, sondern an die Gesellschaft zurückgegeben wird. Und vor allem sollte Arbeit nicht vom freien Markt geregelt werden, sondern durch staatliche oder kollektive Planungsmechanismen, um eine gerechte Verteilung und effiziente Nutzung der Ressourcen zu gewährleisten. Gut gedacht, aber in praxi führte es zu

Ineffizienz und mangelnder Innovationskraft. Der Traum einer sozialistischen Arbeitswelt ist geplatzt. Übrig bleibt der globale ökonomische Raum des Kapitalismus. Francis Fukuyama argumentierte in „Das Ende der Geschichte und der letzte Mensch" (1992), dass die liberale Demokratie in Verbindung mit einer freien Marktwirtschaft die endgültige Form der politischen und wirtschaftlichen Ordnung darstellt.

Für ihn war der Kapitalismus das effizienteste Wirtschaftssystem, weil es Wohlstand schafft und mit den Prinzipien individueller Freiheit und politischer Stabilität vereinbar sei. Durch den Zusammenbruch des Kommunismus sah er keine ernsthaften ideologischen Alternativen mehr zum liberalen Kapitalismus.

Die Dominanz des ökonomischen Raumes

„Arbeit ist sichtbare Liebe. Und wenn ihr mit Liebe nicht arbeiten könnt, sondern nur widerwillig, dann ist es besser, ihr lasst eure Arbeit und hockt am Eingang des Tempels und nehmt die Almosen derer, die mit Freude arbeiten. Denn wenn ihr mit Gleichgültigkeit Brot backt, dann backt ihr ein bitteres Brot, das nur den halben Hunger stillt. Und wenn ihr grollend die Trauben zertretet, dann träufelt euer Groll Gift in den Wein. Und wenn ihr auch singt wie ein Engel, aber das Singen nicht liebt, dann verschließt ihr das Ohr des Menschen gegen die Stimmen des Tages und die Stimmen der Nacht."
Khalil Gibran „Der Prophet"

Fassen wir noch einmal zusammen: das Dasein als Künstler im Allgemeinen und als Musiker im Besonderen hat drei herausragende Momente: die ästhetische Kontemplation als die Aufhebung des individuellen Daseins in der Betrachtung eines Kunstgegenstandes, das kreative Schaffen als die große Versenkung tief im Inneren, als das Versinken in der hellen Kammer, in der der Geist leuchtet und voll aus sich schöpft, wo nichts und niemand zählt außer das Ringen um Kunst, sowie schließlich die Ekstase auf der Bühne vor Publikum als das sich Verlieren in der völligen Hingabe im Rausch des Musizierens. In diesen drei Phasen verliert sich das Individuum, hebt sich auf und reicht weit über sich hinaus. Diese Zustände garantieren nicht nur ein Herausragen aus der Alltäglichkeit des Lebens, sondern bieten die große Erfüllung im fassbaren individuellen Freiheitsraum. Weiter kann gelebte Individualität sich nicht erstrecken – es sei denn in tief persönlichen Belangen... aber das ist ein anderes, weites Feld ...

Die Welt der Arbeit hingegen ist ein radikal anderer Raum, in dem, einmal betreten, der Mensch geprägt, gezeichnet, geknechtet, ausgebeutet und schließlich von sich und von anderen entfremdet wird. Dieser Raum der Arbeit ist das kapitalistisch geprägte ökonomische System, das auf den beiden Pfeilern des privaten Eigentums und des freien Marktes basiert. Mittlerweile mit dem euphemistisch klingenden Prädikat „Liberal" versehen. Niemand hat die Tiefenstrukturen dieses Arbeitsraumes besser dargelegt als Karl Marx. Obgleich seine Diagnose bereits 158 Jahre alt ist, treffen seine Feststellungen immer noch zu, haben sich im Zuge der Turbo-Kapitalisierung noch verstärkt bestätigt.

Mehrere Grundübel sind in diesem Raum auf die Schnelle diagnostizierbar: Zum einen gibt es eine nebenher bestehende Ungleichheit von ungeheurem Reichtum und erbarmungswürdiger Armut als grundlegendes Merkmal des kapitalistischen Systems. Dieser enorme Widerspruch wächst, je weiter der Kapitalismus in seiner maßlosen, nicht enden wollenden Gier fortschreitet: die Reichen werden immer reicher, und zugleich wächst die Anzahl der Menschen, die darben und hungern, denen das Nötigste zum Leben fehlt. Das liegt daran, dass Wohlstand und Einkommen sich in den Händen weniger konzentrieren, während ein großer Teil der Weltbevölkerung arm bleibt. Firmen weltweit nutzen diesen Umstand aus, indem sie die Produktion ins Ausland verlagern, weil Kinder- und Zwangsarbeit geringe Kosten bedeuten. Die Ausbeutung von Arbeitskräften in ärmeren Ländern wird ohne moralische Bedenken vorgenommen. Umweltstandards und Arbeitsrechte werden umgangen, um noch mehr Kosten zu sparen. Multinationale Großkonzerne nutzen Steueroasen, um Gewinne zu maximieren und soziale Verantwortung zu umgehen.

Aber auch im funkelnden Kristallpalast des Westens gibt es Ungerechtigkeiten. Feststellbar ist eine große Einkommens-ungleichheit zwischen verschiedenen Berufszweigen und sozialen Klassen. Obwohl in Deutschland es rechtlich gestattet ist, wird ungern über das Gehalt gesprochen. Jeder hält sich im Betrieb vor dem anderen bedeckt. Dabei sind die Verschwiegenheitsklauseln in Arbeitsverträgen unwirksam und somit entfällt die gesetzliche Schweigepflicht. Gegenüber Behörden besteht sogar eine Auskunftspflicht über den Verdienst. Zum Geld haben die meisten ein kompliziertes Verhältnis, egal wie viel man davon hat. In Schweden hat man ein deutlich entspannteres Verhältnis zum Gehalt. Dort kann jeder im Netz einsehen, was der Nachbar verdient. Die Gehaltsgefälle schlagen sich leider auch nieder in der Bildung. Kinder wohlhabender Eltern sind deutlich privilegiert. Es sind fünfmal so viele Kinder vermögender Eltern auf höheren Schulen als Kinder aus sozial schwächerem Milieu. Die angepriesene demokratische Chancengleichheit ist eine Chimäre.

Neben der sozialen Ungleichheit erlebt man die Ausbeutung von Arbeitskräften. Viele Arbeitstätige werden für ihre Arbeitskraft unterbezahlt, während hingegen die CEOs und Kapitalbesitzer hohe Gewinne einstreichen. Auch die Arbeitsbedingungen vieler Werkstätigen sind prekär: Immer wieder gibt es unsichere Beschäftigungsverhältnisse wie Zeitarbeit, befristete Verträge und Gig-Economy-Jobs. Zudem wird die Produktivität der Arbeit kontinuierlich gesteigert. Der Leistungsgrad der Beschäftigten wird erhöht, was zu vermehrten körperlichen und seelischen Belastungen und somit zu einer Zunahme von diversen Erschöpfungszuständen führt. Das Paradoxe dabei: Neben den gestressten, überstrapazierten Beschäftigten gibt es eine riesige Schar von Arbeitslosen weltweit, die keine Arbeit finden. Dabei wäre es durchaus hilfreich, die bestehende Arbeit mit denen zu teilen, die Arbeit dringend benötigen – so wären die Überstrapazierten entlastet, die Bedürftigen versorgt und das Problem der Arbeitslosigkeit verringert. Aber eine solche Arbeitsteilung wird im geltenden System aus organisatorischen Gründen vermieden. Vermutlich hängt es an der gesetzlichen Versicherungspflicht. Wie so oft eine kafkaeske bürokratische Banalität.

Aber egal, wie hart und wieviel gearbeitet wird, passiert es, auch wenn die Produktionskraft gesteigert wird, dass die Weltwirtschaft ohne Auswirkung individueller Motive in eine schwere Rezession gerät, die Inflation, Entwertung und steigende Arbeitslosigkeit mit sich bringt. Den letzten Super-Crash erlebten wir 2008. Das liegt nicht nur daran, dass Unternehmen Monopole oder Oligopole bilden, was zu Marktkonzentration und reduziertem Wettbewerb führt und somit höhere Preise veranschlagt werden. Es liegt auch nicht nur daran, dass Großkonzerne kleinere Betriebe durch eine aggressive Preispolitik verdrängen und Schlüsselindustrien wie Technologie, pharmazeutische Produkte oder die Medien kontrollieren und mit dieser Marktmacht die Preise für Konsumenten diktieren. Adam Smiths berühmte unsichtbare Hand steuert nicht mehr die Marktmechanismen, andere inkommensurable Kräfte stürzen die kapitalistischen Volkswirtschaften in Weltwirtschaftskrisen, die zeigen, dass sie grundsätzlich anfällig sind für Konjunkturzyklen mit Perioden von Boom und Bust. Welche sozialen und wirtschaftlichen Schäden dabei verursacht werden, ist kaum zu ermessen. Zu allererst kommt es zu Massenentlassungen, da Unternehmen versuchen, den Niedergang durch Kostensenkung aufzuhalten. Wie viele Existenzen dabei zerschellen, wie viele Familien trotz der sozialen Absicherungen daran zerbrechen, ist kaum vorstellbar. Während die einen leiden, verzocken Spekulanten riesige Summen an der Börse, womit Banken in den Ruin getrieben werden, wodurch die spekulativen Immobilienblasen platzen und für weitere Instabilität des Wirtschaftsmarktes sorgen. Es ist wie eine Kettenreaktion. Wenn ein Glied zerbricht, wird das gesamte kapitalistische Gebilde durchgeschüttelt.

Die großen Krisen beherrschen jeden Einzelnen in der Gesellschaft. Da das vorrangige Ziel des Kapitalismus es ist, Profit zu erzeugen, wird die Arbeitskraft des Menschen immer stärker ausgebeutet. Es ist eine Frage der Zeit, bis der arbeitende Mensch durch den zunehmenden Druck noch größeren Schaden erleiden wird – nicht nur am Körper, der nach jahrelangen Bemühungen ermattet und nicht mehr zu gebrauchen ist, sondern auch an der Seele, am Geist – Marx nannte dieses Phänomen Entfremdung, von der mehr oder weniger alle Werkstätigen betroffen sind. Schuld an dem Leistungsdruck, den langen Arbeitszeiten und der Burnout-Gefahr ist die nie enden wollende Gewinnmaximierung. Die medizinische Versorgung wird zukünftig gefordert sein. Doch in der zunehmenden Privatisierung des Gesundheitswesens – Krankenhäuser werden wie groß angelegte Unternehmen mit Gewinnabsichten geführt – hängt eine gute Gesundheitsversorgung immer mehr vom Einkommen ab. In Krisenzeiten wird an der Mitte gespart. Wenn es ökonomisch bergab geht, werden zuerst die sozialen Leistungen abgebaut. Die Gewinnorientierung rechtfertigt diese Sparmaßnahmen.

Auch der Staat ist betroffen von ökonomischen Umschichtungen. Wenn der Besitz an Gütern sich immer mehr in den Händen weniger befindet, stellt dies eine große Gefahr für die Politik dar. Hyperreiche Individuen und Unternehmen können überproportionalen Einfluss auf die Politik und Gesetzgebung ausüben, was die Demokratie und politische Gleichheit auf Dauer unterwandert, vor allem wenn Industrie-Mogule politische Ämter übernehmen.

Nicht zu vergessen ist die Werbeindustrie, die künstliche Bedürfnisse entfacht, um den Konsum anzutreiben. Die daraus in einem langen Prozess sich entwickelnde Meinungs-bildung stuft den Wert eines Menschen nach seiner Habenseite ein, also nach seinem Besitz, was die Gier nach Konsum noch verstärkt

Die systemimmanenten Schwächen des kapitalistischen Systems verblassen angesichts des erschreckenden Gedankens, dass deren ökonomischen Auswirkungen das ökologische Ganze betreffen. Allein die zwanghafte Vorstellung, dass unbegrenztes Wachstum das Agens des Systems sein soll, negiert die Tatsache, dass wir auf einem Planeten mit begrenzen Ressourcen leben. Wir erleben gerade, wie Industrien mit fossilen Brennstoffen, treibenden CO_2-Emissionen und zunehmender Umweltverschmutzung die Natur und Lebensräume an den

Rand der Katastrophe treiben. Kurzfristige Gewinne werden über langfristige ökologische Nachhaltigkeit gestellt. Befeuert wird dieser katastrophale Gang der Naturzerstörung durch den im Westen verbreiteten Konsumismus und die übermäßige Betonung materialistischer Werte, die viel zu oft zu übermäßiger Konsumkultur und Verschuldung führen. Auch von Seiten der Industrie wird der Konsum durch Obsoleszenz angetrieben. Wenn im Produkt bereits der materielle Alterungsprozess vorgegeben und damit die Unbrauchbarkeit vorhersehbar ist, kann der Konsum auf diese üble Weise gesteigert werden. Das führt zu weiterem unnötigem Ressourcenverbrauch und Umweltverschmutzung. Aus Kostengründen umgehen Unternehmen die festgelegten Umweltstandards, und nutzen billigere, umweltschädliche Produktionsweisen. Solange die Umweltzerstörung nicht in die Produktionskosten eingerechnet werden muss, sind umweltschädliche Produkte profitabel. Dazu werden Waren oft weltweit transportiert, was weiterhin hohe Emissionen verursacht. Das deutsche Lieferkettengesetz verpflichtete Unternehmen zur Verantwortung im globalen Handel. Menschenrechte und Arbeitsbedingungen sollten berücksichtigt, vor allem Umweltsünden vermieden werden. Diese Regelung wurde von der EU wieder abgeschafft. Warum? Um den Absatz anzukurbeln! Auf Kosten der Umwelt! So werden internationale Lieferketten weiter für Raubbau an Ressourcen sorgen, für das Palmöl werden rücksichtslos Regenwälder in Südostasien abgeholzt und für Batterien wird Lithium abgebaut – solange bis die letzte Ressource aufgebracht ist.

Die Rede ist oft von nachhaltigem Kapitalismus, was ein Oxymoron ist. Ein System, dass die planetarischen Grenzen respektieren würde, müsste auf eine konsequente Kreislaufwirtschaft setzen und nicht mehr auf bedingungslosen Wegwerf-

Konsum. Damit wäre jedoch sichergestellt, dass die Industrielandschaft schrumpfen, und somit das System kollabieren würde. Auch Trends wie Slow-Fashion, mit denen ein bewusstes Konsumverhalten gefördert wird, können den vorgezeichneten Kollaps nicht verhindern. Die Verschärfung von Umweltauflagen und eine stärkere Verantwortung für Konzerne reichen bei weitem nicht aus, das Ruder herumzureißen, solange die kapitalistischen Strukturen mit dem Diktat des unbegrenzten Wachstums im Denken der Mächtigen vorherrschen.

Welt als Geld und Ware

Bei diesen aufgeführten Mängeln des kapitalistischen Systems handelt es sich keineswegs um systemimmanente Fehler oder Fehlverhalten von Einzelnen, ganz gleich wie diese gierhaft ausfallen, denn die Motive, die hinter allen individuellen Handlungen stehen, sind, dem gesellschaftlich-ökonomischen System entsprechend, durchaus rational und zielgerichtet. Zu analysieren ist eher das geltende sozio-ökonomische System, dessen inhärente Handlungsweise einem grundliegenden Faktor unterliegen. In seinem Hauptwerk „Das Kapital" beginnt Marx bei seinen Analysen des Marktes mit dem Begriff der „Ware", denn mit dieser, besser gesagt durch diese, ist von vornherein – ungeachtet aller vorherrschenden Motive – alles zweckmäßige Handeln festgelegt. So postuliert er, dass der Reichtum einer kapitalistisch normierten Gesellschaft nichts anderes ist als eine riesige Warenansammlung, wobei die einzelne Ware die Elementarform des Reichtums darstellt. Die Gebrauchswerte der Waren bilden den stofflichen Inhalt des Reichtums und sind zugleich die stofflichen Träger des sogenannten Tauschwerts. Jede Ware hat einen Nutzen und mit seinem

Wert einen Preis. Wenn die Ware lediglich einen Nutzen aufweisen und ein jeder – so wie in der Antike oder im Mittelalter – nur für sich und den eigenen Gebrauch arbeiten würde, bestünde Reichtum allein im Nutzen der Dinge. Jedoch, und das ist der springende Punkt, wird in dieser kapitalistischen Gesellschaft Reichtum nicht im Nutzen der Dinge erzielt, sondern die Dinge sind, abgesehen vom Nutzen, käuflich, das besagt, dass die Waren in einem Tauschgeschäft in ein quantitatives Verhältnis zueinander gesetzt werden. Und auch in ein Verhältnis zu denen, die arbeitend den Handel bedingen sowie den Produzenten und Kunden, die den Tauschhandel betreiben. Bis es hierzu kommt, muss noch folgendes bedacht sein. Mit dem Tauschwert, der ausnahmslos eine gesellschaftliche Funktion dar-stellt, kommt die Wertform ins kapitalistische Spiel. Denn jeder Tauschhandel bezieht sich auf einen Wert, den ein Gut mit anderen Gütern hat. Dabei unterscheidet Marx zwischen relativer Wertform und Äquivalentform. Erstere bezieht sich auf die Ware, deren Wert ausgedrückt wird. Zum Beispiel, wenn Ware A gegen Ware B getauscht wird, befindet sich Ware A in der relativen Wertform. Die Äquivalentform wieder-um bezieht sich auf die Ware, die als Ausdrucksmittel für den Wert der anderen Ware dient. In obigem Muster wäre Ware B in der Äquivalentform. Diese Form hat spezifische Eigenschaften:
1. Direkte Austauschbarkeit: Eine Ware in der Äquivalentform kann direkt gegen die Ware in der relativen Wertform getauscht werden. Ware B (Äquivalentform) ist direkt gegen Ware A (relative Wertform) austauschbar.
2. Zudem findet sich in dieser Form die Materialisierung der abstrakten menschlichen Arbeit wieder: Der Wert einer Ware ist zugleich eine Eigenschaft einer anderen Ware. Ware B fungiert als „Materialisation" der Arbeitszeit, die in der herge-stellten Ware A steckt.

3. Schließlich kommt der Gebrauchswert zum Wertausdruck: In der Äquivalentform wird der Gebrauchswert der Ware B zum Mittel, den Wert der anderen Ware A auszudrücken. Später wird sich zeigen, dass und vor allem wie diese Äquivalentform sich historisch zur Geldform entwickelte. Während in einer einfachen Tauschwirtschaft viele Waren als Äquivalente fungieren können, setzte sich in der entwickelten Warenwirtschaft schließlich das Geld als allgemeines Äquivalent durch. Das Geld übernimmt die Rolle der universellen Äquivalentform, in der sich der Wert aller anderen Waren ausdrückt. Als Prinzip ist festzuhalten, dass der Wert einer Ware durch eine andere Ware ausgedrückt wird. Sie ist ein Schritt in der Entwicklung der Wertform, die schließlich zur universellen Geldform führt.

Was wiederum den Nutzen einer Ware anbelangt, stellt man beim Vergleich produzierter Gegenstände fest, dass dieser niemals gleich sein kann – der Nutzen eines Instruments lässt sich nicht vergleichen mit dem einer Uhr. Der Nutzen ist in gewisser Weise ein Prädikat, das konkreten Dingen anhaftet. Insofern gibt es keinen abstrakten Nutzen, losgelöst vom Gegenstand – Merkmal des Nutzens ist also: er ist immer konkret.

Arbeitskraft

Neben dem Gebrauchs- und Tauschwert gibt es, wie wir festgestellt haben, für Marx noch ein Drittes, das allen warenhaften Gegenständen gemeinsam ist: die menschliche Arbeitskraft. Wenn man Gegenstand X gegen Gegenstand Y – also unterschiedliche Gegenstände – tauscht (X gegen X zu tauschen, wäre tautologisch und würde keinen Sinn ergeben), haben beide Gegenstände etwas gemeinsam: nämlich die Eigenschaft, dass bei der Herstellung menschliche Arbeitskraft aufgewendet wurde. Hierbei gibt es keine Ausnahme. insofern behauptet Marx zurecht, dass Arbeit die eigentliche Substanz des Warenwertes bildet. Keine Ware ohne Arbeit. Das Gemeinsame der Waren ist der Arbeitswert, denn alle Waren sind dem Wesen nach Arbeitsprodukte. Die gemeinsame Substanz einer jeglichen Arbeit, so Marx, ist die Verausgabung von Hirn, Muskel, Nerven und Hand. Diese Verausgabung liegt aller Arbeit zugrunde. Es spielt dabei keine Rolle, ob man Steine klopft, am Fließband arbeitet oder am Bildschirm sitzt und Tabellen auswertet. Die Frage ist nur, wie diese Verausgabung in dieser Gesellschaft bewertet wird.

Wird die Arbeit nach der Seite des Aufwands vergolten? Allein der Nutzen, der gewonnen wird, zählt und nicht die Mühsal, die die Arbeit abverlangt. Das liegt daran, dass Arbeit zweifach bemessen werden kann: nach dem Gebrauchswert und dem Tauschwert. Zum einen schafft Arbeit Gebrauchswerte, d.h. Produkte oder Dienstleistungen, die menschliche Bedürfnisse befriedigen. Diese Bedürfnisse können physischer, emotionaler oder sozialer Natur sein. Der Gebrauchswert ist die nützliche Eigenschaft eines Gutes, die es für den Verbraucher wertvoll macht. Hierbei wird konkrete Arbeit verrichtet. Diese wird erstellt, wenn keine Ware produziert wird. Ein Musiker, der zur Freude anderer ein Lied spielt und dafür nicht entlohnt wird, das Lied auch nicht verkauft, verrichtet konkrete Arbeit. Wenn jedoch diese konkrete Arbeit – in diesem Fall das Lied – zu dem Zweck der Herstellung einer Ware produziert worden ist, dann geht es bei der Arbeit um die Vergegenständlichung von Arbeit, die gesellschaftlich notwendig anerkannt wird. Im Mittelpunkt steht damit, Käufer zu generieren, die einen bestimmten Preis dafür bezahlen – das ist dann der alleinige Zweck. Dabei gilt arbeitstechnisch nicht, wie weit sich jemand verausgabt, sondern wie weit die Arbeit gesellschaftlich notwendig ist. Nicht die individuelle Anstrengung wird entlohnt, sondern sie wird bemessen an der gesellschaftlichen Notwendigkeit. Die wirklich verrichtete Arbeit zählt dabei nicht. Gesellschaftlich notwendig bedeutet stets, zahlungsfähige Bedürfnisse abzudecken. Eine andere Art von gesellschaftlicher Notwendigkeit lässt sich in kapitalistischen Gesellschaften nicht erkennen. Es ist fatal, dass Arbeit einen Tauschwert hat, der durch den Austausch von Waren auf dem Markt entsteht. Beim Tauschwert einer Ware kommt es neben der gesellschaftlich notwendigen Arbeit, die für ihre Produktion aufgewendet wird, auf den durchschnittlichen Vergleich mit der Konkurrenz an. Wenn ein Konkurrent, bedingt durch technische Innovation in der gleichen Zeit mehr und besser produziert, vergegenständlicht er mehr gesellschaftliche Notwendigkeit. Dadurch kann er den Preis senken und wird marktführend. Behält er den Preis bei, vermehrt sich sein Reichtum. Jedoch droht die Gefahr: Wenn in einem Bereich zu viel Ware für den Markt produziert wird, die nicht abgesetzt werden kann, dann wurde zu viel gesellschaftlich notwendige Arbeit aufgewendet. Die Notwendigkeit einer Ware entsteht durch die Bereitschaft der Käufer. Es ist die gemäße Weise, wie die Anerkennung oder Ablehnung gesellschaftlich notwendiger Arbeit zum Tragen kommt. Klar ist, dass der Fokus auf dem Tauschwert und nicht auf dem Nutzwert der Gegenstände liegt, und dass dies ein zentraler Mechanismus des Kapitalismus ist, der die Arbeitsbeziehungen und die Warenproduktion prägt. Wäre der Gebrauchswert Ziel der Wirtschaft, würde die Befriedigung der vorliegenden gesellschaftlichen Bedürfnisse gelingen ohne größeren Arbeitsaufwand. Da aber der Profit im Zentrum des Denkens steht, wird nicht mehr der Gebrauchswert und dessen Quantität gemessen, sondern die Produktion des Gebrauchswertes wird gesellschaftlich so weit anerkannt, wie notwendiger Aufwand betrieben werden musste. Wird der notwendige Aufwand verringert, wird auch der Profit der Produkte verringert. Die Formel gilt: Höhere Produktion, dadurch fallende Kosten. Der Reichtum dieser Gesellschaft kann nur wachsen im Maß der Mühsal. Wenn es nur nach dem Reichtum der Gebrauchswerte ginge, müsste deutlich weniger Arbeitsaufwand betrieben werden. Selbst bei steigender Produktionskraft würde sich dank des technischen Fortschritts die Mühsal reduzieren. Mit Hilfe technischen Fortschritts und zunehmenden Einsatzes von KI kann man heute spielerisch in kurzer Zeit produzieren, wofür früher ein ganzer Arbeitstag benötigt wurde. Das bedeutet: Wenn es nach dem Gebrauchswert allein ginge und nicht nach dem Tauschwert, müsste die Gesellschaft nicht mehr so viel arbeiten. Eine Gesellschaft, in welcher der Produktionszweck ausschließlich der Profit ist, ist steigende Arbeit unverzichtbar. Der Reichtum nimmt zu, je mehr Arbeit verrichtet wird – bei weniger Opferbereitschaft der Belegschaften würde der Profit deutlich geringer ausfallen. Aber dem ist nicht so. Der Reichtum durch akkumuliertes Geld, das erzielt wird, ist Ausdruck einer gewissenlosen Ausbeutungsgesellschaft. Denn nicht die, die die Arbeit verrichten, werden reich, sondern lediglich die, die produzieren. Es gibt dadurch eine unüberwindbare Kluft – hier der Unternehmer – dort die Belegschaft. Um den Profit zu steigern, wird in dieser Gesellschaft deutlich mehr gearbeitet als in früheren Zeiten, in denen die Produktionsmittel wegen der fehlenden Automatisierung deutlich geringer ausfielen. Reichtum der Wenigen hat sein Maß in verausgabter Arbeit Vieler.

Es ist klar, dass in jeder Gesellschaft die unterschiedlichsten Bedürfnisse vorliegen, die unterschiedliche Arbeiten erfordern. Arbeit muss demnach quantitativ wie auch qualitativ verteilt werden. In einer Planwirtschaft ist die Verteilung der Arbeit strikt vorgegeben, so wie in vorkapitalistischen Zeiten sich der Bauer die Arbeit selbst einteilen musste, um überleben zu können. In der westlichen, kapitalistischen Gesellschaft gibt es die allumfassende Selbstversorgung nicht mehr. Es gibt auch kein Diktat von oben, durch die Produktionsprozesse geregelt werden. Zudem gibt es keinen gesellschaftlichen Gesamtwillen, daher kann es keinen sozio-ökonomischen Gesamtplan geben, durch den eine absichtsvolle Verteilung der Arbeit stattfinden könnte. Im Kapitalismus unterliegt alles dem Privataustausch – es sind ausschließlich Privateigentümer, die für den Markt produzieren. So muss man fragen, wie sich die Proportionalität der notwendigen Arbeiten erklären lässt. Die Lösung ist relativ einfach: die Nachfrage am Markt reguliert den Arbeitsbedarf! Denn jede Form von Arbeit wird aufgewendet für ein gesellschaftliches Bedürfnis. Dabei ist zu beachten: für den gesellschaftlichen Bedarf produziert, jedoch prinzipiell nicht, um den Bedarf zu befriedigen, sondern um durch die dargebrachte Arbeit Profit herauszuschlagen. Bedürfnisse werden in diesem System ökonomisch ausgenutzt. Somit ist das Bedürfnis nicht der eigentliche Zweck, sondern lediglich das Motiv für die Produktion. Bedürftige ohne Zahlungskraft fallen ohne Gnade aus dem ökonomischen System. So produziert die Industrie kaum für die dritte Welt, da die Zahlungsunfähigkeit keinen Profit ermöglicht. In der kapitalistischen Gesellschaft wird paradoxerweise der unnötigste Luxus produziert, jedoch die größte Not wird nicht gelindert. Eine vernünftige Reihenfolge der Produktion gibt es nicht im geltenden kapitalistischen System. Das ethische Fundamentalprinzip für eine gerechte Ökonomie, das Wichtigste und Dringlichste für den Bedarf zuerst herzustellen, wird in diesem System nicht verfolgt. Es wäre sinnvoll, zuerst das für das Leben aller Menschen Notwendige und erst dann die Luxusgüter zu produzieren. Aber Profit und Gewinnmaximierung, die Kerngedanken des Systems, lassen eine solche Ordnung nicht zu. Es würde seiner immanenten Logik widersprechen. Das einzige Ziel, das der Kapitalismus kennt, ist Profit. So ist zu verstehen, dass auf der einen Seite der Reichtum wächst, während viele andere um jeden Cent kämpfen müssen und mittellos bleiben. Die einen leben im Luxus und Überschwang, den anderen fehlt es nahezu an allem. Das liegt an dem zweifelhaften Denkmuster, dass für den Kapitalisten der Zweck nicht im Gebrauchswert der hergestellten Ware steckt, sondern lediglich Mittel ist für den Verkauf. Die nützlichen Eigenschaften eines jeden Produkts sind bloßes Mittel für den Tauschwert. Der viel gepriesene Ökonom Milton Friedman betonte, dass die Hauptverant-wortung eines Unternehmens bei seinen Aktionären liege. „Die Eigentümer seien die einzige Gruppe, für die das Unternehmen sozial verantwortlich sei."[11] Die Belegschaft als die Basis des Reichtums bleibt außer Acht. Auch Moral richtet sich nach Profit.

Das Dilemma des Mehrwerts

Mit der Aufzählung der Elementarformen der Arbeitswelt wie Ware, Nutzen, Tausch, Wertform und der damit zusammenhängenden Äquivalentform lässt sich noch nicht das ganze geltende kapitalistische System erklären, das gerade darin besteht, ein konstantes Profitwachstum zu generieren, dem wir alle unterliegen. Marx hat mit seiner Mehrwert-Theorie eine Erklärung hierfür geliefert, gleichsam den heißen Nerv des Systems getroffen und bloßgelegt.

Im vierten Kapitel des Kapitals schreibt Marx: „Die Warenzirkulation ist der Ausgangspunkt des Kapitals." Wenn man eine

---

[11] https://de.wikipedia.org/wiki/Milton_Friedman

Ware gegen Geld eintauscht und dieses wiederum investiert, um eine andere Ware zu erhalten, kommt man auf die Formel: Ware-Geld-Ware (W-G-W). Bei dieser Zirkulation liegt der Gebrauchswert der Waren im Fokus. Um diesen Kreislauf Ware-Geld-Ware in Gang zu setzen, benötigt man eine besondere Ware, die unter anderem die Fähigkeit besitzt, als allgemein gültiges Äquivalent zu fungieren. Durch diese Vermittlung des Austauschmittels Geld kommt der Prozess in Gang. Der Zweck dieses Vorgangs dient allein dem Tausch von Gebrauchswerten. Ich gebe ein Produkt ab, für das ich keinen Nutzen habe, verkaufe dieses, bekomme hierfür Geld, für das ich mir etwas anderes Nutzbringendes kaufe. In dieser Zirkulation wird Geld noch nicht zum Kapital, vermehrt sich also nicht. Und dennoch sagt Marx, dass in der Warenzirkulation Kapital entsteht, also die Vermehrung von Geld stattfindet. Damit dieser Schritt eintritt, muss eine entscheidende Veränderung in der Warenzirkulation eintreten. Aus dem Kreislauf W-G-W entsteht G-W-G'. Statt Ware, Geld, Ware zirkuliert nun Geld-Ware-Geld plus. Sinn dieses Kreislaufs ist es, Geld zu akkumulieren. Der Kreislauf Geld, Ware, Geld würde keinen Sinn ergeben, denn dann würde der Tausch nur so viel einbringen, wie man zuvor investiert hat. G Delta setzt sich zusammen aus G, dem investierten Wert, und dem Gewinn, symbolisiert durch G' - dem Surplus Value, das den Geldzufluss garantiert. Das ist die allgemeine Formel des Kapitals. Der Kapitalist investiert Geld in Waren und verkauft diese gewinnbringend. Wie kommt dieser Mehrwert nun zustande? Marx entspannt eine Dialektik: Kapital kann nicht aus der Zirkulation entspringen, aber es kann genauso wenig aus der Zirkulation nicht entspringen. Zugleich entspringt Kapital aus der Zirkulations-Sphäre und entspringt es auch nicht aus dieser. Die Verwandlung des Geldes in Kapital entfaltet sich im Warenaustausch, indem der Geldbesitzer

Ware zu einem Wert kauft und zu einem marktüblichen Wert verkauft, wobei er am Ende des Prozesses einen Überschuss einstreicht. Wie ist das möglich? Durch die Arbeitskraft! Der Arbeitnehmer stellt dem Unternehmer seine Arbeitskraft zur Verfügung. Mit diesem Schritt steht der Arbeitgeber dem Arbeitnehmer in einem formalen Verhältnis gegenüber. Diese formale Gegenüberstellung macht deutlich, dass die Arbeitskraft des Arbeitnehmers als Ware betrachtet wird. Dadurch entsteht zwar keine reale aber eine durchaus formale Gleichheit.[12] Der Arbeitgeber als Unternehmer muss finanzieren, um ein Produkt für den Markt zu erstellen: Grundstück, Fabrikgebäude, diverse Maschinen – diese Posten rechnet Marx zum konstanten Kapital. Wenn nun der Arbeitnehmer ins Spiel kommt und der Unternehmer mit diesem einen Arbeitsvertrag abschließt, finanziert er in ein variables Kapital, nämlich in die Arbeitskraft des Arbeitnehmers, die, wie alles auf dem kapitalistischen Markt, damit zur Ware wird. Der Arbeitnehmer ist der Besitzer diese Ware. Der Arbeitgeber muss nun für diese Ware bezahlen. Wenn im kapitalistischen System die Arbeit zur reinen Ware wird, lässt sich ihr Wert in dieser Form entsprechend berechnen. Wenn nun der Arbeitnehmer einen Arbeitsvertrag unterzeichnet zur Summe X für 40 Stunden die Woche, was wird dann bezahlt? Auf jeden Fall nicht die Zeit, die der Arbeitnehmer in der Fabrik oder im Büro oder in der Redaktion laut rechtlicher Verpflichtung verbringen muss, nein, er wird für die abstrakte menschliche Arbeit entlohnt, die für eine gewisse Produktion notwendig ist. Als Wert erzeugt die Arbeitskraft ein bestimmtes Maß an vergegenständlichter gesellschaftlicher

---

[12] Das formale Verhältnis zwischen Arbeitnehmer und Unternehmer wird geregelt durch den Arbeitsvertrag und gesetzlichen Regelungen. Darüber hinaus spricht dieses Verhältnis einen Klassenkampf aus. Recht contra Recht prallen aufeinander: Auf der einen Seite die Ausbeutung, auf der anderen Seite der Versuch, die Ausbeutung zu verringern.

Durchschnittsarbeit. Wenn eine Arbeitskraft eine Stunde benötigt, um entsprechend dem technologisch erreichten Niveau einer Gesellschaft eine Ware zu produzieren, dann ist das genau die abstrakte menschliche Arbeit, die in dieser Ware als wertbildende Substanz steckt. Damit Unternehmer ihren Profit erzielen können, diesen kontinuierlich steigern, müssen die lohnabhängigen Arbeitskräfte ausgebeutet werden. Letztendlich geht alles um Wert und seine Vermehrung, und der Wert einer Ware wird laut Marx durch gesellschaftlich notwendige Arbeitszeit bestimmt, die für eine jeweilige Produktion erforderlich ist. In jedem gefertigten Produkt ist konkrete menschliche Arbeit vergegenständlicht, doch der Arbeitsprozess bleibt am Ende unsichtbar. Diese Arbeitskraft, das Kapital eines jeden einzelnen, ermöglicht die Produktion, wobei der Tauschwert der Arbeit dem Aufwand entspricht, der gesellschaftlich notwendig ist. Die Mühsal der Arbeit ist das Maß des Reichtums. Je produktiver Arbeit ist, je mehr der Produzent für die geleistete Arbeit herausschlagen kann, desto mehr wird Reichtum erzielt. Wenn nun herausgefunden werden will, was die Ware Arbeitskraft für einen Wert hat, dann muss man ermitteln, wie viel gesellschaftlich notwendige Arbeitszeit es benötigt, um die Arbeitskraft bzw. ihren Träger zu reproduzieren. Die Antwort ist simpel genug: Es sind die Lebensmittel, die den Angestellten samt Familie am Leben erhalten. Insofern lässt sich der Wert der Ware Arbeitskraft am Wert einer Summe X an Lebensmitteln ermitteln. Zu dem täglichen Verzehr von Lebensmitteln kommen andere Notwendigkeiten wie Miete, Kredit, Kleider, Möbel, Autos, etc., die in längeren Zeiträumen angeschafft werden. Diese Gesamt-Versorgung muss gewährleistet sein durch die monatliche Durchschnittseinnahme, für die beispielsweise ein halber Tag (vier Stunden) gesellschaftlicher Durchschnittsarbeit von Nöten ist, um den Angestellten am Leben zu erhalten. Der Angestellte arbeitet aber länger am Tag, schafft also mehr Wert, als ihm bezahlt wird – auf diesem Weg schafft der Arbeitgeber den Mehrwert! Diesen Überschuss an Gewinn, welchen der Arbeitgeber erzielt, indem der Angestellte mehr an Wert erarbeitet, als er ausgezahlt bekommt, diesen Prozess bezeichnet Marx als Ausbeutung, wobei dieser Begriff von ihm nicht moralisch verstanden worden ist. Er soll lediglich die Diskrepanz zwischen bezahltem Lohn und Profitrate bezeichnen. Zwar wird der Wert der Ware Arbeitskraft voll bezahlt, geregelt durch einen festen Arbeitsvertrag. Im Vertrag ist die Arbeitszeit für eine Woche festgeschrieben. Dieser Umstand täuscht gerne darüber hinweg, dass der Angestellte nicht für die geleistete Zeit, sondern ausschließlich für den Wert der Ware Arbeitszeit entlohnt wird. Dass man zur Ware Arbeitskraft auch verpflichtet ist, 40 Stunden oder auch länger die Woche in einem Büro, einer Redaktion etc. zu verbringen, ist ein anderer beschwerlicher Umstand. Durch die Definition der Arbeitskraft als Ware wird zwar nicht eine reale, aber dafür eine formale Gleichheit zwischen Unternehmer und Angestellten erzeugt, zumindest in der Kategorie der Zirkulationssphäre. Wenn man jedoch die Produktionssphäre betrachtet, lässt sich eine Macht-Asymmetrie erkennen, die durch den Äquivalententausch notdürftig kaschiert wird. Der Kapitalbesitzer verfügt über die Produktionsmittel, der Angestellte kann nur seine Arbeitskraft zur Verfügung stellen und ist in diesem Sinne doppelt frei: Er stellt als freie Person seine Arbeitskraft als Ware zur Verfügung, und da er frei von Produktionsmitteln ist, hat er außer dieser Ware nichts anderes zu verkaufen. Formal frei, doch ohne Kapital und Produktionsmittel ist der Arbeitnehmer essentiell darauf angewiesen, dass die Ware Arbeitskraft Verwendung findet, da es der einzige gangbare Weg ist, den Lebensunterhalt zu bestreiten.

Zu diesen variablen Kosten kommen für den Unternehmer noch andere Kosten hinzu: Der Gesamtoutput beinhaltet die Produktionsmittel als den Wert des konstanten Kapitals, wozu Maschinen, PCs, Bildschirme, Räumlichkeiten gerechnet werden. Konstant deswegen, weil das Equipment nicht teurer verkauft werden kann, als es eingekauft worden ist. Die Ware Arbeitskraft hingegen ist variabel, durch sie allein, durch den erzielten Mehrwert, ergibt die Zirkulation G-W-G' erst Sinn. Ohne dem Delta an Gewinn wäre die Zirkulation und mit ihr die geleistete Produktion nicht rentabel.[13] Die Ware menschliche Arbeitskraft schafft mehr Wert, als sie kostet. Das bedeutet, dass der Tausch Geld gegen Arbeitskraft keine wirkliche Gleichheit ausdrückt. Würde es das tun, würde der Unternehmer nichts an der Produktion verdienen. Die Macht-Symmetrie zwischen Unternehmer und Arbeitnehmer ist der Zündstoff für Unzufriedenheit.

Mögliche Einwände gegen die Mehrwerttheorie

Die Marxsche Mehrwert-Theorie hat sehr schnell zahlreiche kritische Einwände erfahren. Von allen Seiten hagelte es Proteste. Ökonomen wie der Liverpooler William Stanley Jevons, Carl Menger (Österreich) und Leon Walras (Schweiz) entwickelten eine neoklassische subjektive Werttheorie, die zum Ausdruck brachte, dass der Wert einer Ware nicht durch die zur Produktion notwendige Arbeitszeit, sondern durch den subjektiven Nutzen bestimmt wird, den die Konsumenten der Ware beimessen. Der Preis wird demnach durch Angebot und Nachfrage bestimmt, nicht durch die Arbeitszeit.

---

[13] Wenn dies eintritt, hat der Unternehmer schlecht kalkuliert oder die Ware deckt keinen Bedarf und findet im Markt keinen Absatz.

Andere Kritiker argumentieren, dass Marx die Rolle des Unternehmers und das mit der Unternehmensführung verbundene Risiko unterschätzt. Das Risiko sowie die geleisteten Innovationen müssen entlohnt werden. Dieser Aspekt wird in der Mehrwerttheorie nicht angemessen berücksichtigt. Zudem wird herausgestellt, dass das Kapital (Maschinen, Technologie usw.) ebenfalls produktiv ist und zum Wert der produzierten Güter beiträgt. Marx' Theorie lege jedoch den Fokus auf die Arbeitskraft als Quelle des Mehrwerts und berücksichtigt nicht ausreichend die produktive Rolle des Kapitals. Wiederum wurde argumentiert, dass Marktpreise oft von den durch Arbeitszeit bestimmten Werten abweichen. Komplexe Wechselwirkungen von Angebot und Nachfrage beeinflussen den Preis, was in der Arbeitswerttheorie nicht ausreichend berücksichtigt wird. Marx' Theorie wird auch dafür kritisiert, dass sie die dynamische Natur des technischen Fortschritts und dessen Auswirkungen auf die Produktivität und Wertschöpfung nicht hinreichend erfasst. Technologische Innovationen können die Produktionskosten senken und die Profitabilität erhöhen, unabhängig von der geleisteten Arbeitszeit. Und schließlich wird gerne angeführt, dass Marx' Prognosen über den Untergang des Kapitalismus und die Revolution des Proletariats durch historische Entwicklungen widerlegt worden seien.

Ohne Arbeitskraft wäre alles nichts. Weder kämen die Produktionsmittel zum entsprechenden Einsatz, noch könnte man einen Nutzen aus Gegenständen ziehen, wenn diese nicht durch Arbeitskraft produziert worden wären. Und wenn Preise sich verändern, verändert sich der Preis der Arbeitskraft, doch diese bleibt. Nein, Marx' Theorie bleibt der wichtigste Referenzpunkt in der ökonomischen und sozial-wissenschaftlichen Diskussion.

Zum Gesetz der tendenziell fallenden Profitrate

Was wäre ein System ohne innere Widersprüche? Dass ausgerechnet der Mehrwert betroffen ist, macht die Sache spannend. Nach Marx ist es die Profitrate, die von innovativen Technikschüben bedroht sein soll – also just das Moment, das für den grundlegenden wirtschaftlichen Wachstum ausschlaggebend ist. Kommen neue Technologien zum Einsatz, die einhergehend die Arbeitskraft reduzieren, besteht die Gefahr einer Verringerung der Profitrate. Das bedeutet: je mehr Innovation eingesetzt wird, desto mehr schrumpft im Ganzen die ökonomische Produktionskraft. Langfristig würde dieser systemimmanente Widerspruch zu immer schwereren Krisen und schließlich zum Zusammenbruch des Kapitalismus führen. Im dritten Band des Kapitals legt Marx seine Theorie vom Gesetz der tendenziell fallenden Profitrate ausführlich dar. Das Gesetz besagt, dass die Profitrate (r) tendenziell sinkt, weil die kapitalistische Produktionsweise dazu neigt, die organische Zusammensetzung des Kapitals (c/v) zu erhöhen. Da der Mehrwert ausschließlich aus der lebendigen Arbeit (variablem Kapital) stammt, führt eine steigende Kapitalintensität dazu, dass der Anteil des variablen Kapitals am Gesamtkapital sinkt. Die Profitrate ist definiert als Verhältnis von Mehrwert zum Gesamtkapital. Eine steigende organische Zusammensetzung (c/v wächst) führt tendenziell dazu, dass die Profitrate fällt – selbst wenn die Ausbeutungsrate (m/v) steigt. Die Formel für die Profitrate lautet: ($p' = m / (c + v)$) wobei gilt: m = Mehrwert, c = konstantes Kapital (Maschinen, Rohstoffe etc.). v = variables Kapital (Löhne der Arbeiter)
Unternehmer investieren aus Konkurrenzgründen verstärkt in Maschinen und Technologie (c steigt), um die Arbeitsproduktivität zu steigern und die Kosten zu reduzieren. Dadurch sinkt der relative Anteil des variablen Kapitals (v), aus

dem der Mehrwert und damit der Profit gewonnen wird. Da laut Marx der Mehrwert primär aus der lebendigen Arbeit (v) stammt, führt die steigende organische Zusammensetzung des Kapitals dazu, dass die Profitrate langfristig tendenziell fällt. Wichtig ist zu betonen, dass die Schwächung der Profitrate tendenziell und nicht absolut geschieht. Zwar ist der Fall der Profitrate eine allgemeine Tendenz, aber nicht in jedem einzelnen Fall oder zu jeder Zeit sichtbar. Kurzfristige Gegenkräfte können ihn ausgleichen. Um der fallenden Profitrate entgegenzuwirken und zu verlangsamen, gibt es mehrere denkbare Gegenbewegungen: Es beginnt mit der Erhöhung der Ausbeutungsrate durch längere Arbeitszeiten und niedrigere Löhne, sodann durch billigere Produktions-mittel (Reduktion von c), durch die Erschließung neuer Märkte oder durch Börsengang und Finanzspekulationen. Wenn alle Gegenmaßnahmen wirkungslos bleiben, wird der Fall der Profitrate zu wirtschaftlichen Krisen führen. In solch einem Fall würden Unternehmen weniger investieren, so würde die Arbeitslosigkeit steigen und eine Überproduktion drohen.

Der Kapitalismus basiert auf Ausbeutung und Profit–maximierung, aber seine eigene Entwicklung (Produktivitäts–steigerung durch mehr Maschinen) führt dazu, dass die Profit–rate tendenziell fällt. Dies führt zu Krisen, Überakkumulation und schließlich zur Möglichkeit seines eigenen Untergangs.

Was passiert nun, wenn die Industrie verstärkt KI zum Einsatz bringt?

Für Marx würde die Einführung von Künstlicher Intelligenz in der Industrie die Tendenz zur fallenden Profitrate eher verstärken. Da KI menschliche Arbeitskraft zunehmend ersetzen wird, wird der Anteil des variablen Kapitals weiter sinken, während das konstante Kapital steigen wird. Dies erhöht die organische Zusammensetzung des Kapitals (c/v), wodurch die Profitrate tendenziell fallen wird – selbst wenn die Ausbeutungsrate (m/v) steigt. Für Marx ist die menschliche Arbeitskraft die einzige Quelle des Mehrwerts, weil seine Werttheorie auf der Arbeitswerttheorie aufbaut. Nach dieser Theorie wird der Wert einer Ware durch die gesellschaftlich notwendige Arbeitszeit bestimmt, die zu ihrer Herstellung erforderlich ist. Die Profitabilität wird untergraben, weil die menschliche Arbeit als die Quelle des Mehrwerts zunehmend ersetzt wird. Maschinen können selber keinen Mehrwert erzeugen, da konstantes Kapital (c) nur Wert überträgt. KI, Maschinen, Rohstoffe und andere Produktionsmittel geben nur den bereits in ihnen enthaltenen Wert schrittweise an die produzierten Waren weiter. Das bedeutet: Eine Maschine kann zwar die Produktion effizienter machen, aber sie „schafft" keinen neuen Wert – sie gibt nur den Wert weiter, der in sie investiert wurde.

Nur variables Kapital (v) schafft neuen Wert. Das heißt, nur die menschliche Arbeitskraft kann mehr Wert produzieren, als sie selbst kostet. Der Unternehmer zahlt dem Arbeiter einen Lohn, der dem Wert seiner Reproduktionskosten entspricht, aber der Arbeiter schafft in der Produktionszeit mehr Wert, als er als Lohn erhält – diese Differenz ist der Mehrwert (m), den sich der Unternehmer aneignet.

Maschinen steigern die Produktivität, aber nicht den Mehrwert Wenn eine Maschine mehr Waren in kürzerer Zeit produziert, sinkt zwar der Wert jeder einzelnen Ware – weil weniger gesellschaftlich notwendige Arbeitszeit enthalten ist, aber die Gesamtmenge des geschaffenen Mehrwerts hängt allein von der lebendigen Arbeit ab.

Kurzfristig kann der Unternehmer durch den Einsatz von technischen Hilfsmitteln die Gewinne steigern, aber langfristig verringert sich die menschliche Arbeitszeit pro Produkt – und damit die Basis des Mehrwerts insgesamt. Langfristig ist die Tendenz zur fallenden Profitrate nicht aufzuhalten ...

Der Fetischcharakter der Ware

Der Begriff des Fetischcharakters der Ware wurde von Karl Marx im ersten Band seines Werkes „Das Kapital" geprägt und beschreibt ein zentrales Phänomen der kapitalistischen Gesellschaftsordnung. Der Begriff des „Fetischs" lehnt sich an religiöse und anthropologische Vorstellungen, bei denen einem Objekt eine übernatürliche Kraft oder Bedeutung zugeschrieben wird. Diese Fetischisierung überträgt Marx auf die Waren in der kapitalistischen Produktionsweise.

Wenn Gebrauchsgegenstände zur Ware werden, entsteht ein Phänomen, bei dem die gesellschaftlichen Beziehungen zwischen den Menschen allein durch die Beziehungen zwischen den Waren vermittelt werden. Das besagt nichts anderes, als dass in einer kapitalistischen Gesellschaft die Produkte menschlicher Arbeit nicht als das betrachtet werden, was sie wirklich sind – nämlich Ergebnisse menschlicher Arbeitskraft – sondern vielmehr als eigenständige, unabhängige Objekte mit einem eigenen imaginierten Wert. Für die Gesellschaft bedeutet dies, dass die Produktionsbeziehungen zwischen den Menschen in Form von Beziehungen zwischen Waren erscheinen. Die Waren nehmen eine soziale Bedeutung an, die unabhängig von den Menschen, die sie produzieren, zu existieren scheint. Dies führt zu einer Entfremdung der Menschen von ihrer eigenen Arbeit und ihren gesellschaftlichen Beziehungen.

Für die Arbeitenden bedeutet der Fetischcharakter der Ware, dass sie die Kontrolle über ihre eigene Arbeit und die Produkte ihrer Arbeit verlieren. Arbeit wird zu einer abstrakten, austauschbaren Einheit, die durch den Wert bestimmt wird, den sie auf dem Markt erzielen kann. Die Arbeiter werden entfremdet von dem, was sie produzieren, und von der Art und Weise, wie sie arbeiten. Sie werden zu bloßen Rädern in einem System, das die Warenproduktion und den Wert profitabel macht, ohne Rücksicht auf ihre Bedürfnisse und Wünsche als individuelle Menschen.

Die Tragweite des Fetischcharakters liegt in der Verschleierung der wahren sozialen Verhältnisse. In der kapitalistischen Gesellschaft erscheint der Wert einer Ware nicht als Resultat von menschlicher Arbeit, sondern als inhärente Eigenschaft des Objekts selbst. Der Austausch von Waren auf dem Markt scheint von abstrakten Wertgesetzen bestimmt, die den Akteuren als naturgegeben erscheinen. So kommt es zur Illusion, dass die Waren unabhängig von menschlicher Arbeit ihren Wert erhalten – der Fetischcharakter manifestiert sich in der Idee, dass Dinge (Waren) Macht über den Menschen haben, obwohl es in Wahrheit um die Beziehungen der Menschen zueinander geht, vermittelt durch die Dinge.

Dabei geht der Fetischcharakter über den bloßen Tauschwert hinaus: Waren werden in der kapitalistischen Gesellschaft symbolisch aufgeladen und erhalten Bedeutung weit über ihre funktionale Rolle. Eine teure Designertasche, ein luxuriöses Auto oder bestimmte Markenprodukte symbolisieren gesellschaftlichen Status und Identität. Diese Symbolik verleiht den Waren eine quasi transzendente Dimension, in der sie als mehr erscheinen als bloße Gebrauchsgüter.

Das Fetischdenken offenbart eine tiefgreifende Verkennung der sozialen Realität, in der Menschen die Herrschaft über ihre eigenen gesellschaftlichen Verhältnisse verlieren und stattdes-

sen von den Dingen, die sie selbst geschaffen haben, beherrscht werden. Die Warenwelt entwickelt eine eigene Dynamik, die den Menschen als objektiv und unabänderlich erscheint, obwohl sie in Wahrheit Ausdruck menschlicher Arbeit
und sozialer Beziehungen ist. Dieser Fetischismus macht es
schwer, die wahren Verhältnisse und die dahinterstehende
Ausbeutung zu erkennen, und trägt so zur Stabilität der kapitalistischen Ordnung bei.

Was ist Eigentum?

Eigentum gibt es schon seit Jahrtausenden, und es wurde viel
über diesen Begriff debattiert. Fest steht: Ohne Eigentum wäre
schwerlich das kapitalistische System entstanden. Denn für
was und wen würde produziert werden, wenn nicht zum Nutzen der Bedürfnisse, des Wollens, der vielen Begierden, die
sich stillen lassen durch den Äquivalententausch Geld gegen
Ware? Der Produzent bekommt Geld für seine Ware, und der
Konsument erhält im Gegenzug den entsprechenden Gegenstand. Nach dem Kauf gilt: eine Sache gehört jemandem, ist
jemandes Eigentum. Jemand hat für eine Sache bezahlt und
besitzt diese und darf sie benutzen. Dass dies so ist, wie es ist,
wird im Grundgesetz Art. 14 GG festgehalten: (1) Das Eigentum und das Erbrecht werden gewährleistet. Aber was wird da
genau gewährleistet, was ist Eigentum? Wie lässt sich begründen, dass etwas jemandem gehört? Wurde nicht am Anfang
der langen Kette der Aneignungen ein Diebstahl begangen? Ist
nicht, solange die Letztbegründung von Eigentum aussteht, Eigentum gleich Diebstahl, so wie Proudhon das formulierte?
Und kann man tatsächlich alles besitzen: Boden? Luft? Wasser? Menschen? Und was folgt aus Eigentum? Dass es auch

anders sein könnte, liegt auf der Hand. Vielen indigenen Völkern war der Gedanke fremd, Land besitzen zu können. Sie fühlten sich als Teil dieses Landes, auf dem sie wohnten. Eher besaß das Land sie, als dass sie, die Menschen, das Land besitzen würden. Dass es anders sein kann, belegt, dass Eigentum in irgendeiner Weise ein Verhältnis zwischen Menschen ausdrückt. Bei Eigentum geht es also primär nicht um die Sachen, die einem gehören, sondern immer um die Menschen, die Eigentümer von Sachen sind. Wenn jemand einen Gegenstand verwendet, lässt sich nicht daraus folgern, dass derjenige auch der Eigentümer ist. Eigentümer ist nur der, der den Preis dafür bezahlt hat. Er hat das Recht zu entscheiden, wer wann und wie diesen gekauften Gegenstand benutzen darf. Besitz ist demnach ein Verhältnis zwischen einem Menschen und einer Sache. Eigentum jedoch ist ein Verhältnis zwischen Menschen und anderen Menschen, und zwar in Bezug auf eine Sache. Hier liegt der Unterschied zwischen Besitzer und Eigentümer. Der Besitzer hat etwas, aber der Eigentümer hat alle Rechte in Bezug auf den verwendetet Gegenstand. Eigentum regelt also das Zusammenleben in Bezug auf Sachen, gehört somit zum Bereich der Staatstheorie, in der die Frage gestellt wird, wie Menschen ihr Zusammenleben regeln sollten. Eigentum kann es also nur geben, wenn es staatlich geregelt wird. Was erlaubt ist und was verboten ist, unterliegt nicht der Willkür des Einzelnen.

Aber kann man alles besitzen?

Kant hatte festgehalten, dass Menschen nicht der Besitz eines anderen sein können. Mit seiner Menschheitszweckformel arbeitete er heraus, dass der Mensch eine Würde hat und somit keinen Zweck und auch keinen Preis hat. Der Mensch gehört sich als Selbstzweck selbst. Und sonst niemandem. Dass zu dieser Zeit ein reger Sklavenhandel herrschte, wo der Mensch als bloße Ware gehandelt, zu einem Ding erniedrigt wurde, war Kant bewusst. Aber wie wurde Eigentum in der abendländischen Geschichte bewertet und definiert? Gehen wir kurz die verschiedenen Staatsmodelle mit ihren Vorstellungen über Eigentum durch.

Beginnen wir mit Platon, für den Eigentum ein potenzielles Hindernis für Gerechtigkeit war, die für ihn die Kardinaltugend darstellte und nur dann verwirklicht wurde, wenn die drei Teile der Seele – Begierde, Mut und Vernunft – im Einklang standen. Diese seelische Dreiheit übertrug Platon auf den utopischen Staat. Zur Gerechtigkeit und Glück suchenden Seele skizzierte Platon in Analogie dazu den gerechten Staat. In der Politeia beschreibt Platon seine idealisierte Dreiklassen-Gesellschaft und in diesem Zusammenhang auch das Eigentum. Ganz oben thront im Staat der Lehrstand mit dem Philosophenkönig, dem der Wehrstand der Krieger und Wächter folgte. Diese Klassen dürfen keinen Privatbesitz haben. Stattdessen soll alles geteilt werden. Das Auskommen dieser beiden Stände erfolgt durch die Gesellschaft. Nichts war im Besitz, selbst die Wohnung war öffentlich zugänglich. Dies sollte verhindern, dass individuelle Interessen die Gemeinschaft schädigen, denn Platon sah im Eigentum eine Quelle von Egoismus, Korruption und sozialer Ungleichheit. Durch den Verzicht auf Privateigentum sollten der Lehr- und Wehrstand ihre Loyalität ausschließlich dem Gemeinwohl widmen. Für die Bauern und Handwerker, der dritte und letzte Nährstand, tolerierte Platon hingegen Eigentum. Diese Klasse ist auf die Produktion materieller Güter spezialisiert und nicht für die Leitung des Staates verantwortlich. Platon betrachtete Privateigentum als eine Ursache von Gier und sozialen Spannungen. Sein Modell zielte darauf ab, die gesellschaftliche Einheit und vor allem Gerechtigkeit zu fördern.

Schüler Aristoteles stimmte mit Platon überein, dass das Ziel menschlichen Lebens das Gute sei. Was aber die Realisierung dieses Guten betraf, widersprach er dem Meister. Er verwarf die Möglichkeit eines idealen Staates und suchte die Lösung eher in der goldenen Mitte als in extremen Positionen. So lehnte er die extreme Position des Gemeinschaftseigentums ab. Eine kommunistische Gesellschaftsordnung, in der materielle Dinge sowie Grund und Boden gemeinsam genutzt werden, führt seines Erachtens nur zu Feindseligkeit und Ärger bei den Beteiligten. Der Grund ist klar: der Einzelne würde nicht das erhalten, was ihm rechtmäßig zusteht. „Was allen gehört, wird von keinem richtig gepflegt." Arbeit und Lohn erhalten erst eine adäquate Bindung in einem System des Privateigentums. Würde man diese Verbindung von Arbeit und Lohn durchbrechen, würde man den produktiven Impuls schwächen. Privateigentum, so Aristoteles, entspringt nicht aus der Ordnung der Natur, sondern ist ein Ergebnis der Vernunft, das erst durch Zuwachs der Bevölkerung entstand. In der ursprünglichen Lebensgemeinschaft, im Oikos, wurde alles selbst produziert und ein Austausch der Güter war demnach nicht nötig. Durch die zunehmende Bevölkerungsdichte entstand eine Spezialisierung und erst durch diese kam ein Austausch zwischen den einzelnen Haushalten zustande. Und hier entspringt die Quelle des Eigentums, das zur Tugendhaftigkeit und gesellschaftlichen Ordnung beiträgt. Denn für persönliches Eigentum wird eine größere Sorgfalt aufgewendet als für Gemeinschaftseigentum. Aristoteles geht sogar weiter: Privateigentum fördert die Möglichkeit, tugendhaft zu handeln, z. B. durch Groß- und Freizügigkeit. Wenn man kein Eigentum besitzt, kann man auch nichts freiwillig teilen. Zum anderen ist Privateigentum, da es mit Arbeit verbunden ist, mit dem Prinzip

Leistung verbunden. Als Befürworter des Eigentums war Aristoteles jedoch für eine Regulierung, um Exzesse wie Gier und soziale Ungleichheit zu vermeiden. Er plädierte für einen Mittelweg, bei dem Eigentum erlaubt, aber durch Gesetze und Tugendethik kontrolliert wird. Dem Geld stand Aristoteles offen gegenüber, da er erkannte, dass es den Handel deutlich vereinfacht. Doch Geld sollte nicht „produktiv" eingesetzt werden, sondern ausschließlich als ein Mittel für den Transfer von Waren. Das Problem war, so argumentierte Aristoteles, dass die Verwendung von Geld zu „unnatürlicher" oder chrematistischer Geldmacherei führte - zur Anhäufung von Geld um seiner selbst willen. Für den Vertreter des „goldenen Mittelwegs" gehörte dies zu den extremen Handlungsweisen, die aus moralischen Gründen zu verurteilen sind.

Kommen wir zu Thomas Hobbes im 16. und 17. Jahrhundert. Für Hobbes als überzeugten Vertreter des Absolutismus war Eigentum im Gegensatz zu Aristoteles kein vernunftgegebenes Recht, sondern einzig eine Schöpfung des Staates. Im Naturzustand, der geprägt ist von einem „Krieg aller gegen alle", gibt es kein Recht auf Eigentum, da keine Instanz existiert, die dieses Recht garantieren könnte. Eigentum ist also unsicher und ständig gefährdet. Die einzige Form, die in diesen archaischen Zeiten entstehen kann, ist der temporäre Besitz, der jedoch schnell entrissen werden kann. Denn für Hobbes existiert nur das Recht des Stärkeren und auch nur solange, bis ein Stärkerer kommt. Aus diesem martialischen Urzustand führt einzig der Staat. Erst mit einem Gesellschaftsvertrag entsteht eine souveräne Macht (der Leviathan), die Eigentum sichern kann. Das Eigentum wird durch die Gesetze des Staates definiert und geschützt, und die Menschen akzeptieren diese Ordnung, um Sicherheit und Frieden zu gewährleisten. Eigentum ist daher für Hobbes keine individuelle Freiheit, sondern eine staatlich garantierte Institution. Eigentum existiert für ihn nur durch den Staat und dessen Gesetze.

Für John Locke hingegen existiert das Eigentum bereits im Naturzustand und ist ein fundamentales Naturrecht. Eigentum entsteht durch Arbeit: Wenn ein Mensch seine Arbeit mit etwas Natürlichem verbindet (z. B. durch den Anbau von Getreide), wird dieses Gut sein Eigentum. Locke nennt dies das Arbeitsprinzip. Eigentum ist in diesem Sinne eng mit der persönlichen Freiheit verknüpft, denn es dient der Selbst-erhaltung und der Förderung des menschlichen Wohls. Gleichzeitig sieht Locke aber eine Begrenzung des Eigentums: Niemand darf sich mehr aneignen, als er nutzen kann („genug und so gut für andere"). Mit der Einführung des Geldes wird diese natürliche Begrenzung faktisch aufgehoben.

Jean-Jacques Rousseau betrachtete Eigentum als Quelle der Ungleichheit. Im Naturzustand, so Rousseau, gibt es kein Eigentum, und die Menschen leben in einem Zustand relativer Gleichheit und Unabhängigkeit. Erst die Einführung von privatem Eigentum markiert für Rousseau den Beginn sozialer Ungerechtigkeit: „Der erste Mensch, der ein Stück Land einzäunte und sagte: ‚Das ist mein!' und der Leute fand, die einfältig genug waren, ihm zu glauben, war der wahre Begründer der bürgerlichen Gesellschaft. Wie viele Verbrechen, Kriege, Morde, wie viel Elend und Schrecken wäre dem Menschengeschlecht erspart geblieben, wenn jemand die Pfähle ausgerissen und seinen Mitmenschen zugerufen hätte: „Hütet euch, dem Betrüger Glauben zu schenken; ihr seid verloren, wenn ihr vergesst, dass zwar die Früchte allen, aber die Erde niemandem gehört".[14] Für Rousseau ist das Eigentum eine künstliche Erfindung, die Habgier, Neid und Konflikte hervorbringt.

---

[14] Jean-Jacques Rousseau: Diskurs über die Ungleichheit (Ed. Meier). UTB, 2008, S. 173

Die Institution des Eigentums wird durch Gesetze geschützt, die von den Reichen zum eigenen Vorteil geschaffen wurden. Die Freiheit liegt nicht im Eigentum, sondern in einer Gesellschaft, die Gleichheit und das Gemeinwohl priorisiert, denn Eigentum ist eine Quelle sozialer Ungleichheit und Konflikte.

Für Arthur Schopenhauer war Eigentum Ausdruck des Willens zum Leben. Schopenhauer setzte sich nicht systematisch mit Eigentum auseinander, aber in seinem Hauptwerk „Die Welt als Wille und Vorstellung" findet man Ansätze, die eine Interpretation seiner Haltung erlauben. Schopenhauer sieht das Streben nach Besitz als Ausdruck des „Willens zum Leben", der zentralen treibenden Kraft aller Existenz. Menschen versuchen, durch Eigentum ihr Dasein zu sichern und zu erweitern. Doch wer den Willen bejaht, auch im Drang nach Eigentum, setzt sich dem Leiden aus, da der Wille, nie vollständig befriedigt, zu ständiger Unzufriedenheit führt. Menschen werden durch die Jagd nach Besitz in einen endlosen Kreislauf von Begehren und Enttäuschung gezogen.

In der Mitleidsethik tritt Schopenhauer für einen Rückzug von egoistischen Trieben ein. Eigentum muss hier negativ betrachtet werden, da es die egoistische Abgrenzung zwischen Individuen verstärkt und soziale Spannungen fördert. Dennoch erkennt Schopenhauer aber, dass Eigentum für das Leben in der Welt notwendig ist, da es die Grundbedürfnisse sichert. Sein Pessimismus gegenüber dem Leben schließt jedoch ein, dass der Besitz von Eigentum nie zu dauerhafter Zufriedenheit führen kann. So war Schopenhauers Haltung zum Eigentum ambivalent: Er erkannte dessen pragmatischen Wert, betrachtete es jedoch als Teil der leidvollen Struktur des Lebens, die überwunden werden sollte.

Für Georg Wilhelm Friedrich Hegel war Eigentum die Verwirklichung der Freiheit. In seiner „Rechtsphilosophie" von 1821 behandelt er das Eigentum ausführlich. Eigentum ist für ihn ein zentraler Bestandteil der Verwirklichung des freien Individuums in der Gesellschaft. Somit sieht Hegel das Eigentum als eine notwendige Verwirklichung der Freiheit an. Indem eine Person Eigentum besitzt, offenbart sie ihre Persönlichkeit in der Welt und behauptet sich als freies Subjekt. Eigentum ist damit nicht bloß ein materieller Besitz, sondern ein Mittel, durch das das Individuum seine Freiheit konkretisiert. Das Eigentum steht in einem sozialen Kontext, denn es dient nicht nur dem Individuum, sondern spielt auch eine Rolle in der gesellschaftlichen Anerkennung. Die Beziehung zu Eigentum ist damit ein Schritt zur Selbstverwirklichung und zur Eingliederung in die Gemeinschaft. Eigentum ist zwar ein individuelles Recht, aber in den Kontext der bürgerlichen Gesellschaft eingebettet. Der Staat hat die Aufgabe, das Eigentum zu schützen und gleichzeitig dessen soziale Auswirkungen zu regulieren. So wird verhindert, dass der Besitz von Eigentum zu ungerechter Ungleichheit führt. Kollektives Eigentum hingegen kritisiert Hegel. Er lehnt die Idee des vollen Gemeinschaftseigentums ab, da sie die individuelle Freiheit und das Recht des Einzelnen, sich in der Welt auszudrücken, untergraben würde. Hegel sieht Eigentum somit als unverzichtbar für die Entwicklung des freien Subjekts und der geordneten Gesellschaft, betont aber die Notwendigkeit seiner sozialen Regulierung.

Der französische Philosoph und Ökonom Pierre-Joseph Proudhon prägte den berühmten Satz „Eigentum ist Diebstahl!" in seinem Werk „Was ist Eigentum?" (Qu'est-ce que la propriété?, 1840). Proudhon bezieht sich dabei in erster Linie auf das Privateigentum an Produktionsmitteln, und nicht auf persönliches Eigentum wie etwa Kleidung oder Werkzeug. Er kritisiert das System des Privateigentums, das einigen erlaubt, durch die Ausbeutung der Arbeit vieler Wohlstand anzuhäufen. Proudhon

liefert hierfür mehrere Argumente, um seine These zu untermauern:

Eigentümer von Produktionsmitteln, wie Fabriken oder Land,
können durch das Eigentum an diesen Mitteln den Mehrwert
abschöpfen, den Arbeiter produzieren. Der Gewinn, den Kapitalisten erzielen, ist daher unrechtmäßig, da er auf der Arbeit
anderer beruht, ohne dass der Eigentümer selbst produktiv tätig wird. Dadurch entsteht eine ungerechte Aneignung von
Mehrwert. Eigentum führt dazu, dass einige Menschen von der
Nutzung von Ressourcen ausgeschlossen werden. Wenn jemand Land oder Produktionsmittel besitzt, wird anderen der
Zugang verwehrt. Dieses Monopol wirkt gegen das Prinzip der
Freiheit und Gleichheit, das Proudhon für zentral hält. Nach
Proudhon kann niemand ein natürliches Recht auf Eigentum
beanspruchen. Boden, Ressourcen und Produktionsmittel gehören der Gemeinschaft und sollten daher allen zugänglich
sein. Das Privateigentum reißt diese gemeinschaftlichen Ressourcen an sich und verwehrt anderen deren Nutzung – dies
ist für ihn eine Form des Diebstahls. Ein weiterer Kritikpunkt
ist, dass Eigentum von Arbeit getrennt werden kann. Ein Land-
besitzer oder Kapitalist profitiert vom Eigentum, ohne selbst
zur Produktion beizutragen, während der Arbeiter, der tatsächlich produziert, keinen vollen Zugriff auf den Ertrag seiner Arbeit hat, was nicht gerecht ist. Aber es ist wichtig zu betonen,
dass Proudhon zwischen persönlichem Eigentum und Privateigentum unterscheidet. Persönliches Eigentum – Dinge, die jemand für seinen eigenen Gebrauch benötigt (z. B. Kleidung,
ein Haus zum Wohnen) – sieht er nicht als problematisch an.
Sein Angriff richtet sich ausschließlich gegen das Privateigentum an Produktionsmitteln, das eine soziale Ungerechtigkeit
hervorruft.

Und nun zu Karl Marx, der – wie zuvor Proudhon – das Eigentum als ein zentrales Instrument der Unterdrückung und Ausbeutung im Kapitalismus betrachtet. Er unterscheidet zwischen persönlichem Eigentum (z. B. Gegenstände des täglichen Gebrauchs) und Produktionsmitteln (Fabriken, Land, Maschinen). Das Privateigentum an Produktionsmitteln ist für Marx die Grundlage der Klassenherrschaft, das es der Bourgeoisie erlaubt, das Proletariat auszubeuten. Marx betrachtet das Privateigentum nicht als Naturrecht, sondern als historisches Produkt, das durch soziale und ökonomische Machtverhältnisse bestimmt wird. In einer kommenden kommunistischen Gesellschaft soll das Privateigentum an Produktionsmitteln abgeschafft und durch gemeinsames Eigentum ersetzt werden. Ziel ist eine klassenlose Gesellschaft, in der Produktionsmittel allen gehören und niemand mehr die Arbeitskraft anderer ausbeutet. Marx resümiert: „Die Theorie der Kommunisten lässt sich in einem einzigen Satz zusammenfassen: Aufhebung des Privateigentums." Eigentum (an Produktionsmitteln) ist ein Instrument der Klassenherrschaft und muss überwunden werden.

Wir halten fest: Von Eigentum kann nur dann gesprochen werden, wenn es vom Staat vorgegebene Regeln gibt, die eingehalten werden. Unter das private Recht fallen drei Formen des Eigentums: das Alleineigentum, das Miteigentum und das Gesamthandeigentum, wobei dies den Teil des Rechts betrifft, der die Beziehungen der Bürgerinnen und Bürger untereinander regelt. Wenn das Eigentum sowohl unter Privatrecht wie auch öffentliches Recht fällt, unterscheidet man drei Arten: Privateigentum, Gemeinschaftseigentum und Kollektiveigentum. Der Begriff Eigentum selbst bezeichnet das rechtliche Verhältnis einer Person zu einer beweglichen oder unbeweglichen Sache. Das Eigentumsrecht verleiht dem Eigentümer umfassende

Befugnisse über die Sache und gestattet ihm, nach eigenem Ermessen darüber zu verfügen.

Gemäß Artikel 14 des Grundgesetzes wird Eigentum durch die Grundrechte geschützt. Jedoch ist der Umgang mit Eigentum an gesetzliche Vorgaben gebunden. Diese verpflichten den Eigentümer, bei der Nutzung seines Eigentums die Rechte Dritter zu wahren und sicherzustellen, dass weder fremdes Eigentum beschädigt noch andere Personen verletzt werden. Wenn nun Zusatzartikel garantieren würden, dass Eigentum stets mit Arbeit verbunden sein muss und Produktionsgüter unter die Rubrik Gemeinschaftseigentum fallen, würde Eigentum eine andere Gewichtung erhalten und beitragen für eine gerechtere Welt.

Eine sogenannte Letztbegründung des Eigentums lässt sich schwerlich konstruieren. Aristoteles kommt mit seiner Annahme der Realität ziemlich nahe, dass es sich um einen geschichtlichen Prozess handelte, der entstand durch eine Verdichtung der Bevölkerung. Sowohl er als auch Platon waren für Eigentum, jedoch nur mit einer strikten Reglementierung der Eigentumsrechte, was in der hochkapitalistischen Ära noch mehr von Nöten wäre.

Man darf aber nicht übersehen, dass die Aneignung von Gegenständen ein Grundbedürfnis darstellt. In gewisser Weise ist das Leben eine lange Kette von Aneignung und Loslassen – wobei der pathologisch gewordene Drang zur Entsorgung innerhalb der Wegwerfgesellschaft eigens untersucht werden müsste. Aber es muss unterschieden werden zwischen einem existentiellen Besitzen und warenfetischistischen Exzessen in einer kapitalistisch toll gewordenen Welt. Eigentum hat den Nachteil, dass durch das Gesetz per se alle anderen ausgeschlossen sind. Der Eigentümer bestimmt über den Zweck und

Nutzen des jeweiligen Gegenstandes etc. Besitz hingegen implementiert die Verwendung, den Nutzen – und nur dieser macht im Grunde Sinn. Besitz ist auch nur temporär. Es gibt kein Gesetz, das Besitztum permanent jemandem gehört. Sobald übermäßiges Eigentum angesammelt wird, entsteht ein unmoralischer Akt, durch den eine Hierarchie sich bildet und somit auch Ungleichheit. Die Differenz zwischen Eigentum und Besitz ist nicht nur die gleiche, sondern durchaus dieselbe, wie bei der Trennung von Ware und Gegenstand. Dass ein Gegenstand zur Ware wird, unterliegt – wie wir später sehen werden – einem Abstraktionsprozess, durch den jegliche Anschaulichkeit, Qualitäten des jeweiligen Gegenstandes aufgehoben werden –... zurück bleibt ein von der Empirie völlig losgelöster Gegenstand, solange der Tauschakt vollzogen wird. Beim Eigentum geschieht exakt dasselbe. Nur das Recht bleibt auf dem jeweiligen Gegenstand, sei es ein Flugzeug, ein Grundstück – jeder kann es nutzen, dem dieses Recht zugesprochen wird. Der Eigentümer kann Tausende von Kilometer entfernt sein und für die Sache, die ihm unterliegt, Nutz- und Zweckrechte aussprechen und auch jederzeit wieder zurücknehmen. Wenn diese Analogie zwischen Waren- und Eigentumscharakter zutrifft, lässt sich auch exakt der Zeitpunkt und -ort eruieren: Eigentum in unserem heutigen Sinne entstand zusammen mit der Einführung des Geldes im siebten vorchristlichen Jahrhundert in Ionien. Näheres siehe das Kapitel über Alfred Sohn-Rethel.

Gesellschaft und Geist

Dass Marx bekanntlich den erkenntnistheoretischen Spieß radikal umdrehte, hat, philosophisch betrachtet, gewisse Ambivalenzen. Wenn gelten soll, dass nicht das Bewusstsein Sein bestimmt, so wie das die kritisch idealistische Philosophie behauptet, sondern umgekehrt Sein das Bewusstsein bestimmt, wobei Marx das Sein als gesellschaftliches wie auch ökonomisch bestimmtes Sein verstand, müssen die Nachteile dieser materialistischen Sichtweise aufgezeigt werden. Für Kompagnon Engels war die Frage nach dem Verhältnis von Denken und Sein die Grundfrage der Philosophie überhaupt. Schon Fichte hat sich diesem Problem gestellt und setzte den kritischen Idealismus eines Kant dem Dogmatismus eines Spinoza gegenüber. Beide Positionen lassen sich seines Erachtens nicht begründen, für welche Philosophie man sich entscheidet, sei Charaktersache. Fichte entschied sich für das Lager des Idealismus, da dieser seiner Ansicht nach Freiheit voraussetzt und verbürgt. Engels hingegen argumentierte, der Materialismus sei die Erklärung der Welt ohne Zuhilfenahme eines ihrer Vorgängigen und Fremden, wobei er auf das Sparsamkeitsprinzip des „Ockhamschen Rasiermessers" setzte. Es muss jedoch bedacht sein, dass es zumindest eine Voraussetzung für diese Annahme geben muss, nämlich ein Bewusstsein, um diese materialistische Behauptung überhaupt aufstellen zu können. Gleicherweise weisen physiologische Untersuchungen den Erkenntnisvorgang als Produkt eines Physischen nach; die materialistische Abhängigkeit des Geistigen von Hirn- und Nervenprozessen darf nicht ignoriert werden. Aber die physiologische Bemühung wiederum unterliegt einem geistigen Prozess, nämlich dem des erkannt Werdens. Es ist eine Frage der Perspektive, mit welcher Erstbegründung man ansetzt. Kommt die Metaphysik ins Spiel, wird die physiologische Seite zum Derivat. Dialektisch bedingen sich beide Momente, da gesellschaftliches Sein getrennt vom Bewusstsein nichts anderes wäre als der fetischistische Schein waltender Faktizität, sowie das Bewusstsein ohne gesellschaftliches Sein nichts anderes wäre als der ebenfalls fetischistische Gegenschein des transzendentalen Subjekts. Die Zusammengehörigkeit beider Korrelate besteht eben genau darin, dass das Bewusstsein vom gesellschaftlichen Sein bestimmt wird, und das gesellschaftliche Sein eben dasjenige ist, das Bewusstsein generiert. Nur in dieser Relation, in diesem ausgewiesenen Verhältnis zueinander, lassen sich beide Momente verstehen.

Und wir haben festgestellt: Dieses gesellschaftliche Sein ist bestimmt von einer durchdringenden Ökonomie, einem gigantischen Warenaustausch und vor allen Dingen, was in dieser Untersuchung am bedeutendsten ist, von dem ambivalenten Verhältnis, welches sich in der Ware zu erkennen gibt. Es ist die seltsame Spannung zwischen Tauschhandlung einerseits sowie Gebrauchshandlung samt Arbeit auf der anderen Seite. Während Letzteres das Verhältnis zwischen Menschen und Natur ausdrückt und sich in allen verschiedenen Arten der materiellen Gebrauchstätigkeiten kundgibt, manifestiert sich in der Tauschhandlung das gesellschaftliche Treiben. Die Tauschhandlung ist deswegen eine Handlung rein gesellschaftlichen Inhalts, weil sie nicht auf eine Modifizierung und Nutzen der Objekte, sondern ausschließlich auf die Besitzübertragung zwischen Eigentümern aus ist. Während des Tauschvorgangs gibt es am jeweiligen Objekt keinen Gebrauch, der physische Status der Ware muss unverändert bleiben. Erst nach dem Kauf erschließt sich für den Käufer der Nutzen – der zwar schon vor Beginn des Tauschs als Motiv vorhanden war, der aber im Tausch selbst keine Rolle spielt. Und genau hier bei dem Tauschvorgang setzt die Abstraktheit ein, die eine zentrale Rolle im Verständnis der Marktverhältnisse spielt. Der physische Status einer Ware ist bestimmt von der Wahrnehmungsrealität. Hier zählen die empirischen Data. Gegenstände sind sinnlich wahrnehmbar. Selbst das digitale Paket ist zumindest sichtbar am Bildschirm. Der Status der Tauschhandlung indes ist bestimmt von einer umfassenden nicht-empirischen Natur und ist daher, losgelöst von aller Empirie, abstrakt. Der physische Vorgang der Tauschhandlung bezieht sich lediglich auf die Anschauungsformen Raum und Zeit, sowie die kategoriale Bestimmung der Bewegung. Hinzu kommen weitere formelle Bestimmungen wie Austauschbarkeit von Waren sowie das Prinzip der Äquivalenz, die wiederum beide ein spezifisch gesellschaftliches Verhältnis ausdrücken.

Wir werden nun mitverfolgen, wie Alfred Sohn-Rethel diese Abstraktionsformen, die den Tauschhandel bestimmen, bestimmt und gleichsetzt mit den aus der kantischen Erkenntnistheorie bekannten Grundformen des Intellekts. Die Idealität des Denkens, so schließt er, in seiner begrifflichen Apriorität ist identisch mit den abstrakten Formen des Tauschakts in seiner raumzeitlichen Realität, die gesellschaftliches Sein ausmacht. Aber, und das ist bahnbrechend und entscheidend: Alle diese, wie er es bezeichnet, Realabstraktionen sind nicht die Resultate des Denkprozesses. Nein, Sohn-Rethel dreht die Sachlage völlig um: das reine formale Denken, dasjenige, was Kant in der Kritik der reinen Vernunft als Bedingung der Möglichkeit aller Erfahrung auszumachen glaubte, ist nichts anderes als das Produkt eines empirischen Gesellschaftsprozesses, entsprungen aus den Gesetzen des Tausches, und damit dem Ursprung nach und in seiner Existenz geschichtlich geworden und gleichwohl den realen Änderungen gesellschaftlichen Wandels unterworfen. Nach Kant war Apriorität als unbedingter Geltungsanspruch vor aller Erfahrung völlig geschichtslos, zeitlos zu verstehen. Der idealistische Ansatz, dass das Bewusstsein mit seinen Formen der Sinnlichkeit und des Verstandes konstitutive Geltung hat bei aller Erfahrung, wird von Alfred Sohn-Rethel widerlegt. Begründet wird diese seine These ausschließlich durch empirisch-materialistische Studien. Er hebt an mit der Behauptung, dass das, was der Philosophie am wichtigsten ist, nämlich Geist, Intellekt, Nous etc. nur ein Fetischbegriff sei. Intellekt ist immer geschichtlich gebunden an Handarbeit. Welche Formen des Intellekts und der Handarbeit auftreten, hängt ab von den gesellschaftlichen Produktionsverhältnissen.

Wenn dem so ist, was sich noch zeigen wird, ist dies ein brillanter Ansatz, die Vernunft über die eigenen Grundlagen aufzuklären. Wo die Vernunft sich am vernünftigsten wähnt, ist sie gesellschaftlich bestimmt. Aber alles der Reihe nach ...

Die Identität von Waren- und Denkform
Die bahnbrechende Theorie von Alfred Sohn-Rethel

„Die Waren werden nicht durch das Geld kommensurabel. Umgekehrt: Weil alle Waren als Werte vergegenständlichte menschliche Arbeit, daher an und für sich kommensurabel sind, können sie ihre Werte gemeinschaftlich in derselben spezifischen Ware messen und diese dadurch in ihr gemeinschaftliches Wertmaß oder Geld verwandeln. Geld als Wertmaß ist notwendige Erscheinungsform des immanenten Wertmaßes der Waren der Arbeitszeit."[15]

Zur Person

Alfred Sohn-Rethel, geboren 1899 in Neuilly-sur-Seine bei Paris, spielte in der Philosophiegeschichte eine bescheidene Au-

---

[15] Karl Marx, Das Kapital, Kritik der politischen Ökonomie, Erster Band, S109, Berlin 1977

ßenseiterrolle. Das lag nicht daran, dass er seit seinem 16. Lebensjahr überzeugter Neomarxist war, sondern an seiner für viele Kollegen schockierenden Entdeckung, dass das Wesen des Geldes identisch sei mit Vernunft, dass diese Vernunft nur zur Vernunft geworden sei durch das Wesen des Geldes. Für diejenigen Philosophen, die Vernunft vergöttlichen, in eine gehobene Sphäre verorten und als das Maß menschlichen Daseins betrachten, stellt Alfred Sohn-Rethels These eine Beleidigung dar, einen Affront gegenüber den Errungenschaften philosophischen Denkens und Eitelkeiten.

Als Sohn-Rethel während seiner Studienzeit in Heidelberg seine intuitiv gewonnene These vortrug, dass das von Kant begründete Transzendentalsubjekt in der Warenform zu finden sei, war die akademische Karriere beendet, bevor sie beginnen konnte. Dabei war Sohn-Rethel, das hat Jochen Hörisch herausgefunden, mit seiner These auf den gedanklichen Spuren Friedrich Nietzsches, der in seiner Genealogie der Moral bereits den psychologischen Hinweis gab, dass Tauschfunktionen und Denken aufs Engste verwandt seien.[16] Sohn-Rethel hat diesen Verdacht Nietzsches, diese unglaubliche Intuition, zu einer Theorie verdichtet, und wenn man seine These ernst nimmt und diese auch wahr wäre, dann ist klar, dass Vernunft weder göttlich noch rein ist, sondern Strukturen aufweist, die in der Warenform zu finden sind. Nicht die Abstraktionskraft des Menschen erzeugte die Warenform, sondern diese Denkleistung konnte sich erst umgekehrt in einer warenproduzierenden und geldvermittelten Gesellschaft entwickeln.

Theodor Wiesengrund Adorno, mit dem Sohn-Rethel in regem Briefverkehr stand, war von dieser Theorie so überzeugt, dass

---

[16] Friedrich Nietzsche, Zur Genealogie der Moral, Kritische Studienausgabe, Band 5. S. 306

er versprach, Sohn-Rethel im Institut für Sozialforschung un-
terzubringen, was jedoch am Widerstand Max Horkheimers
scheiterte. Erst 1972, im Alter von 73 Jahren, nach Rückkehr
aus der Emigration in England, fand Sohn-Rethel endlich die
längst überfällige akademische Anstellung an der Universität
Bremen, wo er mit 50 Jahren Verspätung seine Theorie
schließlich ausbauen konnte. 1976 wurde sein Büchlein „Das
Geld, die bare Münze des Apriori" im Sammelband „Beiträge
zur Kritik des Geldes" publiziert. Seitdem steht unwiderruflich
im Raum: Die Denkformen richten sich nach den Tauschfor-
men, der Geist ist Fetisch und als solcher gesellschaftlich geformt, und somit ist klar, dass das von Kant geforderte transzendentale Apriori der Denkformen als Bedingung der Möglichkeit aller Erfahrung einem geschichtlichen Wandel unterworfen
sein muss, was schließlich bedeutet: Ohne Geld kein abstra-
hierendes Denken.

Die Transformation von der Realabstraktion zur Denkabstraktion

Als geschulter historisch-materialistischer Neomarxist findet
Sohn-Rethel nachweisbare empirische Indizien und Belege, die
seine These plausibel stützen und die es vor allem schwierig
machen, der These zu widersprechen. Ausgangspunkt ist, dass
die materielle Realität, insbesondere die ökonomischen und
gesellschaftlichen Verhältnisse, die Grundlage für alle ideellen
Prozesse und gesellschaftlichen Entwicklungen bildet. Hierfür
greift er auf erkenntnistheoretische als auch auf gesellschafts-
theoretische Argumente zurück. Alles, was existiert, ist auf materielle Prozesse zurückzuführen. Das heißt, die Realität besteht unabhängig vom denkenden Subjekt, und unser Be-

wusstsein und unser Denken spiegeln die materielle Welt wider. Empiristisch betrachtet basiert unser Wissen auf Sinneserfahrungen, die wiederum auf materielle Reize zurückgehen. Jede Form des Wissens über die Welt setzt voraus, dass es eine Welt gibt, die von uns unabhängig ist, und diese Welt ist die materielle Welt. Auch naturwissenschaftlich wird diese Position bestätigt, insbesondere Physik, Chemie und Biologie liefern beständige und überprüfbare Erkenntnisse über die materielle Struktur der Welt. Sie liefern Erklärungen, die Phänomene wie Bewusstsein, Gesellschaft und Geschichte auf materielle Prozesse reduzieren können, wie etwa die Evolution oder die Gesetze der Physik. So ist klar, dass idealistische Positionen, die behaupten, dass das Bewusstsein oder die Ideen die Grundlage der Realität bilden, abgelehnt werden. Vielmehr ist das Bewusstsein ein Produkt der Materie (des Gehirns), und Ideen, Ideologien, kulturelle Phänomene, kurzum alles Geistige ist durch materielle Bedingungen beeinflusst.

Seine Untersuchung beginnt Sohn-Rethel wie bei Marx mit der Analyse der Warenform. Ihr allein kommt im Tauschhandel das Merkmal zu, Real-Abstraktion zu sein. Indem Waren getauscht werden, wird alles zugleich gleichgesetzt, werden alle materiellen Unterschiede negiert und im Preisvergleich aufgehoben. Das Prinzip Ware ist die allumfassende Identifikation von allem mit allem. Und diese Real-Abstraktion, die im Äquivalententausch mittels des Geldes durchgeführt wird, soll nicht nur identisch sein mit der Denk-Abstraktion, sie soll ihr vorausgehen! Wie geht nun diese Transformation von der Waren- zur Denkform vonstatten?

Die formale Struktur des Warentauschs ist für Sohn-Rethel eine „zweite Natur". Sie ist eine rein gesellschaftliche, abstrakte und funktionale Realität, die durch die Entsagung von allen „Betätigungsweisen des materiellen Stoffwechsels zwischen Mensch und Natur" vonstatten geht. Durch die Einführung des Geldes, dieser Errungenschaft mit ihren spezifischen Äquivalenzeigenschaften, hat sich der Mensch von der Tierwelt losgelöst. Im Gegensatz hierzu steht die primäre Natur, die der Mensch – zumindest graduell – mit dem Tier teilt. In der „zweiten Natur" tritt hingegen das spezifisch Menschliche zum Vorschein. Geld und Warenform verändern radikal die Welt. Das Absurde der Annahme der „zweiten Natur" ist, dass die handelnden Subjekte aus privaten Motiven handeln, dabei aber völlig blind sind für den gesellschaftlich verbindlichen Austausch. Sie wissen nicht, was sie tun. Bei diesem Austausch wird das Bewusstsein affiziert von den abstrahierenden Tauschakten, bei der (und durch die) alle Empirie ausgeschaltet wird, und auf diesem Wege konstituiert sich die Gesellschaft, jedoch ohne sich dessen bewusst zu sein. Es ist in gewisser Weise die List dieser Identifikation von Warenform und Denkform, dass die Abstraktion zwar von allen handelnden Personen durchgeführt, aber nicht durchschaut wird als das, was sie ist: nämlich die Real-Abstraktion, die das abstrakte Denken erzeugt und bestimmt.

Die „zweite Natur" umfasst eine raumzeitlich-gesellschaftlich-synthetische Realität wie auch die ideale Form eines augmentierten Erkenntnisvermögens durch abstrakte Begriffe. Und diese ideelle Manifestation stammt von der Real-Abstraktion ab, wobei eine klar erkennbare Form-Identität besteht.

Die Transformation von der Real- zur Denkabstraktion als Phänomen nachzuvollziehen, ist mit gewissen Schwierigkeiten verbunden. Wie geht die Verwandlung von sich?

Die Realabstraktion entsteht, so viel wissen wir schon, in der Interaktion zwischen zwei Warenbesitzern und zwar und nur dann, wenn ein Austauschakt vonstatten geht. Dieser zwischenmenschliche Akt kann niemals auf nur ein Individuum zurückgeführt werden, stets ist das Aktionsverhältnis von zwei Subjekten Voraussetzung für die Entstehung der Real-Abstraktion. Der Tauschakt zwingt die Warenbesitzer dazu, ihre konkreten Waren in einer abstrakten Form zu betrachten – als bloße Tauschwerte, unabhängig von ihren materiellen Eigenschaften. Diese Abstraktion ist nicht entstanden aus einer bewussten Denkhandlung, sondern ergibt sich real aus der ökonomischen Praxis: Man handelt, als ob alle Waren auf eine gemeinsame Wertdimension reduziert werden könnten, ohne dass dies explizit reflektiert wird. Damit eine allgemeinverbindliche Subjekt-Objekt-Beziehung aufgebaut werden kann, um sich mit den im Handel stattfindenden Abstraktionsvorgang identifizieren zu können, muss das Medium Geld ins Spiel kommen."[17] Denn erst das Geld macht die Realabstraktion des Warentauschs vollständig und liefert damit die Grundlage für die sich entwickelnde Denkabstraktion. Das Geld ist also die zentrale Vermittlungsinstanz zwischen der unbewussten, aber realen ökonomischen Abstraktion und der bewussten, reflektierten Abstraktion im Denken. Ohne Geld gäbe es keine systematische Denkabstraktion, weil es die Voraussetzung für die Entstehung abstrakter, von der sinnlichen Welt losgelöster Begriffe schafft. Im einfachen Warentausch gibt es bereits eine abstrakte Gleichsetzung unterschiedlicher Waren. Doch erst das Geld schafft eine allgemeine und universelle Form der Abstraktion, die unabhängig von den konkreten Waren selbst existiert. Geld ist somit die objektive Darstellung des Tauschwerts, die alle individuellen Gebrauchswerte negiert und eine reine, von jeder Sinnlichkeit befreite Wertform darstellt. Eine Münze

---

[17] Siohn-Rethel, Das Geld, die bare Münze des Apriori, S. 37

oder ein Geldschein kann überall und jederzeit als Wertmaßstab verwendet werden, unabhängig von den konkreten Bedingungen der Produktion oder der physischen Eigenschaften der Waren. Diese strukturelle Eigenschaft des Geldes spiegelt sich später in der abstrakten Logik und den reinen Denkformen der Philosophie und Mathematik wider, wie wir sehen werden. Wenn nun real vorhandene Aktionen versehen mit einem Geldtausch von einem singulären Bewusstsein ausgeführt werden, schlägt sich diese Abstraktion, da sie durch das Geld eine universelle Form erhält, samt ihren Mustern im Denken nieder. Der zentrale Übergang geschieht, wenn die durch den Warentausch geschaffene Abstraktion bewusst reflektiert und in das Denken übernommen wird. Eine im Raum real stattfindende Abstraktion wird zu einer Denk-Kategorie! Somit ist für Sohn-Rethel klar: Ein singuläres, abstraktionsfähig gewordenes Bewusstsein steht in einem klaren Abhängigkeitsverhältnis zu den abstrakten Vorgängen des mit Geld durchgeführten Tauschgeschäftes und übernimmt dessen Formen, überträgt sie ins Denken. Es ist ein Sprung vom Handeln zum Denken. Von einer ontischen zur erkenntnistheoretischen Kategorie des Bewusstseins. Und es ist ein geführter Beweis a posteriori aus der Erfahrung, mit der der kantische Begriff des a priori zunichte gemacht wird. Denken wird zum Abbild der gesellschaftlichen Produktionsverhältnisse, dargestellt als ein historischer Prozess, in dem eine ökonomische Praxis schrittweise in die Strukturen des Denkens übergeht.

Mit diesem Schritt tritt die Gesellschaft in einen Geist ein, durch den die Natur in den Fokus der abstrakten Begriffe gerückt ist. Durch das Münzgeld werden Warenäquivalenz und Tauschmittel völlig losgelöst von den empirischen Eigenschaften der Waren erkannt. War vor dem Abstraktionsschub noch eine Reaktion zwischen den Tauschenden feststellbar, ist es nun das

Verhältnis der einzelnen Tauschenden zum Geld – entweder das, das ausgegeben wird, oder dasjenige, das eingenommen wird. Somit erfüllt Geld komplett die gesellschaftlich-synthetische Funktion des Austauschs. Die gewonnene Selbstständigkeit des abstraktionsfähigen Subjekts, das nunmehr begrifflich tätig ist, hat den Anschluss an sein vorheriges naturhaftes Dasein aufgegeben. Natur, selbst die eigene, ist ihm abhandengekommen. Alle Gewohnheiten und Merkmale der Natur sind verloren gegangen, stattdessen hat eine Entfremdung stattgefunden, die nicht mehr rückgängig gemacht werden kann. Wie könnte man treffender die Ausbeutungsmentalität des Menschen beschreiben? Und die Abstraktionskraft des Denkens kann nicht mehr als ein unabhängiges geistiges Produkt verstanden werden, sondern ist nach Sohn-Rethel nichts anderes als ein historisch-kontingentes Produkt aus der ökonomischen Praxis.

Erklärung des Intellekts

Die Konsequenzen, die Sohn-Rethel zieht, sind beachtlich. Da der Verstand mit seinen Abstraktionsfähigkeiten aus der Real-Abstraktion stammt, ist alle geistige Abstraktion nichts anderes als ein Abbild der ökonomischen Verhältnisse. Insofern bezeichnet Sohn-Rethel konsequenterweise den Intellekt als einen Fetischbegriff für geistige Tätigkeiten, unterschieden von der Handarbeit. Jede intellektuelle Tätigkeit hängt ab vom Entwicklungsstand der Produktivkräfte und den damit verbundenen Formen der Arbeitsprozesse sowie den gesellschaftlichen Produktionsverhältnissen. Intellekt ist demnach ein mit ökonomischen Gesellschaftsformen verknüpftes und aus diesen exakt ableitbares Phänomen einer begrifflichen Denk- und Erkenntnisweise. Begriffliche Denkarbeit wandelt sich analog zu den progressiven Epochen der ökonomischen Gesellschaftsformationen. Allerdings gibt es einen gemeinsamen Grundbestand an begrifflicher Denkform, wodurch ein 2500 Jahre zurückreichender Diskussionszusammenhang besteht. Diese unveränderliche geistige Formgemeinschaft hat ein formelles Korrelat im ökonomischen Bereich. Hierzu paraphrasiert Sohn-Rethel aus Marxens Hauptwerk: „Kapital bewahrt seine Jungfräulichkeit, weil die Gesetze des Tauschs eingehalten werden. Die Aneignungsweise kann sich ändern, aber ohne den Charakter der Warenproduktion etwas anzuhaben." Dadurch dass die Arbeitskraft selbst zur Ware wurde, verallgemeinert sich die Warenproduktion und wird typische Produktionsform. Jedes Produkt wird von vornherein als Ware verkauft – die Warenproduktion zwingt sich der gesamten Gesellschaft auf. Dies ist eine Formkonstante, die dem Fetischcharakter der Ware und dem Verdinglichungsmechanismus des Austauschs eigentümlich ist. Es ist der Keim der Geldform und zugleich Gesetzgebung des Warenaustauschs. Die Elementarform der Ware ist demnach die Wurzel der Elementarform des Intellekts, somit die bare Münze des reinen Verstandes. Der reine Verstand wiederum ist – in der anonymen Weise der Entfremdung – die gesellschaftliche Form von Denken als die der Warenproduktion gemäßen Denkform.

Natürlich war diese Neu-Interpretation der Erkenntnistheorie gegen Kant gerichtet, der gegenteilig postulierte, dass die Formen des Denkens a priori gegeben sind und allen Erfahrungen vorausgehen und diese überhaupt erst ermöglichen. Diese Strukturen, wie Raum, Zeit und Kategorientafel des Verstandes, sind unabhängig von der konkreten Erfahrung und strukturieren unser Bewusstsein von der Welt. Sohn-Rethel behauptet nun gegenteilig, dass die Abstraktionsprozesse, die im Warentausch stattfinden, funktional Kants transzendentalem

Apriori entsprechen: Die im Warentausch stattfindende Real-Abstraktion und nicht die Formen des transzendentalen Subjekts strukturieren die Wahrnehmung und das Denken. Denn die Abstraktionen, die aus dem ökonomischen Bereich hervorgehen und für diese notwendig sind, werden zu allgemeinen Denkformen, die (wie Kants Transzendental-Subjekt) das Bewusstsein formen. Die abstrakten Denkformen, die Kant als transzendental und unabhängig von der Erfahrung beschreibt, sind laut Sohn-Rethel in Wirklichkeit das Ergebnis konkreter gesellschaftlicher und ökonomischer Prozesse. Die Warenform und die damit verbundene Abstraktion sind somit die eigentliche Basis dessen, was Kant als transzendentales Apriori verstanden hat. Sohn-Rethel begründet die Identität von Warenform und transzendentalem Apriori, indem er zeigt, dass die abstrakten Denkstrukturen, die unser Verständnis der Welt prägen, in den realen Abstraktionsprozessen der ökonomischen Praxis verankert sind. Diese Denkformen sind nicht zeitlos oder naturgegeben, sondern entstehen historisch durch die gesellschaftliche Praxis des Warentauschs und des Gebrauchs von Geld. Damit wird die Annahme hinterfragt, dass das transzendentale Apriori eine vom sozialen Kontext unabhängige Struktur des Denkens darstellt, stattdessen wird die gesellschaftliche Konstitution dieser Denkweisen betont. Das bedeutet, dass nicht, wie der deutsche Idealismus proklamierte, das transzendentale Ich mit seinen Formen die Außenwelt maßgeblich bestimmt, sondern im Gegenteil die Warenform den Denkformen zugrunde liegt, und somit das gesellschaftliche Sein das Bewusstsein prägt. Sohn Rethel setzt also die identische Einheit des Geldes mit der Einheit des Selbstbewusstseins, dann die synthetische Funktion des Geldes der Tauschgesellschaft mit der ursprünglich synthetischen Einheit der Apperzeption und weiterhin das Kapital mit der Vernunft gleich.

Aus dieser Analogie der kapitalistischen Verdinglichung konstruiert Sohn-Rethel die Erkenntnistheorie Kants historisch-materialistisch nach. So wie der kritische Idealismus seine Priorität vor dem Sein behauptet und seine unbedingte Transzendentalität einfordert, so weist Sohn-Rethel die sozio-genetische Herkunft allen abstrakten Denkens nach.

Geld

Verursacht wurde diese Realabstraktion, so Sohn-Rethel, durch die Einführung des Münzgeldes im siebten vorchristlichen Jahrhundert in Ionien. Seitdem fungiert Geld im ökonomischen Kontext als universelles Äquivalent, das die Vielfalt der konkreten Gebrauchswerte in einen allgemeinen Tauschwert überführt. Geld hat die wundersame Eigenschaft, alles gleich zu machen, so unterschiedlich die Dinge auch anmuten. Ein Auto, ein Kühlschrank, ein Halsdiadem – unterschiedlicher können Dinge nicht sein, die Macht des Geldes macht alles gleich im Äquivalententausch, um nicht zu sagen im Äquivalentenrausch. Geld verfügt vorwiegend über drei Eigenschaften: es ist vorrangig Tauschwert (damit auch Zahlungsmittel), zugleich Recheneinheit (oder Wertmesser) und obendrein ein Wertaufbewahrungsmittel wie auch Wertübertragungsmittel. Ungeachtet dieser Eigenschaften ist Geld aber vor allem ein „transzendentes" Medium, das über den einfachen Austausch von Waren hinausgeht und das Denken der Menschen fundamental prägt. Seine Doppeldeutigkeit besteht darin, zum einen eine unmittelbare Form eines sozialen und ökonomischen Wekzeugs zu sein, zum anderen eine sehr enge Bindung an Macht, Wert, Vertrauen zu generieren durch seine unmittelbare Verfügung mit der menschlichen Natur und seiner Denkmuster.

Geld hat per se keinen intrinsischen Wert – es erhält seinen Wert durch eine stillschweigende kollektive Übereinkunft und das Vertrauen der Gesellschaft. Geld existiert und funktioniert nur, weil Menschen fest daran glauben. In diesem Sinne ist Geld eine Manifestation kollektiver menschlicher Gedanken und Glaubenssysteme. Es spielt dabei auch keine Rolle, in welcher Form Geld verwendet wird. Ob Gold-, Silber- oder Kupfermünzen, bedrucktes Papier oder Schecks – es zählt lediglich der Wert, der an dem Glauben hängt. Die Art und Weise des Erscheinens von Geld hat lediglich symbolischen Charakter. Geld hat im Zuge der Digitalisierung und der wachsenden Finanzmärkte schon längst seine materielle Basis verloren und in Folge der wachsenden Digitalisierung wird es zunehmend zu einer unkontrollierbaren Größe, sei es Buchgeld, digitales Geld auf Karten oder Kryptowährung. Auch die Einführung von Derivaten und Swaps zeigt, wie universal einsetzbar Geld sein kann. Spitzfindige Finanzjongleure treiben die Abstraktionskraft des Geldes in eine noch nie dagewesene Meta-Ebene. Wie weit der Einfluss des Geldes in seinen unzähligen und stets wachsenden Formen reicht, zeigt das Verhalten der westlichen kapitalistischen Zivilisation: für viele Menschen dient Geld als Projektion von Wünschen, Begierden und Bestrebungen. Es steht für das, was Menschen in der Welt manifestieren möchten – sei es Macht, Sicherheit, Freiheit oder Erfüllung. Im Grunde hat sich der Glaube an Gott und die damit verbundenen Erfüllungsträume auf das Geld verlagert. Nicht umsonst haftet vielen Begriffen, die sich um das „Geld als das Geltende schlechthin" (Georg Simmel) bilden, eine theologische Bedeutung an: Beispielsweise der Begriff „Schuld" hat sowohl eine theologische als auch eine finanzielle Bedeutung. Im theologischen Sinne bezieht sich „Schuld" auf Sünde oder Verfehlung gegenüber Gott. Im Pater noster-Gebet heißt es: „Und vergib

uns unsere Schuld, wie auch wir vergeben unseren Schuldi-
gern." In der Finanzwelt bedeutet „Schuld" eine Verpflichtung,
etwas zurückzuzahlen. Die doppelte Bedeutung zeigt, dass sowohl im religiösen Kontext als auch im wirtschaftlichen Kontext
eine Rückzahlung oder Wiedergutmachung erwartet wird. In
der Theologie gibt es das Konzept der „Sühn", welches die
Wiedergutmachung für Sünden oder Schuld bezeichnet. In
wirtschaftlicher Hinsicht spricht man von „Schuldentilgung",
wenn finanzielle Verbindlichkeiten zurückgezahlt werden. Auch
diese Parallele zeigt eine bestehende Verbindung zwischen
theologischen und ökonomischen Vorstellungen von Wiedergutmachung und Verantwortung. Dabei stellten sich die abra-
hamitischen Religionen gezielt gegen das Geld, obgleich die
Kirchen in ökonomischer Hinsicht schon stets ein mehr als ent-
spanntes Verhältnis dazu pflegen. In der Bibel, in Worten Jesu,
wird Mammon als Synonym für Reichtum oder Geld in einem
negativen Sinne verwendet. In Matthäus 6:24 heißt es: „Niemand kann zwei Herren dienen: Entweder er wird den einen
hassen und den anderen lieben, oder er wird dem einen an-
hängen und den anderen verachten. Ihr könnt nicht Gott dienen und dem Mammon." Hier wird das Streben nach Geld als
etwas betrachtet, das Menschen von Gott wegführt. Beide –
sowohl Gott als Geld – haben die Eigenschaft der All-Macht an
sich, geboren aus einer Abstraktionskraft, die das Größte denken mag und alles andere dabei negiert.

Implikationen des Tausch- und Geldverkehrs

Genau das Prinzip der durch das Geld entstehenden Real-Abstraktion bildet die Grundlage für die Entstehung abstrakter,
universeller Denkformen. So sind auch die Abstraktionsleistun-

154

gen, die sich in der formalen Logik und Mathematik nieder-schlagen, Ausdruck der Warenform. Um das alles zu veran-schaulichen, zeigt Sohn-Rethel auf, wie sich in der Geschichte, insbesondere im antiken Griechenland, mit der Ausbreitung des Münzgeldes auch neue Denkweisen entwickelten. Diese historischen Prozesse illustrieren, wie die ökonomische Basis die Entwicklung der Philosophie und Wissenschaft beeinflusst hat.

Doch zuvor könnte man fragen, wie die denkerischen Leistun-gen vor der Einführung des Münzgeldes und der damit ver-bundenen Transformation der Waren- in die Denkform waren? Denn auch bereits vor der großen kognitiven Revolution gab es herausragende Beispiele menschlicher Hoch- wenn nicht so-gar Höchstleistungen. Für den Bau der Pyramiden, der in der Mitte des dritten Jahrtausends vor unserer Zeitrechnung be-gann, muss eine große denkerische Kraft am Werk gewesen sein. Unglaublich waren die logistischen Leistungen. Alleine die schweren Steinblöcke Hunderte von Kilometer an die Baustelle zu transportieren, ist imponierend. Insgesamt wurden in Ägyp-ten an die 80 Pyramiden errichtet. Die Cheops-Pyramide war ursprünglich an die 146 Meter hoch und hatte bei einem Aus-maß von 230 x 230 Metern eine Grundfläche von insgesamt 5290 Quadratmetern. Es ist bis heute ungeklärt, wie die vielen Millionen Steine transportiert, vor allem wie sie millimeterge-nau geschliffen wurden. Beim Bau wurden akribisch die Winkel gesetzt – selbst mit digitalen Messgeräten hätte man nicht sorgfältiger arbeiten können. Kurzum, ein überwältigendes Zeugnis menschlicher Intelligenz. Das gesteht Sohn-Rethel na-türlich ohne Zögern ein und sieht darin keinen Widerspruch zu seiner These, denn diese Leistungen, so groß sie auch einzu-schätzen sind, waren nicht gesellschaftlichen Ursprungs. Was dem Bau der Pyramiden zugrunde lag, war vielmehr die Leistung und das Können von Individuen, also einer Gruppe von Experten, die über dieses Wissen verfügten, indem sie sich an den mathematischen Kenntnissen der Vorfahren orientierten, diese verbesserten und verfeinerten. Die große Masse der am Bau beteiligten Menschen waren in dieses Wissen nicht eingeweiht und folgten lediglich den Anweisungen der Vorsteher. Eine allgemeine Grundeinsicht in abstrakte Vorgänge war vor dem Warentausch in Äquivalentenform nicht gegeben. Das ist erst geschehen durch den Warentausch selbst.

Viel interessanter und für den Fortschritt entscheidender waren die Folgen des Transformationsprozesses in Philosophie und Naturwissenschaften, da klar ist, dass sich die Abstraktionsfähigkeit nicht allein auf den Warentausch beschränken lässt.

Parmenides' Begriff des Seins

Beginnen wir mit der Philosophie. Der Vorsokratiker Parmenides aus den süditalienischem Elea (ca. 529 bis ca 460 vor unserer Zeitrechnung) fand mit dem ontologischen Begriff des Seins ein adäquates Äquivalent zur Realabstraktion, der sich radikal von den Ansätzen seiner Vorgänger unterschied. In seinem Hauptwerk, dem Gedicht „Über die Natur", stellt er zwei Wege des Denkens gegenüber: den Weg der Wahrheit (als den Weg des Seins) und den Weg der Meinung (der Weg des Werdens und Vergehens). Der Weg der Wahrheit ist der Weg des Denkens, und mit dieser Idee beschreibt er eine von den Sinnen unabhängige, reine Form der Wahrheit. Er ist somit der erste, der erkennt, dass bei jeder Aussage, die wir treffen, bei jedem Urteil, das wir fällen, stets die Kopula „ist" vermittelt ist, die das Subjekt und das Prädikat eines Satzes verknüpft. Auf diesem Weg wird Parmenides auf den Begriff des Seins aufmerksam und er folgert: Der Gegenstand des Denkens kann nur ein Seiendes sein, das wirklich existiert. Sein und Denken stehen sich als Korrelate gegenüber, sind aufeinander angewiesen, das eine ginge ohne das andere nicht. Die zentralen Punkte seiner Definition des Seins sind schnell aufgezählt: Das Sein ist, da es gedacht werden kann, das Nichtsein ist nicht. Wo nichts ist, kann nichts erkannt werden: Nur das Sein existiert, das Nichtsein hingegen ist vollkommen undenkbar und unsagbar. Es ist unmöglich, sich das Nichtsein vorzustellen oder darüber zu sprechen, weil es keinerlei Realität besitzt und somit lässt sich auch kein gültiger Satz formulieren. Das Sein selbst hingegen ist ewig und unveränderlich. Weder entsteht, noch vergeht es. Es ist ungeschaffen, unveränderlich, unteilbar und ewig. Alle Veränderungen, die wir in der Welt wahrnehmen, sind bloße Täuschungen. Das Sein bleibt immer gleich und unveränderlich. Daraus folgt, dass das Sein eins ist und somit identisch mit sich selbst, einheitlich und ohne Unterschiede. Es gibt keine Vielheit oder Trennung im Sein. Alles, was existiert, ist ein einziges Ganzes, ein untrennbares, homogenes Sein. Es gibt auch keine Leere oder Lücken im Sein. Es ist voll, in sich geschlossen und vollständig. Jede Vorstellung von Leere wäre eine Form des Nichtseins, das undenkbar ist. Und das Sein ist zeitlos: Es gibt keinen Anfang, kein Ende, kein Vorher oder Nachher. Die Zeitlichkeit, die wir wahrnehmen, ist nur eine Illusion. Für Parmenides existiert das Sein in einem nunc stans, in einem zeitlosen „Jetzt". Das Sein als ein ewiges, unteilbares, unveränderliches und vollkommenes Ganzes, schließt jegliche Veränderung, Vielheit oder Nichtsein aus. Damit liefert Parmenides eine radikale Abkehr von der Erfahrung der sinnlichen Welt, die er als trügerisch betrachtet. Platon hat in seinen Dialogen „Sophistes" und „Parmenides" aufgezeigt, dass der Begriff des Seins mit seiner vorausgesetzten Statik und Ruhe in sich als ontologisches Prinzip nicht genügt, sondern auch die Dimension der Bewegung in sich aufnehmen muss. Das mit sich Identische reicht nicht, es muss die Bewegung und somit Veränderung hinzugedacht werden. Viele der von Parmenides vertretenen Positionen sind verständlich, wenn man sie als Polemik gegenüber Heraklit versteht, für den die Wahrheit im Werden lag. „Wie könnte das Seiende in der Zukunft sein? Wie könnte es jemals geworden sein? Denn wenn es einmal geworden ist, dann ist es nicht; es ist aber auch nicht, wenn es niemals in Zukunft sein sollte. So ist das Werden ausgelöscht und das Vergehen (der Dinge) abgetan" (Fragment 8)[18]

Wichtig ist hier, dass man den Abstraktionsschub des Parmenides erkennt, der mit seinem Begriff des Seins alles Spezifische, alles Empirische verneint, um zu einem völlig Unbestimmten zu gelangen: einem Sein ohne Eigenschaften, das mit sich identisch ist.[19] Mit diesem Seins-Entwurf hat Parmenides, ohne es zu wissen, einen Begriff entworfen, der der Real-Abstraktion entspricht. Indem er kundgibt, dass das Reale nicht in der Erscheinung liegt, sondern in dem Einen! Entscheidend bei der Einführung des Seins ist, dass dieser Begriff nicht aus dem Mannigfaltigen, aus der Sinnenwelt, abgeleitet wurde, sondern schlichtweg als gegeben vorlag. Parmenides selbst gibt an, dass er über den Weg der Götter den Begriff des einzig Realen empfangen habe. Der Begriff des Seins ist also nicht

---

[18] Wilhelm Capelle, Die Vorsokratiker, S. 167

[19] Für Parmenides war das Denken der einzige Weg, um Wahrheit zu erlangen und das Reale zu erkennen. Sein und Denken sind für ihn identisch. Die strikte Unterscheidung von Sinneserkenntnis, die er entschieden ablehnt, und Verstandeserkenntnis sind philosophiegeschichtlicher Kanon geworden. Ob Spinoza oder Hegel, für beide war das Ganze alles und das Einzelne kontingent, ohne Substanz.

einer Denkleistung entsprungen, sondern ist „Ausgangspunkt eines auf Vernunftschlüsse gegründeten Denkens."[20] Allein die Realabstraktion des Warentauschs mit seiner Eigenschaft des nicht-empirischen Formcharakters muss als Ursprung des abstrakten Denkens angegeben werden. Also nicht aus dem Denken, sondern ausschließlich aus der Handlung des Tausches entspringt der Begriff des Seins. Der Versuch, alles Empirische zu entfernen und einen reinen Begriff zu gewinnen, ist das Ergebnis einer nicht bewusst nachvollzogenen Real-Abstraktion. Gleich wie abstrakt der Geist auch sein mag, die gesellschaftliche Grundlage des Tauschs geht voran. Der Einzug der Begriffe wie Reinheit der Ideen, universelle Gültigkeit oder Zeitlosigkeit mathematischer Gesetze entspricht exakt der Unveränderlichkeit des Wertausdrucks im Geld.

Der Einfluss abstrakten Denkens auf die Naturwissenschaften

Ein Subjekt, ausgestattet mit abstraktem Denkvermögen, zeitigt einen anderen Blick auf Natur. Der Unterschied zwischen abstraktem Geist und manueller Tätigkeit ist gravierend.
Wesentlich für naturwissenschaftliches Arbeiten ist die nicht-empirische Abstraktheit der Tauschhandlung, die sich auf die Physikalität der Tauschwaren bezieht. Sie besteht aus grundlegenden „Naturelementen wie Raum, Zeit, Stoff, Bewegung, Quantität etc., aber zu bloßen reinen Formelementen ausgehöhlt. Die Begriffe, die aus der Identifikation dieser Formelemente resultieren, sind also dem Ursprung nach Naturbegriffe."[21] Dies macht sich bemerkbar, als die von den Griechen

---

[20] Sohn-Rethel, Das Geld, die bare Münze des Prior, S. 37
[21] idem, S. 41

praktizierte ursprüngliche Zweiteilung des Kosmos in eine irdisch sublunare und himmlische translunare Sphäre mit wesensverschiedenen Gesetzen aufgehoben wurde. Obgleich die Kirche im Mittelalter an dieser Ordnung festhielt und zum unwiderruflichen Dogma erklärte, löste die Physik und Astronomie diese Weltordnung in der Moderne ab. Statt der Zweiteilung gab es nur noch das eine offene, sich endlos ausdehnende All, in dem überall die gleichen Gesetze vorherrschen und somit die Welt berechenbar wird. Als Fundamentalgesetz wurde das Trägheitsprinzip der Bewegung eingeführt. Für Isaac Newton war es das erste Gesetz der Bewegung. Mit diesem Schritt wird der empirisch erfahrbare Raum mit dem der Geometrie gleichgesetzt. Dadurch wird jede Bewegung betrachtet als eine Verschiebung von einem Punkt zum nächsten. Was innerhalb der Bewegung mit einem Körper geschieht, ist dabei nicht relevant. Ob ein Körper sich in Ruhestand oder in Bewegung findet, spielt in der Berechnung keine Rolle. In jedem Zustand gibt es keinerlei Modifikationen am Körper, er ist in gewisser Weise indifferent gegenüber den Zuständen. Das physikalische Gesetz, das hier zum Tragen kommt, hat keinen Bezug mehr zur Wahrnehmung. Eine Bewegung im euklidischen Raum ist frei von jeder Wahrnehmung. Das Trägheitsprinzip beschreibt eine idealisierte Abstraktion der Bewegung, bei der die Wechselwirkungen mit der realen Welt wie Reibung oder Widerstände ausgeblendet werden, um so zu einer universalen Regel zu gelangen. Die strukturelle Parallele zu den Abstraktionsprozessen im Warentausch ist klar vorgegeben. Im Kapitalismus sind Waren und ihre Bewegungen auf Märkten vom sozialen Kontext, in dem sie produziert wurden, abgetrennt. Der Wert der Ware wird in abstrakten, quantifizierbaren Begriffen wie Preis und Tauschwert gefasst, unabhängig von den konkreten, physischen oder sozialen Bedingungen ihrer Herstellung wie Arbeitsaufwand, Umweltfaktoren usw..

So wie das Trägheitsgesetz einen Zustand beschreibt, in dem keine äußeren Kräfte auf einen Körper einwirken, beschreibt der Warentausch ebenfalls eine Bewegung von Waren, die idealerweise losgelöst ist von jeglicher Störung oder Beeinflussung durch äußere soziale oder materielle Faktoren. In dieser Hinsicht ist das Trägheitsgesetz eine physikalische Verallgemeinerung eines ökonomischen Prinzips: der Abstraktion von der realen Welt der physischen Widerstände und sozialen Einflüsse. Die Physik des 17. Jahrhunderts, wie sie von Newton entwickelt wurde, entsprach den ökonomischen und sozialen Bedürfnissen des sich herausbildenden Kapitalismus, der auf präzise Berechnungen, Planung und Vorhersagbarkeit angewiesen war. Es war ein Ausdruck dieses Bedürfnisses nach Abstraktion und Formalisierung, da es eine mathematische und universelle Beschreibung von Bewegung bot, die unabhängig von den spezifischen, zufälligen Einflüssen der realen Welt war. Diese Form der Abstraktion war notwendig, um die Natur beherrschbar und vorhersehbar zu machen – ein Ziel, das sowohl in der kapitalistischen Produktion als auch in der modernen Wissenschaft zentral ist.

Ein Fazit aus der Sohn-Rethelschen These

Es gibt unzählige Versuche, die Welt, so wie sie ist, einer Erklärung zuzuführen. Doch keine Theorie kann so plausibel den ernüchternden Ist-Zustand der Welt erhellen, wie die von Sohn-Rethel. Die von ihm skizzierte zweite Natur und die daraus resultierende Warenökonomie und Verstandestätigkeit hat die Welt grundlegend verändert. So weit, dass man ohne Zögern von einer alles beherrschenden Dominanz der zweiten

Natur sprechen muss, zu der, wie wir festgestellt haben, sowohl die Warenökonomie als auch die korrespondierende Verstandestätigkeit dazugezählt werden können. Die Implikationen dieser Herrschaftsform reichen über Philosophie, den Naturwissenschaften bis hin zu jedem Einzelnen im kapitalistischen System. Ein Ausweg ist nicht in Sicht. Denn diese zweite Natur bezeichnet die gesellschaftlich produzierten und verfestigten Strukturen, die für den Menschen zunehmend wie natürliche Gegebenheiten erscheinen, obwohl sie de facto historisch und gesellschaftlich entstanden sind. Und dass es tiefgreifende Auswirkungen der kapitalistischen Gesellschaft auf das Bewusstsein und die menschliche Wahrnehmung gibt, daran besteht kein Zweifel.

Der Kapitalismus zwingt die Menschen, unter Bedingungen zu handeln, die sie selbst geschaffen haben, die ihnen jedoch fremd gegenübertreten und wie eine undurchdringliche Macht wirken. Die zweite Natur äußert sich in der Reifikation sozialer Beziehungen, insbesondere durch das Geld, das als Vermittler zwischen Menschen fungiert und ihre Beziehungen scheinbar objektiviert. Es ist eine Fremdherrschaft wie auch Fremdbestimmung, da diese Strukturen nicht vom Individuum kontrolliert werden können. Die Menschen sind in einem System gefangen, das ihnen Regeln und Zwänge auferlegt, die sie nicht verstehen oder hinterfragen können, weil sie so alltäglich und selbstverständlich erscheinen. Dies führt zu einer Entfremdung, sowohl von der eigenen Tätigkeit als auch von anderen Menschen.

Geld bestimmt als universelle Vermittlungsform die Denk- und Handlungsweisen. Das Denken mit seinen abstrakten Kategorien – das apriorische Denken – geht einher mit der Entwicklung der kapitalistischen Warengesellschaft. Durch den

Tauschhandel und die abstrakte Wertform des Geldes verinnerlichen die Menschen eine Art abstraktes Bewusstsein, das von den konkreten sozialen und menschlichen Zusammenhängen losgelöst ist.

Kapitalismus ist das Produkt der zweiten Natur, die entfremdet und verdinglicht und die Menschen beherrscht, ohne dass sie deren Ursprünge erkennen. Die Fähigkeit zur Abstraktion ist Fluch und Segen zugleich.

Kleiner Exkurs: Gott und Geld

Gott und Geld sind grundsätzlich sehr unterschiedliche Konzepte, da sie aus verschiedenen Bereichen des Lebens stammen. Gott steht für das Transzendente, Spirituelle, Ewige und wird in vielen Religionen als Schöpfer, allmächtiges Wesen oder ultimative Wahrheit verstanden. Geld hingegen ist, wie wir wissen, ein soziales Konstrukt, das materielle Werte symbolisiert und den Tausch von Gütern und Dienstleistungen in einer menschlichen Gesellschaft erleichtert. Trotz dieser Unterschiede gibt es bestimmte Parallelen, wenn man sich ihre Rolle in der menschlichen Psyche und Gesellschaft anschaut:

Daher wäre es gewiss eine Untersuchung wert, in wie weit Gott und Geld in einer engeren Beziehung stehen. Wenn man das Gottesbild der monotheistischen Religionen mit seiner Allwissenheit und Allmacht nimmt, kommt der Verdacht auf, dass dieses Gottesbild wie die Ware aus der Tausch-Abstraktion entstanden sein muss. Fakt ist, dass die ersten monotheistischen Versuche, wie der Atonismus im Ägypten des 13. Jahrhunderts vor unserer Zeitrechnung, noch zu sehr am Konkreten festgemacht worden sind. In diesem Fall war es die anzubetende Sonne. Im Grunde passt der von Friedrich Wilhelm Joseph Schelling eingeführte Terminus Henotheismus besser, da mit ihm die Lossagung gemeint ist vom Polytheismus, was bei der Anbetung des Aton der Fall war.

Wie sah es bei den Israeliten aus? Während der monarchischen Periode waren die Israeliten überwiegend polytheistisch. Der jahwistische Monotheismus scheint sich allmählich in der neubabylonischen Periode entwickelt zu haben und wurde erst in der persischen Periode zur vorherrschenden religiösen Ausdrucksform. Wir reden also von einer Zeitspanne, die sich von ca. 900 bis etwa 600 vor unserer Zeit abspielte. Der Prozess des Übergangs vom Poly- zum Monotheismus spielte sich also ab, als das Geld mit dem verbundenen abstrakten Warentausch eingeführt wurde. Der erste Kampf, der in diesem Prozess ausgefochten wurde, war die Überwindung der israelitischen Vielgötterei. Es entbrannte ein Konflikt zwischen den Anhängern Baals und denen Jahwes im omridischen Israel, als Israel ein unabhängiger Staat war. Ende des achten Jahrhunderts spitzte sich der Konflikt zu, als der Fall Samarias durch die Assyrer theologisch gedeutet wurde durch den Zorn Jahwes, da König Ahas Götzen anbetete. Diese theologische Interpretation des Falls von Samaria wurde im folgenden Jahrhundert zur Quelle der sogenannten Jahwe-allein-Bewegung in Judäa. Die anschließenden Reformen von Hiskia und Josia zum Ziel, die Jahwe-Bewegung zu etablieren, scheiterten. Dies kann nur als ein Hinweis verstanden werden, dass die traditionellen polytheistischen Glaubensvorstellungen zu diesem Zeitpunkt noch eine starke Wirkung hatten.

Das Gottesbild eines völlig abstrakten Wesens, ausgestattet mit omnipotenten und omnipräsenten Kräften, ist also in etwa dem Zeitraum entstanden, in dem das Münzgeld und der abstrakte Warentausch seine Wirkung begann. Auf der einen Seite gibt es fortan den allmächtigen Gott als höchste Instanz, die über das Leben und die Welt herrschen soll. Auf der anderen

Seite gibt es das Geld, das in der weltlichen, materiellen Gesellschaft enormen Einfluss verleiht. Wer ein Übermaß an Geld besitzt, weitet seine Macht aus – über Ressourcen, über andere Menschen und schafft unter Umständen neue politische Strukturen.

An einen Gott wird geglaubt. Für diese Gläubige nimmt Gott einen zentralen Platz in ihrem Leben ein. Viele Menschen richten ihr Leben nach religiösen Prinzipien aus und sehen Gott als das höchste Ziel oder die höchste Bedeutung ihres Daseins. Doch auch Geld hat in unserer modernen Gesellschaft zentrale Bedeutung. Menschen arbeiten, planen und streben danach, mehr Geld zu verdienen, da es ihnen Zugang zu Sicherheit, Luxus und sozialen Status verschafft.

Ebenso beten Gläubige Gott an, verehren ihn, dienen ihm, um spirituellen Frieden, Erlösung oder ein besseres Leben nach dem Tod zu erlangen.

Geld wird auf eine ähnliche Weise verehrt, indem diesem Medium höchste Priorität im Leben eingeräumt. Der Glaube an Geld ist gewaltig, es soll Glück, Erfüllung oder sogar Sicherheit bringen. In diesem Sinne nimmt Geld fast religiöse Züge an. Nicht umsonst nannte Georg Simmel das Geld die letzte absolute Macht.

Gott ist unsichtbar, kein Bildnis gibt es von ihm, aber dennoch ist er allgegenwärtig und allwirkend in der Welt. Die Existenz Gottes wird über den Glauben und nicht über Beweise erfasst. Und das Geld? Obwohl Geld (noch) materiell sich zeigt (Münzen, Scheine), ist seine wirkliche Macht abstrakt, was in einer zunehmend digitalen Welt deutlich zum Ausdruck kommt. Die Wirkung des Geldes offenbart sich in den Lebensumständen und sozialen Hierarchien, obwohl es selbst unsichtbar bleibt, z.B. in Form von Zahlen auf einem Bankkonto. Gleichwohl gibt es gravierende Unterschiede: Gott wird transzendent und überweltlich gedeutet, während Geld rein materiell auf irdische Bedürfnisse fokussiert ist. Dieser Unterschied liegt im jeweiligen Zweck. Gott wird als Quelle spiritueller Erfüllung oder der moralischen Orientierung angesehen, während Geld in erster Linie zum Erwerb von Gütern und Dienstleistungen verwendet wird.

Es wäre bestimmt lohnenswert, eine sorgfältige Analyse der Allianz von Gott und Geld vorzunehmen, für die hier der Platz fehlt. Auf den ersten Blick gibt es ausreichend Gemeinsamkeiten wie Glaube, Macht, Einfluss und vor allem der zentralen Bedeutung im Leben. Und doch scheinen Gott und Geld grundlegend unterschiedliche Konzepte zu sein. Gott repräsentiert das Spirituelle und Ewige, Geld hingegen ist ein Werkzeug der materiellen Welt. Die Parallelen zeigen jedoch, wie mächtig und einflussreich Geld in modernen Gesellschaften geworden ist – fast wie eine säkulare Religion. Doch die größte Gemeinsamkeit liegt in der Tatsache begründet, dass sowohl Gott wie Geld abstrakte Größen sind, die beide die Welt dominieren.

Verwirklichung in der Arbeit und Risiken

Marx war der festen Überzeugung, dass gesellschaftliches Leben viel besser ausfallen könnte. Nämlich dann, wenn sich der Mensch in seiner Arbeit und in dem von ihm geschaffenen Werk verwirklicht – im Grunde sei dies, so seine Überzeugung, die wahre Erfüllung des Menschseins. Die Schaffenskraft und der dahinterstehende Wille ist für den Kapitalismus-Kritiker Marx eine anthropologische Konstante, vor allem und nur dann, wenn die zu verrichtende Arbeit bewusst und aus freiem Willen ohne Ausbeutungszwang erfolgt – und bei seinen grundlegenden Tugenden und dem Gebrauchswert bleibt. Das würde allerdings nur dann realisiert werden, wenn es im Tauschgeschäft keinen fetischisierenden Warencharakter gäbe

und damit nicht den alles Sinnliche negierenden Abstraktions-
drang, den es aber – quod erat demonstrandum – gibt.
Im Künstlerdasein ist das Aussetzen des Warentauschs samt
dessen inhärenten Logik vorübergehend gewährleistet, solange die Voraussetzung gegeben ist, dass Kunst nicht kommerzialisiert wird. Damit wäre kurzfristig Vorschub geleitest vor
den Entfremdungsrisiken und der Fetischisierung des Herge-
stellten. Weder hat der Künstler keinen Bezug mehr zum Produkt seiner Arbeit, noch erlebt er den Prozess seines Schaffens, der durchaus hart ausfallen kann und nicht immer frucht-
bar ausfallen muss, als Frondienst, da die Befriedigung des
Grundbedürfnisses der konkreten Arbeit per se gegeben ist.
Und hiermit entgeht der schaffende Künstler auch der Gefahr,
dass er sich von sich selbst, von seiner Natur, oder sich als
Mensch von anderen Menschen entfremdet. Doch wenn Kunst
nicht monetisiert wird, nicht gewinnbringend aus Verkäufen
schöpft, keinen Markt für sich gewinnt und das Adornsche
„Nicht-Identische" sich prinzipiell der ökonomischen Logik
nicht preisgibt oder besser preisgeben will, gerinnt das kreative
Tätigsein im Maßstab gesellschaftlich normierten Denkens in
ihr zur Muße, wird als bloßer Zeitvertreib disqualifiziert. Das
kapitalistische System duldet nichts außerhalb seiner selbst.
Allein der Kaufwert zählt. Auf alles, worauf der kapitalistisch
gefärbte Geist stößt, wird vereinnahmt, gleichgemacht und somit in den eigenen abstrakten Herrschaftsbereich gezogen.
Das künstlerische Individuum – und nicht nur dieses – ist ge-
nötigt, sich den gesellschaftlichen wie auch den sozio-ökonomischen Imperativen zu beugen und ordnet sich unter, weil es
nur dieses „Ganze" gibt und alles darin dem herrschenden
Geist sich beugen muss. Die einzige Waffe in der Hand des Individuums ist die Kritik an diesem „Ganzen", und mit Kunst
lässt sich eine solche in raren Fällen temporär verwirklichen.

Doch wenn der Lebensunterhalt mit anderen, nicht-künstlerischen Mitteln bestritten werden soll, betritt man den Raum der Arbeit als die heiße Zelle des kapitalistischen Geistes, aus dem es kein Entrinnen gibt.

Und in dieser heißen Zelle spielt Arbeit gleichwohl eine zentrale Rolle. Sie bietet nicht nur finanzielle Sicherheit, sondern kann sogar per Fortuna eine Quelle von Erfüllung und Selbstverwirklichung sein. Daher fragen wir: was bedeutet Verwirklichung in der Arbeit, und welche Risiken sind damit verbunden?

Verwirklichung in der Arbeit erreicht man, wenn man seine individuellen Fähigkeiten, Werte und Leidenschaften in die berufliche Tätigkeit einbringen kann. Dies führt zu mehr Motivation, Zufriedenheit und eventuell, wenn es die wirtschaftliche Lage erlaubt, zu langfristigem Erfolg. Das wiederum führt zu einer tieferen Wertschätzung der Arbeit. Arbeit kann auch als erfüllend empfunden werden, wenn sie einen gesellschaftlichen oder persönlichen Mehrwert schafft. Wenn noch dazu Arbeit selbstbestimmt ausfällt, kontinuierliches Lernen beinhaltet und die kreative Entfaltung fördert, wird ein hoher Grad an Selbstverwirklichung erreicht, was wiederum zu mehr Motivation und Produktivität führt. Das bringt Reduzierung von Stress und fördert das allgemeine Wohlbefinden in der Arbeit. In solch einem entspannten Klima entstehen oft kreative Lösungen und neue Ideen. Noch dazu sind Menschen, die sich verwirklichen, eher bereit, Verantwortung zu übernehmen und sich für ihre Arbeit und die Kollegen einzusetzen.

Aber das ist zu schön und zu selten, um rundum wahr zu sein. Bei diesem wohl geformten und gern erzählten Narrativ kapitalistischer Lebensweise gibt es Risiken, die nicht unterschätzt werden dürfen:

Wer seine Arbeit als Berufung sieht, neigt dazu, übermäßig viel Zeit und Energie zu investieren, was zur gesundheitlichen Schädigung führt und auch im Burnout enden kann. Die Burnout-Quote in Deutschland ist immens. Und beileibe nicht jede Arbeit gestattet eine Selbstverwirklichung. Die perfekte Arbeit ist eine Illusion. Eher ist Dienst nach Vorschrift angesagt. Eventuell kann in kreativen und selbstständigen Berufen die Selbstverwirklichung gefunden werden, doch dort zum Preis des finanziellen Risikos. Wer mehr als 40 Stunden die Woche arbeitet, kappt die persönlichen Beziehungen und opfert seine Freizeit. Wer noch dazu sich mit seiner Arbeit identifiziert, leidet bei Misserfolgen oder wirtschaftlichen Firmenkrisen. Man muss ein gutes Gespür haben für die richtige Balance zwischen Hingabe und Pragmatismus. Doch auch wenn diese Balance vorhanden ist, gibt es zu viele Unwägbarkeiten im Berufsleben, um sowohl beruflichen Erfolg als auch persönliches Wohlbefinden zu gewährleisten. Wer das Privileg hat, seine Stärken und Interessen mit den realen Anforderungen des Arbeitsmarktes zu vereinen, kann eine erfüllende Karriere aufbauen – wenn die wirtschaftliche Lage und der Arbeitgeber es erlauben. Die Risiken sind nicht zu unterschätzen. Die meisten Menschen bleiben auf der Strecke. Wenn man auf Selbstverwirklichung in der Arbeit abzielt, muss nicht nur eine bewusste Auseinandersetzung mit den eigenen Werten, Zielen und Grenzen erfolgen, sondern auch eine kritische Einschätzung der beruflichen Situation und ökonomischen Entwicklung. Eine reflektierte Herangehensweise muss das Eingebunden-Sein in die bestehenden Verhältnisse berücksichtigen.

Gleichwohl leben wir, was unsere Sicherheiten, Schutzvorkehrungen und institutionellen Bindungen angeht, im glitzernden Kristallpalast. Mit dem aufkommenden Sozialismus kam es bereits 1869 zu ersten bestimmenden Regulierungen des Arbeitslebens. Die Einführung der Gewerbeordnung (GewO) regelte die Arbeitszeiten, den Kündigungsschutz sowie die arbeitsfreien Sonntage. Diese Verordnung galt zuerst für den Norddeutschen Bund, wurde aber infolge der Reichsgründung 1872 auch im Königreich Bayern eingeführt.[22] Von 1883 bis 1889 führte Reichskanzler Bismarck die Sozialversicherungen ein. 1883 kam es zur Krankenversicherung für Arbeiter, ein Jahr später folgte die Unfallversicherung bei Arbeitsunfällen, 1889 wurde die Invaliden- und Altersversicherung als frühe Form der Rentenversicherung etabliert. Während der Weimarer Republik kam es zur Einführung des Acht-Stunden-Tages sowie zum Betriebsrätegesetz, durch das die Mitbestimmung der Arbeitnehmer gewährleistet werden sollte. Nach dem zweiten Weltkrieg wurden die bestehenden Regelungen ausgeweitet. So gab es ab 1957 die Dynamische Rentenversicherung, durch die Renten mit den Löhnen gesteigert wurden, 1963 wurde die Lohnfortzahlung im Krankheitsfall eingeführt. In den 70er Jahren kam es zum Bundesurlaubsgesetz, das den Mindesturlaub für Arbeitnehmer festlegte, zehn Jahre später folgre das Mutterschutzgesetz für werdende Mütter, 1994 wurde das Arbeitsschutzgesetz eingeführt, durch das die Sicherheit und der Gesundheitsschutz am Arbeitsplatz gestärkt wurden. Nach den Hartz-Reformen 2003 bis 2005, durch die ein Arbeitslosengeld garantiert wurde, kam es 2015 zur Einführung des gesetzlichen Mindestlohns als Schutz vor Niedriglöhnen und zu gewaltsamer Arbeitsausbeutung. 2020, als das Corona-Virus weltweit wütete, griff die Bundesregierung kurzfristig ein und verabschiedetet das Corona-Kurzarbeitergeld, um durch

---

[22] https://www.gewerkschaftsgeschichte.de/data/Gewerbeordnung.pdf

staatliche Lohnzuschüsse Massenentlassungen entgegenzuwirken.

Der Schutz der Arbeitswelt hat sich über 150 Jahre kontinuierlich verbessert. Es ist eine fortschreitende Ausbreitung des Freiheitsraumes, die die soziale Absicherung und einen bestehenden Arbeitsschutz garantieren sollen. Doch trotz der vielen Fortschritte gibt es in der deutschen Arbeitswelt weiterhin undemokratische, problematische Strukturen, die Arbeitnehmer eindeutig benachteiligen. So gibt es Versuche in Betrieben, die Mitbestimmung der Arbeitnehmer einzuschränken. Ein probates Mittel hierfür ist die Umgehung von Betriebsräten. Manche Unternehmen versuchen bewusst, die Gründung von Betriebsräten zu verhindern oder bestehende Betriebsräte zu schwächen. In Amerika wurde für dieses Phänomen der Unterdrückung von Gewerkschaften, Betriebsräten und Personalräten, also Arbeitnehmervertretungen, der Begriff „Union Busting" eingeführt. Gezielte Diskreditierung und ungerechtfertigte Kündigungen von Arbeitnehmervertretern sowie die Verhinderung von Betriebsratswahlen widersprechen den grundrechtlichen Garantien des geltenden Arbeitsrechts. In kleineren Betrieben fehlen oftmals Arbeitnehmervertretungen, da die Belegschaft zu klein ist. Somit sind die Mitbestimmungsrechte von vornherein eingeschränkt. So gibt es auch weiterhin unsichere Beschäftigungsformen, da viele Unternehmen auf Leiharbeit oder Werkverträge setzen, um reguläre Arbeitsplätze zu umgehen. Mit dieser Methode werden Schutzrechte und Mitbestimmungsrechte der Arbeitnehmer elegant ausgehebelt. Noch dazu verdienen Leiharbeiter oft deutlich weniger als Festangestellte, obwohl sie die gleiche Arbeit leisten.

Ein großes, bekanntes Problem ist die Arbeitszeit und die damit verbundene Überbelastung. Viele Arbeitnehmer leisten unbezahlte Überstunden, besonders in Branchen mit hoher Arbeitsbelastung, z. B. in der Pflege, in der IT, im Einzelhandel, in den Medien. Seit Corona wurde das Homeoffice und die digitale Kommunikation in Deutschland etabliert, wodurch die Grenzen zwischen Arbeit und Freizeit immer mehr verschwimmen, was den Druck und Stress erhöht.

Auch die Mindestlohn-Regelung reicht bei konstant steigenden Mieten und Lebensunterhalt meistens nicht aus, denn trotz des gesetzlichen Mindestlohns gibt es noch viele Branchen, in denen Menschen kaum von ihrem Lohn leben können. Noch dazu verdienen Frauen im Schnitt immer noch weniger als Männer für die gleiche oder gleichwertige Arbeit.

Für dieses geschlechtsspezifische Lohngefälle wurde der Begriff Gender Pay Gap eingeführt.

Die Praxis zeigt, dass unbefristete Stellen oft schwer zu bekommen sind. Besonders junge Menschen, die ins Berufsleben einsteigen, aber auch Wissenschaftler oder Beschäftigte im öffentlichen Dienst sind von Kettenbefristungen betroffen. Noch dazu nutzen viele Arbeitgeber die Möglichkeit, Arbeitsverträge ohne nachvollziehbaren Grund immer wieder zu befristen. Die Befristung eines Arbeitsvertrages, also ohne Vorliegen eines sachlichen Grundes, ist jedoch laut Teilzeit- und Befristungsgesetz (TzBfG, § 14, Absatz 2) bis zur Dauer von zwei Jahren zulässig. Bis zu dieser Gesamtdauer ist die höchstens dreimalige Verlängerung des befristeten Arbeitsvertrages zulässig. Aus diesem Grund laufen die befristeten Verträge nach der gesetzlich vorgeschriebenen Zeit aus. Auch die Rentenversorgung in Deutschland ist geprägt von Ungleichheiten. Die Rentenlücke zwischen Arm und Reich ist enorm. Menschen mit niedrigem Einkommen oder längeren Unterbrechungen im Berufsleben z. B. wegen Kindererziehung, Krankheit oder Auslandsaufenthalt sind im Alter finanziell schlechter abgesichert. Noch dazu haben viele Selbstständige keine verpflichtende Rentenversicherung, was Altersarmut zur Folge hat.

Ein weiterer alarmierender Punkt ist die Diskriminierung am Arbeitsplatz. Benachteiligungen wegen Herkunft, Geschlecht oder Alter sind leider immer wieder an der Tagesordnung. Noch dazu haben Menschen mit Migrationshintergrund, ältere Arbeitnehmer oder Frauen mit Kindern oft schlechtere Karrierechancen. Auch die mangelnde Inklusion von Menschen mit Behinderung ist erkennbar. Viele Unternehmen erfüllen die gesetzliche Pflicht nicht, Menschen mit Behinderung einzustellen.

Als letzten Punkt betrachten wir die Einschränkungen beim Streikrecht. So gibt es ein Verbot des politischen Streiks. Arbeitsrechtlich unterscheidet man zwischen politischem Streik, einem politischen Erzwingungsstreik sowie einem politischen Demonstrationsstreik. In Deutschland sind Streiks nur für tarifliche Ziele erlaubt, politische Streiks wie z. B. für eine bessere Sozialpolitik sind verboten. Ein Grundrecht auf Streik, losgelöst von seiner funktionalen Bezugnahme auf die Tarifautonomie, wird per legem nicht gewährt. In gewissen Branchen kommt es zur Zwangsschlichtung[23], was bedeutet, dass Beschäftigte in systemrelevanten Berufen (z. B. Bahn, Gesundheitswesen) in ihrer tariflichen Streikfreiheit eingeschränkt werden können.

Diese Punkte zeigen, dass es trotz demokratischer Fortschritte und der Einführung und Verfeinerung sozialer Institutionen immer wieder strukturelle Probleme in der Arbeitswelt gibt, die

---

[23] https://de.wikipedia.org/wiki/Zwangsschlichtung: Eine Zwangsschlichtung ist im Arbeitsrecht eine gesetzliche Regelung, nach der Tarifkonflikte nicht durch Arbeitskämpfe, sondern durch eine obligatorische Schlichtung entschieden werden. Eine Zwangsschlichtung schränkt die Tarifautonomie ein.

Arbeitnehmer benachteiligen und den Einfluss von Unternehmen auf Kosten der Beschäftigten stärken.

Lässt sich ein tieferes Verständnis von Arbeit finden?

Arbeit ist eine anthropologische Konstante und der seit dem 19. Jahrhundert fortsetzende Industrialisierungsprozess setzt hierfür die geltenden Maßstäbe. Vor diesem Prozess verband man mit dem Begriff der Arbeit das mühevolle Ankämpfen gegen die Notdurft. Mit Arbeit tritt man in einen Kreislauf ein, ohne Anfang und ohne Ende. Es ist die Wiederkehr des alltäglich Gleichen, indem der Mensch, eingebunden in der Natur, einen Stoffwechsel durch Taten erzeugt, die in den abwechselnden Stadien Arbeiten und Konsumieren den Lebensprozess bestimmen.[24] Diesem Kreislauf der Notdurft wollte die antike griechische und römische Oberschicht entgehen, indem sie sich Sklaven hielt, die für sie die Arbeit verrichteten. Für sie galt: Der Mensch ist nur dann frei, wenn er sich der Notwendigkeit, wozu Arbeit gerechnet wurde, entledigt.

Mit Hegel, Marx und Engels und im Zuge der fortschreitenden Industrialisierung wurde ein modifizierter, erweiterter Begriff von Arbeit gefunden, der sowohl dem Subjekt als auch seinem gesellschaftlichen Eingebundensein gerecht werden sollte. Neben dem gewichtigen Aspekt der Absicherung und der Abdeckung der Bedürfnisse durch Arbeit und dem daraus resultierenden Lohn rückte auch die Bedeutung der ungleichen Relationen zwischen Arbeitgeber und -nehmer in den Vordergrund. Hegel erkannte die Wichtigkeit der Teilhabe des Individuums am wirtschaftlichen Prozess. Doch die Forderung einer Mitwirkung an Entscheidungsfindungen, wie auch die kreative Teil-

---

[24] Diesen Punkt hat Hannah Arendt in ihrem Buch Vita Activa herausgearbeitet.

habe an Innovationen scheitert bis heute an mangelnden demokratischen Strukturen in der Arbeitswelt. Wer zahlt und ins Risiko geht, bestimmt. Auch darf die Tatsache nicht vergessen werden, dass kollektive Mitwirkung zwar die sozialen und politischen Verhältnisse mitgestaltet, doch interaktives Wirken stiftet nicht nur Gemeinschaft, sondern auch Konkurrenz. Dies wird zum Problem, vor allem wenn sich die individuellen Kräfte in negativer Kraft unnötig aufreiben. Zu Hilfe kommt im Arbeitsprozess der Gemeinsinn, dem wir alle, nolens volens, unterliegen. Dieser sensus communis bildet sich von Anbeginn des Lebens heraus. Sei es ganz früh im Kindergarten, in der Schule, an der Universität, im Beruf, überall bildet sich subjektiv aus der gelebten Kultur eine ethische Haltung heraus, die als ein Impuls zu verstehen ist, gesellschaftlich Störendes wie beispielsweise Egoismus wegzulassen. Dieser Schutzschild, das uns vor anderen wie auch vor uns selbst schützt, ist gleichsam eine kulturell erworbene Natur in uns, die ein kollektives Zusammenleben ermöglicht und eine gewisse Stabilität und Sicherheit garantiert. Doch das ist nur der negative Aspekt als die Zurücknahme des eigenen Selbst. Wenn im Umkehrschluss das Mitspracherecht, das Eingebunden-Sein, die Akzeptanz in der Gemeinschaft zu gering ausfallen, leidet das Selbstwertgefühl, beginnt der innere Wert zu bröckeln, kommt ein Entfremdungsprozess in Gange, der sich in der Distanz zum Kollektiv äußert und, noch viel schlimmer, sich gegen das eigene Selbst richtet.

Ganz anders geht es naturgemäß im Prozess des sogenannten Herstellens zu. Denken wir dabei an eine Schaffung eines künstlerischen Objektes, sei es ein Gemälde, ein Lied, ein Vortrag, eine Skulptur, ein Happening, ein Auftritt. Alles, was im Rahmen dieses Herstellungsprozesses geschieht, hat einen konkreten Anfang und ein ebensolch konkretes Ende, ist nur bedingt kollektiven Imperativen ausgesetzt, ist außerhalb der Sphäre des Gemeinsinns, und vor allem geschieht dieser Akt aus freiem Willen und ist, da es ein insgesamt erfüllender, bestätigender Akt ist, sinnstiftend. Doch dies ist ein Balanceakt zwischen kommerziellem Erfolg und Verwirklichung. Sollte die Waage Richtung Erfolglosigkeit ausschlagen, muss der Künstler den Gang in die Arbeitswelt antreten. Denn wie jedes Individuum, das nicht über die entsprechenden Mittel verfügt, muss der Künstler zwischen den kreativen Herstellungsphasen sich den Zwängen und Widersprüchen des Arbeitlebens stellen. Ob akademisch gebildet, geisteswissenschaftlich versiert oder graduiert und trainiert durch eine gezielte Ausbildung – für die konkreten Belange des Berufslebens ist keiner richtig gewappnet, da mit dem Einstieg in das „Berufsleben" ein Raum betreten wird, der durchdrungen ist von Kalkül und Profit. Es spielt keine Rolle, ob man sich in einem schlecht bezahlten MC Job wiederfindet oder als Abteilungsleiter die Verantwortung für Kollegen übernimmt – abgesehen von dem unterschiedlichen Gehaltszetteln ist das Milieu identisch – verheißungsvoll, verlockend, sinnstiftend oder Unglück spendend und entfremdend. Vermutlich sind auch die Posten der CEOs nicht besser, da sowohl Täter als auch Opfer dem Menschen prägenden System ausgeliefert sind. Da kommt der Text der amerikanischen Gruppe The Doors passend daher, der die Situation bestens umschreibt: *„Into this house we're born, into this world we're thrown like a dog without a bone, an actor out on loan, riders on the storm."* Mit diesen Zeilen hat Jim Morrison den politisch extrem rechts angesiedelten Philosophen Martin Heidegger in die Popmusik hineingeschmuggelt und umreißt mit seinen in die Lyrik gehobenen Worten die Geworfenheit in eine bestehende Ordnung, der man ausgesetzt ist, der man sich stellen muss, der man nicht entrinnen kann. Dies kann man implizit aus dem Doors-Text herauslesen, da die Geworfenheit die Un-ausweichlichkeit des formierten Daseins im ökonomischen Raum ausdrückt. Wie die konstituierende Bedingung dieses Raums aussehen, haben wir mit Marx' und Sohn-Rethels' Theorien festgehalten. Welches sind die bestimmenden Gesetze, die die alltäglichen Aktionen des Wirtschaftslebens leiten? Den Meta-Regeln nach leben wir in einer Warengesellschaft, in der wir, wie der Name schon sagt, Waren gegen Geld tauschen. Ein unaufhörlicher Prozess des Konsumierens, an dem jedes in dieser kapitalistischen Weltordnung sich befindende Individuum beteiligt ist. Um in diesem real existierenden ökonomischen Mühlrad teilnehmen zu können, schlüpft man in gewisse Rollen, wobei man sich als Arbeitnehmer, Arbeitgeber, Selbstständiger, Konsument e.a. entsprechend zu verhalten hat. Dieses umfassende Verhalten prägt mit allen anderen Größen des Wirtschaftslebens das bestehende soziale Gebilde.[25] Abgesehen von der Vergegenwärtigung, wie weit die ökologischen Schäden, die dieses waltende Wirtschaftssystem verursacht hat, fortgeschritten sind, mutet die Tatsache, dass wir in einem Rechtsstaat, in dem durch Gesetze und Normen ein Schutz und die Garantie eines jeden Individuums gegeben ist für Selbstentfaltung, beruhigend an. Es ist sicherlich das höchste Gut einer jeden liberalen demokratischen Verfassung, dem Einzelnen ein Leben in politisch bestimmter Freiheit zu ermöglichen, weil geschichtlich fortschreitende Reflexionen erkannt haben, dass nur in Freiheit der Selbstwert eines Menschen sich real entfalten kann. Aber die Verwebung und Durchdringung der demokratisch errungenen Fortschritte samt ihrer

---

[25] Würde man die Aggregation der gesammelten Daten dieser ökonomisch geformten Instanzen auswerten und ihre sozialen Verknüpfungen und deren Implikationen vor Augen führen, würde man sie als Ausdruck einer fragwürdig gewordenen, erschreckenden Lebensweise deuten können.

unverrückbaren kostbaren Werte mit der ökonomischen Logik ergeben ein soziales Gebilde, in dem vorwiegend alles Streben und alle Tätigkeit auf ein Nutz- und Konsumdenken reduziert wird. Somit droht die schleichende Entmachtung der demokratischen Ordnung gerade von der Seite zu kommen, die ein Standbein, ein Garant eines jeden potenten Staates darstellt: die geltenden Wirtschaftsstrukturen und deren Macht, das Versprechen für einen breiten Wohlstand einlösen zu können ...

Der Kontrast zwischen dem von Freiheit und Selbstbestimmung definierten Raum von Kunst und der bestehenden ökonomischen Ordnung der kapitalistisch geprägten Gesellschaft könnte nicht stärker ausfallen. Während der eine Ort zwar nicht praeter legem, aber an andere Normen gebunden ist, jedoch in seiner Unverrechenbarkeit einen tief erfahrbaren Sinn stiftet, mutet bürgerliche Arbeit trotz seiner diversen Absicherungen mit seiner endlosen Kette des Produzierens und Konsumierens unbefriedigend an. In summa generiert der moderne Arbeitsprozess ein moderat anmutendes Grundrauschen, das ein richtiges Leben in Selbstbestimmung bei weitem übertönt. Es ist klar, dass Arbeit im ökonomischen Feld durchaus Möglichkeiten der Selbstbestimmung anbietet, aber je nach situativer Begebenheit kann es auch ins Gegenteil umschlagen. Doch ist das Konsumieren wirkliche Erfüllung? Aus der Dialektik: hic Sicherheit durch ein arbeitsrechtlich festgelegtes Gehalt, hic ein normiertes Leben nach täglich gleichen Routinen, die einen müde in die Arbeit gehen lassen, die man am Abend noch müder hinter sich lässt. Tag ein, Tag aus, eventuell fremdbestimmt, ein ganzes Berufsleben?
Die Frage bleibt zum Schluss, welche Alternativen sich anbieten zum jetzigen ökonomischen System?

Fassen wir nochmals die systemischen Merkmale des kapitalistischen Systems zusammen: Soziale Beziehungen werden in Warenbeziehungen verwandelt. Das besagt, Menschen werden nicht mehr als bewusste Subjekte wahrgenommen, sondern als Objekte, deren Wert durch ökonomische Kategorien bestimmt wird. Diese Verdinglichung führt dazu, dass Arbeitnehmer sich selbst und ihre Arbeit nur noch als Ware sehen, was zur Entfremdung beiträgt. Das trägt dazu bei, dass der Kapitalismus eine instrumentelle, formale Rationalität hervorbringt, die sich auf Berechnung und Effizienz, Zweck und Nutzen konzentriert und menschliche Bedürfnisse weitgehend ausklammert. Selbstverwirklichung kann nur in diesen Kategorien geschehen. Wenn dies alles als „gegeben" erscheint, wird die Welt zu einem Netzwerk von abstrakten, scheinbar naturgegebenen Gesetzmäßigkeiten formiert, die die eigentlichen Verdinglichungszustände und die fortschreitende Ausbeutung verschleiern. Daraus wiederum resultiert, dass das Bewusstsein der arbeitenden Bevölkerung im Kapitalismus systematisch deformiert wird. Durch den fortschreitenden Verdinglichungsprozess erscheint die kapitalistische Ordnung als etwas Naturgegebenes und Unveränderliches, das als ein solches nicht mehr reflektierend überblickt werden kann, was sich nicht nur auf die Wirtschaft bezieht, sondern umfassend alle Lebensbereiche durchdringt. Wie sollte man ein System, in das man unwiderruflich verstrickt ist, in Frage stellen können? Wenn die Wirklichkeit mit ihren gesellschaftlichen Strukturen nicht mehr als historisch und veränderbar, sondern als objektive, quasi-naturgegebene Tatsache erscheint, ist eine Fetischisierung in Gange, was zu einer nicht rational begründbaren Verabsolutierung führt. Alles scheint von den ökonomischen Verhältnissen abzuhängen: Die Arbeit wird fetischisiert, indem sie zur bloßen Ware wird. Recht und Politik erscheinen als autonome Sphären, obgleich sie Instrumente des Herrschaftsmechanismus sind. Das Bewusstsein der Menschen wird von dieser Logik komplett durchdrungen, was sich niederschlägt in einem maßlosen Individualisierungszwang.

Wenn also demnach die Kritik anhebt, ohne die systemische Totalität ins Auge zu fassen, werden zwar einzelne Missstände angeprangert, aber die Kritik selbst wird dabei verdinglicht, weil sie sich derselben konzeptionellen Mittel bedient wie das System, das kritisiert werden soll. Wer im Wasser schwimmt und die Nässe kritisiert, wird selber nass. Wenn nicht das Ganze im Blick ist, wird ein abstraktes Konstrukt reproduziert, das dem entspricht, was kritisiert werden soll. Georg Lukacs hat richtig erkannt, dass Kritik selbst zum Fetisch wird, wenn sie die kapitalistischen Verhältnisse als statisch betrachtet oder sich nur auf abstrakte Theoriebildung beschränkt, anstatt eine Praxis zu entwickeln, die zur Überwindung des Kapitalismus führt. Ob sein Vorschlag der revolutionären Praxis helfen würde, das Ganze zu überwinden, sei dahingestellt.

Freiheit in der Arbeitswelt?

Was ist das Wesen von Arbeit und gegen welche das Selbstbewusstsein mindernden Kräfte muss man sich stemmen? In einem marktorientierten Sozialsystem, wie es hier vorliegt, ist man einem Kreislauf ausgesetzt, der sich auf Lohn und Kauf der Ware reduziert. Es ist ein Kreislauf, der sich in einer Spirale fortbewegt, die in einen weiteren Kreislauf mündet, bei dem es nicht mehr um Waren geht, sondern alleinig um Vermehrung des Geldes. Geld wird investiert, um einen Mehrwert an Geld zu erlangen. Dabei fordern Unternehmer im Streben nach Extra-Profit eine stetige Anhebung der Arbeitsproduktivität, wobei der erzielte Gewinn der agierenden Konkurrenz zum Opfer fällt, und im Laufe dieses Prozesses der Wert der Ware sinkt. Das Individuum als Arbeit nehmende Kraft ist diesem Spiel unterworfen und muss sich damit auseinandersetzen, wohl wissend, dass diese seine Kraft die wichtigste Ware im Kapitalismus ist, trotz fortlaufender Technologisierung, trotz KI und trotz sich anbahnender Industrie 4.0. Kurzum, der geknechtete und ausgebeutete Mensch ist das Medium, auf das es ankommt. Immer noch, immer mehr und immer wieder anders, jedoch auf tragische Weise stets gleich: ausgebeutet. Als Individuum den realen gesellschaftlichen Machtverhältnissen ausgeliefert zu sein, birgt Gefahren. Denn Bewusstsein wird inhaltlich bestimmt durch eine jede Form der Organisation der Arbeit, also der jeweiligen gesellschaftlichen Produktionsweise. Wenn nun das Denken des jeweils Einzelnen, der im Arbeitsprozess steckt, auf das Niveau industrieller Prozesse reduziert wird, wird das Denken selbst zur Warenform. Diese Identifikation des Bewusstseins mit einer kapitalistischen Verwertungslogik löst einen Entfremdungsprozess aus, der die natürliche Beziehung des Menschen zu sich selbst und zur Gesellschaft aufhebt. Bedrohlich wird es, wenn die Entfremdung nicht mehr überwunden werden kann. Denn Bewusstsein, so Marx, ist nichts anderes als das bewusste Sein, und das bewusste Sein wiederum nichts anderes als die in der Zeit geltenden sozialen Systeme, in denen sich das Individuum hineingeworfen findet. Im Gegensatz zu Johann Gottlieb Fichte oder auch zu Max Weber bestimmt also das Sein das Bewusstsein, was Marx als Basis für eine materialistische Dialektik diente. Dieses Sein, das sich im Bewusstsein des einzeln widerspiegelt, ist einer linearen Veränderung ausgesetzt. Seit dem letzten Jahrhundert hat der Kapitalismus einen Punkt erreicht, der in seiner Steigerung der Gewinn und Produktionsrate einzigartig erscheint. Noch nie in der Geschichte der Menschheit wurde ein soziales System installiert, das strukturell in so einem hohen Maße auf Wachstum ausgerichtet ist wie der waltende Spät-Kapitalismus. Und das in diesem weltweit etablierten System geknechtete und untermauerte Bewusstsein identifiziert sich mit den bestehenden Verhältnissen, in denen der quantitative Aspekt und die Zweckmäßigkeit das Denken bestimmen. Arbeit hat einen durchaus ambigen Charakter: Zum einen ist es eine Grundtätigkeit, die menschliches Leben erst ermöglicht und ein wesentliches Element der Selbstbildes des westlichen Individuums darstellt. Zum anderen verlangt genau diese Arbeit wiederum eine Anpassung und Deformierung des Bewusstseins, die in Entfremdung münden kann, der ein jeder im Berufsleben ausgesetzt ist, denn jede Form von Herrschaft tritt dem Einzelnen als das Allgemeine gegenüber, und dieses ist nichts anderes als die Vernunft selbst in der bestehenden Wirklichkeit. Streng genommen kann man sich aus dem Würgegriff dieser herrschaftlichen Formen nicht befreien, denn Freiheit ist keine individuelle Kategorie, sondern immer auf gesellschaftliche Bedingungen angewiesen und mit diesen verknüpft. Das gilt sowohl für negativ wie auch für positiv verstandene Freiheit, also frei sein für oder von etwas. Wenn Hannah Arendt mit dem Term „Freiheit für die Freiheit" operiert, bestätigt sie diesen Umstand, dass Freiheit nicht Sache des Einzelnen ist. Individuelle Freiheit bleibt partikular und in sich selbst unvollständig. Daraus ergibt sich die Konsequenz, dass Freiheit stets individuell wie auch gesellschaftlich etabliert werden muss. Wenn die gesellschaftlichen Herrschaftsverhältnisse dagegensprechen und moralische Verhaltensweisen wie beispielsweise der kategorische Imperativ Kants weder gesellschaftlich noch individuell zum Tragen kommt, existiert Freiheit noch nicht und muss erst errungen werden. Jedoch in einer durchformulierten

Warengesellschaft, in der selbst das Denken zur Ware degradiert wird, mündet das Freiheitsstreben oft in Vorstellungen des Konsums. Frei ist, wer kauft. Oder der neoliberale Pseudogedanke: ich kann tun, was ich will. Hier herrscht das Klima von artigem System-Gehorsam, jenseits des Gebotes der Freiheit. Von einer umfassenden Freiheit ist hierbei nur eine geringe Spur in Sicht. Weder individuell noch gesellschaftlich. Freiheit wird eingetauscht gegen das Vermögen, Konsument zu sein. Wird im Grunde vertauscht. Natürlich gibt es eine äußere Freiheit, die politisch zum Ausdruck kommt und dem einzelnen einen Schutz- und Freiheitsraum bietet, der in der Geschichte der Menschheit als Triumph des Geistes gefeiert werden müsste. Doch darf nicht übersehen werden, dass dieser gewährte Freiheitsraum mit Werten belegt ist und an Konditionen geknüpft ist, die den Begriff Freiheit in lähmender Weise außer Kraft setzen können. Der Einzelne kann tun, was er will, kann reisen, wohin er will – solange er den geltenden Gesetzen Genüge leistet. Der Einzelne kann sich bilden, wie er will, kann sich kleiden, wie er will, kann sein, wie er will. Doch wenn alles sich im Rahmen vorliegender Herrschaftsformen abspielt, in denen jeder Wunsch, und jedes Begehren ökonomisch reglementiert werden, ist Freiheit im Rückzug. Man kann mit Hegel einwerfen, dass man nicht blind sein solle gegenüber der waltenden Notwendigkeit. Für diesen idealistischen Philosophen ist Freiheit erst die Einsicht in die bestehende Notwendigkeit. Nicht in der geträumten Unabhängigkeit von allem, sondern erst in der ernst zu nehmenden Erkenntnis der Einhaltungspflicht aller vorhandenen Gesetze und Reglements liege die

Freiheit. Wie Vorgänger Fichte sagte, trägt die Freiheit das Sollen auf der Stirn.[26] Die absolute Freiheit, sprich Freiheit des Willens, gibt es nicht, sie ist eine Mär, denn wenn diese wäre, gäbe es sonst nichts. Sie muss gebunden sein an etwas, auch an die Bedingungen des eigenen Selbst. Doch wenn die Notwendigkeit sich zeigt in kritischen politischen Zuständen, wie z. B. in Hegels Zeit beim preußischen Judenedikt von 1812, muss der Einzelne den Mut haben, sich seines eigenen Verstandes zu bedienen. Der kategorische Imperativ oder anders formuliert, die sittliche Freiheit ist fest verankert im Ich als Prinzip, aus dem alles Wissen begründet werden kann. Gesellschaftlich, von außen, ist Freiheit stets gebunden an die gültigen Herrschaftsformen und in diesen verknüpft an geltende Werte, wobei demokratische Systeme den Vorrang eines Rechtsstaates genießen.

Aber wo ist Freiheit, wenn in der deutschen Arbeitswelt weitgehend demokratische Strukturen fehlen? Obgleich Gewerkschaften und rechtlich abgesicherte Arbeitsverträge Sicherheit garantieren, gibt es doch Aspekte und auch Praktiken, die als undemokratisch angesehen werden können. So existieren in vielen Unternehmen klare hierarchische Strukturen, in denen Entscheidungsbefugnisse und somit die Macht sich in der Führungsriege konzentrieren. Der Grund liegt oftmals in der Tatsache begründet, dass der Unternehmer ein Projekt finanziert, somit ins Risiko geht und demzufolge die Entscheidungen trifft. Dies führt zu einem Mangel an demokratischer Teilhabe für die breite Mitarbeiterschaft. Auch in der Strukturierung der Arbeit fehlt es oftmals an einem Mitbestimmungsrecht. In einigen

---

[26] „Sollen" ist ein trügerisches kleines Wort. Es steht zwischen dem Dürfen und dem Müssen, wobei das Dürfen das Wollen unterstreicht und das Müssen einen äußeren Zwang vorgibt. Sollen ist demnach ein innerer Zwang.

Branchen können undemokratische Arbeitsbedingungen herrschen, wie zum Beispiel mangelnder Arbeitsschutz, Einschränkungen bei Gewerkschaftsrechten, eine 40-Stunden-plus-Woche oder unfaire Löhne. Dies führt zu einem Ungleichgewicht in den Machtverhältnissen zwischen Arbeitgebern und Arbeitnehmern. Wenn Unternehmen Diskriminierung in Bezug auf Geschlecht, Rasse, Religion oder andere Merkmale zulassen oder fördern, wird die Gleichheit und Chancengerechtigkeit ebenfalls untergraben, was als undemokratisch angesehen werden muss.

Die demokratischen Standards in der Arbeitswelt variieren, abhängig von der Branche, der Größe des Unternehmens und ökonomischen Faktoren. Zur Etablierung demokratischer Prinzipien in der Arbeitswelt, werden beispielsweise Mitarbeitervertretungen, Betriebsräte und Mitbestimmungsrechte gefördert, die die Teilhabe der Arbeitnehmer Entscheidungs-prozessen stärken sollen.

Recht versus Moral

Wenn westliche Politiker derzeit autokratisch geführte Länder besuchen, um Wirtschaftsthemen zu besprechen, tragen sie stolz den rechtsstaatlichen Werte-Katalog bei sich, den sie wie die mosaischen Gottestafeln präsentieren, keinen Widerspruch duldend, da sie der festen Ansicht sind, nichts anders als einen beglaubigten Universalismus zu vertreten. Es sind Werte, die innerhalb der Grenzen demokratischer Ordnung, innerhalb der Grenzen eines politischen Freiheitsraumes die Bedingung der Möglichkeit darstellen für ein Leben in Selbstbestimmung eines jeden Einzelnen. Doch wenn ein solcher Universalismus an Staatsgrenzen endet, muss dann nicht erkannt werden, wie privilegiert wir in unserem Kristallpalast leben im Gegensatz zu den politisch weniger Begünstigten? Vor allem

muss erkannt werden, dass ein Universalismus, der an Staatsgrenzen endet, kein Universalismus ist. Betrachten wir diese
unsere Werte etwas genauer. Formal stehen diese Werte für
ein Leben eines jeden Bürgers und Bürgerin in Freiheit und
Selbstbestimmung, das verbürgt das Grundgesetz. Aber kann
es nicht sein, dass diese unsere Werte in der dominierenden
ökonomischen Sachlage sich verändern oder sogar aufheben
können? Gibt es nicht eine fühlbare Differenz zwischen forma-
lem Anspruch und der gelebten Wirklichkeit? Die autokratisch
gesinnten Oberen erkennen an den propagierten westlichen
Werten vielleicht nur die Seite der unvollendeten Wirksamkeit
und halten diese hoch gehaltenen Werte lediglich als Insignien
einer florierenden Wirtschaftsmacht, allein aufgeführt zur
Wahrung eines falschen Scheins. Vielleicht wissen sie aus eigenen Erfahrungen, dass Werte, die in einer neoliberalistisch
geprägten Staatsform gelebt werden, sich verzerren und Ausdruck einer falschen Identität werden können: wieviel Kraft eines jeden Einzelnen muss aufgewendet werden, um ein integres Leben zu führen, um nicht dem Konsum zu verfallen. Es
ist schwierig, die Einheit eines Lebensentwurfs zu wahren, die
sich in widersprechende Momente auflöst und sich aufhebt. Für
viele Beobachter außerhalb ist der goldene, glorreiche Westen
eine Lüge, im Zeitalter des Aufschwungs ins Leben gerufen von
den politischen Führern und der EU-Elite, entlehnt dem gren-
zenlosen Optimismus des amerikanischen Traums von der allumfassenden Beherrschung und dem Versprechen des Traums
von einem Dasein in Wohlstand. Zu welchem Preis? Wen wun-
dert es also, dass Regierungen außerhalb des goldenen Palas-
tes Formen westlichen Denkens eher skeptisch gegenüberstehen oder ihnen zuwiderlaufen, zurecht nicht anerkennen wollen? In der Ablehnung erfährt der vor sich hergetragene Libe-

ralismus seine Kritik von außen, indem er zwar Freiheit, Gleichheit und Gerechtigkeit propagiert, wie es in der Verfassung festgelegt worden ist, doch in der Verwirklichung durch entgegenstrebende Mächte und dem fehlenden Impuls individuell rechten Handelns zurückliegt. Unter diesem Aspekt erscheinen die Werte als fragwürdig und im Grunde sich selbst verleumdend. Irritierend ist hierbei nicht, dass die Werte präsentiert, sondern dass sie verabsolutiert werden. Etwas mehr Selbsteinschätzung, Geschichtsbewusstsein und Realitätssinn für die noch ausstehende Verwirklichung dieser Werte innerhalb der eigenen Grenzen wären hilfreich. Doch ist es beruhigend, dass ein Bewusstsein per se darauf besteht, für den Wert der errungenen Freiheit zu kämpfen und diesen zu propagieren, auch wenn der Realisierungsprozess niemals abgeschlossen ist. In Goethes Werk „Egmont" aus dem Jahr 1788 ruft Herzog Alba im vierten Akt aus: „Freiheit? Ein schönes Wort, wer's recht verstünde. Was wollen sie für Freiheit? Was ist des Freiesten Freiheit? Recht zu tun! …"

Der missionarische Eifer, die grundlegenden Menschenrechte über die Landesgrenzen hinauszutragen, ist nachvollziehbar. Universal gültige Rechte, so der hypertrophe Anspruch, sollen überall, wo Menschen sind, zur Geltung kommen. Somit hört dem eigenen Anspruch zufolge die Akzeptanz freiheitlicher Normen nicht an den eigenen Grenzen des geltenden Systems auf. Doch die Frage bleibt offen, wie Nationen mit anderen Definitionen bestehender Werte, mit denen sie dem Westen dogmatisch gegenüberstehen, überzeugt werden können. Durch Vernunft etwa? Die Überbewertung der Vernunft seit Platon ist das eine. Erschwerend kommt hinzu, dass der westliche Lifestyle nicht die Werte per se auf Basis eines vernunftgewonnenen Reglements verkörpert. Zwischen dem Anspruch einer zur Totalität verklärten Vernunft und Verwirklichung der von der Vernunft proklamierten formalen Forderungen klafft eine Lücke, die wie ein Mal ins Auge sticht. Überzeugung muss gelebt werden. Jede Verabsolutierung läuft in Gefahr, zum Fetischdenken zu gerinnen.

Wie sich Werte auffallend wandeln können innerhalb der deutschen Parteienlandschaft der Mitte, zeigt das politische Grundsatz-Programm der Grünen, das einem radikalen Wandel unterworfen ist. 1980, bei Gründung der Partei, stand unverrückbar fest: „Unsere Politik wird von langfristigen Zukunftsaspekten geleitet und orientiert sich an vier Grundsätzen: sie ist ökologisch, sozial, basis-demokratisch und gewaltfrei!" Gewaltfrei ist ein Synonym für Pazifismus, der unvereinbar ist mit Waffenlieferungen und Einmischungen in Kriegsangelegenheiten. Dass sich aufgrund geopolitischer Verhältnisse ein radikaler Wandel bei den Grünen vollzogen hat, steht außer Frage. Bereits Joschka Fischer, ehemals amtierender Außenminister der Grünen, rechtfertigte bei einem Sonderparteitag am 13. Mai 1999 den ersten deutschen Kriegseinsatz nach dem zweiten Weltkrieg im Kosovo. Es war ein Einsatz ohne UN-Mandat, im Rahmen eines NATO-Einsatzes gegen Serbien. Folge war, dass Joschka Fischer aus Protest von einem erzürnten Mitglied einen roten Farbbeutel an den Kopf geworfen bekam. Es war eine Zerreißprobe für die Grünen. Mittlerweile lautet der Slogan der Grünen: „Veränderung schafft Halt." In Zeiten wie diesen, wo sich neue Machtblöcke herausbilden und ein unversöhnlicher Graben zwischen westlichen und autokratisch geführten Staaten gezogen wird, vollzieht sich ein Bruch in der bestehenden Weltordnung. Die Annahme von Francis Fukuyama in den 90er-Jahren des vergangenen Jahrhunderts, das Ende der Geschichte sei erreicht mit der Aufhebung des Sowjetreiches und der Etablierung liberaler Demokratien, erweist sich leider als Irrtum. Nun scheint es eher um die Aufhebung der hegemonialen Stellung der westlichen Welt zu gehen. In solch einer Situation ist es ratsam, mit kühlem Kopf und diplomatischem Geschick größeres Unheil abzuwenden. Ein würdevoll zur Schau getragener Werte-Dogmatismus bewirkt wenig oder genau das Gegenteil, was Werte ursprünglich bezwecken sollten. Statt der proklamierten Freiheit formt er eine provozierende Grenze, an der sich die Geister scheiden und Widerstand erzeugen, der sich zuspitzen kann.

Gerade im Zuge des unsinnigen Ukraine-Krieges, den leider keine der führenden Nationen verhindern konnte oder, wie es leider den Anschein hat, wollte, wäre eine Bereitschaft zum Diskurs vonnöten. Denn oberstes Ziel westlicher Politik muss sein, Menschenleben zu retten. Jeder Tag, an dem Krieg herrscht, kommen Menschen ums Leben. Auch wenn feststeht, wer der Aggressor ist, und die Ukraine als souveräner, freier Staat das Recht hat, sein Land und die Menschen zu verteidigen, müsste als oberstes Ziel stehen, Frieden zu schaffen. Jedes Menschenleben zählt. Ungleich mehr als irgendein Wert oder eine Idee oder ein politisches Programm. So zählt jeder Tag, und jeder Tag Krieg ist ein Tag zu viel.

Marx hat klar erkannt, dass das kapitalistische System vor keiner Landesgrenze Halt macht, sondern wie ein lodernder Flächenbrand sich über den Erdball ausweitet. Und de facto haben alle Staaten dieses Erdballs das kapitalistische Erbe angetreten. Wirtschaft dominiert menschliches Dasein und forciert das politische Handeln. Als allein geltendes Prinzip würde der Kapitalismus, wenn nicht die sich anbahnende Resourcenknappheit und die nahende Klimakatastrophe zum radikalen Umdenken aufriefe, die Weltpolitik bestimmen, unabhängig davon, dass autokratische Staaten nach Dominanz streben. Dieser Umstand verdeutlicht, dass keine anderen Motive der Machtzunahme außerhalb wirtschaftlicher Normen eine Rolle spielen. Denn trotz der politischen Differenzen, trotz Macht-Attitüden ist überall der Grundstein gelegt für ein universelles merkantiles Denken, bei dem Zweck und Ware, Vorteil und Gewinn die Maximen kognitiven Handels sind. Der Arbeiter oder die Arbeiterin in China oder Russland hat – natürlich abhängig von systemimmanenten Arbeitsverträgen – ebenso mit Widrigkeiten zu kämpfen wie der Arbeiter oder die Arbeiterin am westlichen Fließband. Bestimmt noch stärker, da die Menschenwürde, die eng geknüpft ist an die Idee des Selbstzwecks, der Selbstbestimmung und Freiheit, dort noch nicht gewährleistet ist. Dabei sind es unverzichtbare wesentliche Momente der Bewusstseinskonstituierung.

Hegels berühmtes Kapitel über die Dialektik von Herrschaft und Knechtschaft, in dem er Bewusstsein bestimmt in einem interaktiven Austausch mit einem jeweilig anderen im Ringen um Anerkennung, weist die Richtung. Er beschreibt die Folgen in asymmetrischen Verhältnissen – hic Herr, hic Knecht. Seine Pointe ist bekannt und irritierend. Wer andere dominiert und verneint, hat das Nachsehen, so sein Resümee. Der Knecht arbeitet für den Herren, eignet sich das Knowhow an, produziert Güter, besitzt diese aber nicht. In diesem Verhältnis erhält der Knecht zwar einen Lohn, aber keine Anerkennung, auf die es ankäme. Der Knecht ist lediglich Marionette, die nur dazu da ist, dem Herrn zu dienen. Doch der Herr weiß, dass dieses Verhältnis ein erzwungenes ist und dass im Negieren des Knechtes das selbstständige Wesen des Knechts aufgehoben ist. So wissen beide, dass sie keine Anerkennung vom jeweiligen anderen erfahren können. Nun kommt der Turn: Der Knecht hat den entscheidenden Vorteil, dass er sich als selbstständiges Wesen erfahren kann, in dem er Dinge für den Herren produziert und auf seine Arbeit stolz sein kann. Anerkennung eines anderen ist immer ein selbstständiges Tun. Der Knecht besitzt durch die ausführende Arbeit mehr Selbstständigkeit als der Herr. Doch ob des asymmetrischen Verhältnisses erfahren weder Herr noch Knecht Anerkennung, denn es gilt, dass man andere anerkennen muss, um selbst anerkannt zu werden. Da Bewusstsein prinzipiell dem Bedürfnis nach Anerkennung nachgeht, suchen sich Herr und Knecht ihresgleichen.

Der Graben zwischen Lohnarbeiter und Unternehmer bleibt bestehen. Hegels Denken verharrt in der unversöhnlichen Antithese, was aber kein Nachteil ist. Vielmehr stellt sich die Frage, in welche Richtung sich die bürgerlich-kapitalistische Produktionsweise verändern müsste, um als freies, selbstbestimmtes Individuum ein besseres Leben als dieses geknechtete zu führen.

Mit seinen technologischen Methoden hat der Mensch tief in die Natur eingegriffen, so tief, dass Natur in einem bislang nicht gekannten Ausmaß zurückschlägt und die Grenzen des quantitativ Machbaren aufzeigt. Zu viele Menschen leben den Traum von Mobilität, genießen die Freiheit, in das Auto zu steigen, um bequem die gesteckten Ziele zu erreichen. Aber wenn Milliarden Menschen dieses Verlangen stillen, müssen die Konsequenzen des Natur-Overkills getragen werden. Verhängnisvoll ist, dass der Verbrennungsmotor zu lange von der Industrie gewinnbringend verkauft worden ist. Elektrizität auf Grundlage von seltenen Erden ist mit Sicherheit kein erlösendes Äquivalent. Ein radikaler Verzicht in Form einer groß angelegten demokratischen Askese wäre eine Lösung, aber im derzeitigen geschichtlichen Stadium ist es eine Utopie. Marx schlug eine ähnliche Lösung vor. Er war nicht nur Theoretiker, sondern auch aktiv politisch tätig. Sein Traum war die letzte große Revolution, in der sich die Proletarier aller Länder vereinigen und einen gerechten Sozialismus einführen, der schließlich in den allumfassenden Kommunismus führen sollte. Dies ist der Punkt, bei dem Marx seine religiöse Seite offenbart. Zu deutlich sind die Parallelen zur christlichen Glaubenslehre. Materialistisch-dialektisches Denken musste Marx auf die falsche Fährte führen. Der Drang nach einer End-Synthese übersieht die grundlegende Tatsache, dass ein gesetztes Finale in der Geschichte reine Utopie ist. Will man dialektisch operieren, muss man sich auf einen infiniten Prozess einlassen – mit veränderbarem Sinn, mit stets sich verändertem Ziel, lediglich als ein Erklärungs- und Deutungsmuster. Wie bei Hegel liegt auch bei Marx die Matrix Paulinischen Geschichtsdenkens zu Grunde, in dem verankert ein Telos zu einem Omega-Punkt gesetzt ist. Weder die christliche Erlösung, in dem Gott alles in allem sei, noch ein kommunistisches Finale, noch die Proklamation des Endes der Geschichte, in der die kapitalistische Produktionsweise die Weltherrschaft innehat, oder die Vollendung des absoluten Geistes – es sind allesamt anregend geistreiche Chimären der Weltverklärung.

Es bleibt, wie es ist. Arbeit ist eine grundlegende Tätigkeit des Menschen, ohne die schwerlich ein Sinn auszumachen wäre. Doch in den asymmetrischen Verhältnissen zwischen Arbeitgeber und -nehmer, zwischen Profitgier und Elend, zwischen Verblendung und Vernichtung, zwischen Haben und noch mehr haben wollen, werden demokratische Normen in Machtstrukturen aufgehoben und dadurch besteht akut die Gefahr der Entpersönlichung, langsam, schleichend, aber unaufhaltsam, verändert Denken, verbiegt Bewusstsein, verhindert die Entfaltung des Selbst-Bewusstseins! Wie kommt man heraus? Wie weit ist Kunst dazu in der Lage?

Wer sich in die Kunst mit ihren Rückzugsressorts zurückzieht, der könnte sich zumindest in dieser kulturellen Enklave ein

Wissen um sein falsches Bewusstsein aneignen. In einem großen Gegen könnte der Künstler dem Drang nach künstlerischer
Gestaltungsmöglichkeit nachgehen, könnte Nischen ausloten,
die vom Warendenken ausgeschlossen wären, würde willent-
lich auf Karriere verzichten, manövrierte sich insgesamt in eine
Abseitshaltung am Rande geltender Konventionen, um dem individuellen Dasein eine neue Gewichtung zu verleihen. Doch
wohl gemerkt: alles würde geschehen in einer antithetischen
Haltung zum großen Ganzen, dem man, egal, wo man ist, ausgeliefert wäre.

Ohne dem Impuls von außen würde das Dasein abseits von
allem de facto kein Dasein mehr sein. Zurückgezogen erlebt
man zwar seine persönliche Ekstase, jedoch künstlerisch
Schaffende benötigen ein Publikum. Handeln ist ein tief-perso-
naler Akt und stets einer sozialen Resonanz unterworfen. Ob
man spielt, von der Bühne steigt, die Gitarre, den Stift, den
Pinsel aus der Hand legt, es ist immer eine selbst auferlegte
Rolle, die man spielt. Egal, was man unternimmt, man ist den
Normen und Regeln des Establishments unterworfen. Die
selbst gewählte Identität muss, um Gültigkeit zu erlangen, von
anderen anerkannt werden. Ein gesundes Bewusstsein bezieht
sich stets reflexiv auf sich selbst, aber das kann es nur deshalb,
weil es sich kommunikativ mit einem anderen Ich in Beziehung
setzt, bei der beide einander reziprok sich als eigenständiges
Ich anerkennen. Nach Hegel bildet sich Selbstbewusstsein
stets für ein anderes Selbstbewusstsein heraus. Nur in einem
anderen Ich erfahre ich mein eigenes. Die gesellschaftlichen
Bindungen und Verwebungen machen radikale Rückzugsma-
növer zu einem kritischen Unterfangen, da die eigene Identität
auf dem Spiel steht. Wer diesen Punkt übersieht, verleugnet
sich selbst.

Der radikale Rückzug in die Kunst und Abkehr von geltenden Normen bietet keine Lösung für die Rettung des Selbstbewusstseins aus der Gefahr permanenten unglücklich Seins in bestehenden Verhältnissen, in denen die Entfremdung von sich selbst zu wachsen scheint. Es scheint ratsam, sich auf eine subjektive Haltung zu konzentrieren, die sich erfolgsversprechend gegen gesellschaftliche Verhältnisse stemmen könnte, wobei zu bedenken ist, dass individuelles Verhalten genau von den gesellschaftlichen Verhältnissen bestimmt wird, von denen man sich emanzipieren will. Aus diesem Zirkel ist gedanklich schwer herauszukommen. Als erster Schritt ist es ratsam, sich der Bedeutung von Arbeit bewusst zu werden. Für das große Gegen als künstlerisches Nichttätigsein plädierte schon Paul Lafargue, der Schwiegersohn von Karl Marx. In seiner Aufsehen erregenden Schrift von 1883 „Das Recht auf Faulheit" als Gegenentwurf zu der 1848 entstandenen Parole „Recht auf Arbeit" prangerte er die bürgerliche Arbeitsmoral an, kritisierte den ideologisch gefärbten Begriff der Arbeit und vor allem den maßlosen Konsum und die Überproduktion. Er machte sich stark für die Muße als eine Protest-Haltung, die sich als eine Abkehr vom aktiv herstellenden Menschen der produzierenden Warenwirtschaft verstand. Ein löblicher Gedanke, der sich zum Teil in den Arbeitsgesetzen manifestiert hat. Gesetze garantieren in demokratisch geregelten Ländern (meist) ein geordnetes Arbeitsleben, die hin und an genügend Spielraum für Muße und Erholung erlauben. Noch dazu ist das künstlerische Nichttätig-Sein als Spiel zu verstehen, das dem freien Willen und einem Überschuss an Kraftreserven entspringt. Wird das Spiel intensiv betrieben, nimmt es durchaus Formen an, die an Arbeit erinnern. Der homo ludens setzt sich Ziele, zieht daraus einen Sinn, hält sich an konventionelle Normen oder verwirft sie – dieserart muss er sich mit ihnen auseinandersetzen und ist in real existierenden Prozessen eingebunden, so abseits er sich auch fühlen mag. Eine simple „Entweder-Oder"-Logik – hier Establishment, dort Bohemien – gibt es nicht. Eine neoliberalistische, kapitalistisch geprägte Gesinnung bestimmt längst sämtliches gesellschaftliches Tun und Handeln – so spielt sie eine vereinnahmende Rolle, die in ökonomischer Hinsicht Bewusstsein gleichschaltet. Die Frage ist, wie weit die daraus zu bestimmenden gesellschaftlichen Formen den Entfremdungsprozess des jeweils einzelnen vorantreiben, oder anders formuliert: wie lässt sich Bewusstsein in einem gesunden Verständnis zu sich selbst in Beziehung setzen, welche Maximen, geschöpft aus dem Subjektiven, und welche Normen, geschöpft aus dem Objektiven, bieten sich hierfür an. Müßiggang allein reicht für ein Leben in Selbstbestimmung nicht aus, auch wenn Formen der Arbeitsverweigerung, wie beispielsweise antike Sklavenhalter, zu denen auch Philosophen gehörten, oder der heutige Jetset es vorlebten und ausleben, als eine gewisse Art der Handlung zum Menschsein dazugehören. Die wenigsten allerdings können sich dem Arbeitsprozess entziehen.

Beginnen wir zunächst mit dem gesellschaftlichen Teil. Da die Arbeitswelt in mancherlei Hinsicht hierarchische Strukturen aufweist, steht sie in einem entschiedenen Widerspruch zum demokratischen Ideal der Gleichheit. Um diese hierarchischen Strukturen aufzulockern oder sogar aufheben zu wollen, bedürfte es eines Raumes, der der Agora des alten Athens ähnelte. Ein Raum, in dem Leiter, Vorgesetzte und Angestellte, gleich in welcher Stellung sie sich innerhalb der Firma befinden, völlig gleichgestellt wären und einen Diskurs starten würden. Nicht nur das Bewusstsein des einzelnen würde aus diesem Vorhaben profitieren, auch die Firmenkultur würde aufblühen, indem ungeahnte Kräfte, kreatives Potential freigesetzt würden, und selbst die Produktionsweise könnte sich hieraus verbessern. Kurzum, in solch einem „agoralen" Raum würde sich der Einzelne in ein besseres, gesünderes Verhältnis setzen. Es wäre für jeden Betrieb gleichermaßen ein Zugewinn und Identitätszuwachs. Unter dieser Bedingung fiele es leichter, den gut gemeinten Rat Khalil Gibrans in „Der Prophet" zu beherzigen, indem man alles, was man tut, reinen Herzens bewältigt, alles mit ganzer Kraft und Liebe!

Wenn Denken der Warenform gleichkommt, wird Geld zum Absoluten, das die Welt in ihrem immer schneller werdenden Wandel antreibt. Diese Hypermacht ist nicht mehr überschaubar, nicht mehr regulierbar, man kann ihr nicht mehr entfliehen. Es geht immer weiter. Wir sind Teil dieses ökonomischen Ganzen, dem „Weiter so" dieses „Ganzen" ausgeliefert. Es gibt keinen Ausweg aus diesem Dilemma. Oder doch?
Es kommt darauf an, sich gegen das Denken in Warenform aufzulehnen. Aussteigen heißt die Devise. Abkehr von alten Routinen. Von allem weniger oder nichts mehr. Bewusster Verzicht auf Fleisch, Verzicht auf das eigene Automobil, Verzicht auf Vergnügungsreisen, Maß halten, lautet die Parole, so wie es schon im Eingangsportal des Tempels zu Delphi zu lesen war. Aber das alles, auch wenn es in einer sozialen Breite geschähe, wäre nicht genug. Es sollte kein Zwang, kein Gefühl des Verzichts oder Verlustes sein, sondern Denken müsste sich vollständig befreien von ökonomischen Angeboten. Pädagogische Maßnahmen wären erforderlich, wie auch die Gründung sogenannter „Hipster"-Zellen. Dies wäre ein moderater Weg, sich dem aussichtslosen „Weiter-So" des Warenkonformismus entgegenzustemmen. Im klaren Bewusstsein, dass andere Werte zur Geltung kommen müssen als der bloße Konsum. In solch einer Hip-Enklave müssen Denken und Sein umgestülpt

werden. Es genügt natürlich nicht, abgeschottet in solch einer hippen Zelle das Leben als ästhetisches Spiel zu betrachten, ganz im Sinne des in ästhetischer Kontemplation verfallenen Magister Iudi, für den in diesem transzendierenden Bewusstseinszustand der waltende Kapitalismus nur noch eine bloße Kunstform wäre, der man die eigene künstlerische Existenz entgegensetzte.

Wenn diese groß angelegte Transformation der Umbildung und des völligen Verzichts zu schnell vonstatten ginge, würde aufgrund plötzlich ausbleibender Aufträge die weltweite Industrielandschaft schrumpfen und streckenweise kollabieren. Die Erlahmung der Wirtschaft wäre ein Segen für das Klima, jedoch das Ende der derzeitigen herrschenden Systeme. Da im Zuge der mittlerweile 500 Jahre fortschreitenden Globalisierung alles mit allem verbunden ist, würde allein, wenn eine große Wirtschaftsmacht zusammenbräche, eine weltweite Kettenreaktion ausgelöst werden. Das sollte nicht geschehen. Denn fest verankert mit den ökonomischen Strukturen ist in Europa die gesamte Rechtsstaatlichkeit, mit demokratisch gefassten Werten, in dessen Zentrum die Freiheit und Würde des Einzelnen steht. Diese Werte müssen, da sie unverzichtbar sind für die Autonomie des Individuums erhalten bleiben. Der Wandel müsste langsam fortschreiten, indem sich Strukturen ablösten und die betroffenen Industriezweige Gelegenheit hätten, den Wandel auszubalancieren. Es wäre unschwer zu erkennen, dass bei einem geringeren Warenfluss der Finanzmarkt neu definiert werden müsste, aber nicht in der Form, dass die Reichen reicher und die Schere zwischen arm und reich weiter auseinanderklaffen würde, sondern im Gegenteil, dass das Prinzip Gleichheit vorherrschte, da weitgehend nur das zum Leben Notwendige produziert würde. Die Anhäufung von Kapital und ein Unmaß an Besitz müssten in der neuen Gesinnung als moralisch verwerflich angesehen werden. Der Protestantismus, der von Max Weber als religiöse Wurzel des Kapitalismus angesehen wurde, müsste gegen eine radikal andere Wertethik eingetauscht werden. Es war jedenfalls ein Geniestreich Webers, das Vorherrschen einer rationalen Lebensführung, welche sich vor allem in der Berufsethik konstituiert, als Initiierung des modernen Wirtschaftssystems zu erkennen. In der Tat muss dem Beruf und vor allem der subjektiven Sicht auf diese Tätigkeit eine zentrale Bedeutung zugeteilt werden. Die zentrale Bedeutung spiegelt sich wider in Eigenschaften wie Disziplin, Gewissenhaftigkeit, Pflicht, Arbeitsamkeit und vor allem Gewissen. Bei diesem asketisch-rationalen Drang liegt es nahe, dass die von Lafargue geforderte Muße oder gar Genuss als Zeitverschwendung und Müßiggang verneint werden, soweit sie nicht als Erholung und Aufrechterhaltung der eigenen Leistungsfähigkeit angesehen werden.

Um zu einer neu formulierten Ethik und zu einem einhergehenden Wirtschaftsnarrativ zu gelangen, bedürfte es eines radikalen Bewusstseinswandels, dem Menschen per se, aus dem Gefühl der Angst vor Neuem oder Gründen der Trägheit und Gewohnheit, ablehnend gegenüberstünden. Die derzeitige Situation ist geprägt von einer Spirale des Produzierens und Vernichtens. Mit jeder Massenproduktion schöpft man aus endlichen Ressourcen, ohne Rücksicht auf nachkommende Generationen, ohne schlechtes Gewissen vor der Tierwelt, in der aufgrund menschlichen Agierens viele Arten vor dem Aussterben bedroht sind. Weitgehend hofft man darauf, dass der menschliche Erfindungsgeist eine Lösung findet und verschließt die Augen vor dem nahenden Abgrund. Jedoch auf den Genius im Ernstfall zu warten, ist ein induktives Urteil und damit fehlt das Moment der Notwendigkeit. Was in der Vergangenheit passiert, muss nicht zwangsläufig in der Zukunft geschehen. Es kann passieren, aber es muss nicht passieren. Es gibt demzufolge keinen Grund zu einer zwingenden Annahme der erlösenden Rettung.

In einem Dilemma wie diesem befand sich die Menschheit wohl noch nie, wobei frühere Seuchen und Kriege ebenfalls apokalyptische Visionen förderten. Das Dilemma lässt sich nicht rational lösen, weil Gier und Verblendung irrationale Triebe im Menschen darstellen, die Post-Kantianer wie Jürgen Habermas als Entzweiung des Subjekts von sich selbst und der Natur ausgeben. Aber gesetzt dem Fall, dass Natur nicht, wie Hegel festhielt, das Andere des Geistes ist, kein „An sich" des Geistes darstellt, sondern dem ganzen Wesen nach dunkel, irrational ist, sowohl die innere wie äußere Natur, dann lässt sich erahnen, dass rationale Programme keine Wende herbeiführen können. Sollte dieser Fall zutreffen, müssten pädagogische Programme und vor allem Politik zu einer Neuregelung menschlichen Verhaltens beitragen.

Tröstlich ist, dass der Kapitalismus seinem Wesen nach eine künstliche Form darstellt, die sehr wohl anders sein könnte. Das Konstrukt mit den angesiedelten Werten wie Geldverkehr, Güterproduktion, Aktienmarkt etc., zumal geltendes Gesetz und Moral, lässt sich mühelos betrachten als ein artifizieller Schein, der sich über die Ungeheuerlichkeiten und Inkommensurabilitäten des Lebens legt und dafür da ist, Sicherheiten zu suggerieren. Solange dieser „objektive Geist" rein ästhetisch verstanden wird – also als entgleiste Kunstform –, bleibt das Leben erträglich und vor allem bleibt in dieser Perspektive die Hoffnung, solch ein Konstrukt abschaffen zu können. Wird aber dieses System zum einzig gültigen Lebensprinzip erhoben, indem sich Denken und Handeln dem rettenden Ausweg sperren, wird das Dilemma spürbar und schmerzlich erfahrbar in der endlosen Kette von Gier, Korruption und steigender Umweltbelastung. Dabei ist es ratsam, sich nicht über das zu definieren, was man hat, sondern wer man ist. Dass das Sein vor dem Haben kommt, ist mittlerweile Allgemeinplatz. Doch dass kaum jemand infolge des infektiösen Warendenkens diesen wichtigen Hinweis ernst nimmt, sind schwerwiegende pathologische Anzeichen. Das stärkere Narrativ ist auf der Haben-Seite zu verbuchen.

Kunst zu betreiben ist eine der zahllos existierenden temporär erlösenden Perspektiven, die die bürgerliche Behaglichkeit und den Karrierismus als denkwürdigen Status quo entlarven. Ein Entkommen aus dem etablierten ökonomisch-politischen System ist nicht möglich. „Aussteigen" im klassischen Sinne gibt es schwerlich. Denn wohin, ist die Frage? Auswege sind uns versperrt. Bis in die kleinsten Verästelungen des Daseins bestimmen die geltenden Gesetze und Normen das Handeln. Wir beugen uns alle dem System und machen Zugeständnisse. Jeden Tag. Die sozialen und wirtschaftlichen Verhältnisse fordern Bereitschaft. Doch wie wir mitgezogen werden, so stemmen wir uns auch dagegen. Kunst ist ein weites Feld, das, um mit Adorno zu sprechen, die Aufgabe hat, die gesellschaftlich verankerte Identität von Begriff und Sache, von Subjekt und Objekt dialektisch zu hinterfragen. Identifizierendes Denken verengt, Begriffe verstümmeln sinnliche Affektionen. Vielleicht liegt das Leben genau in der Differenz von Begriff und Begreifendem, wobei klar ist, dass Sprache per se Wirklichkeiten schafft, so wie auch die Wirklichkeit die Sprache formt. Aus dieser dialektischen Spirale ließen sich neue, kraftvolle Narrative bilden. Doch bis diese sprachliche Externalisierung objektiv sich bildet und vor allen Dingen, wie sie semantisch und symbolisch sich objektiviert, müssen andere Maßnahmen vorausgehen.

Die wichtigste Maßnahme zur Selbstverwirklichung scheint der Weg nach Innen zu sein. Doch was ist das, das Innen? Die Geschichte der Philosophie nebst der Theologie hat zur Exploration des Inneren diverse Begriffen herausgearbeitet, diese jedoch in ein verständnisvolles Ganzes zu setzen, ist bislang unerledigt geblieben. Schon allein die Unterscheidung von Wille und Vernunft fällt unterschiedlich aus. Bereits Kant nahm an, gefolgt von den führenden Vertretern des Deutschen Idealismus, allen voran Hegel, dass der Wille eine rein geistige Fähigkeit sei und das Begehren davon zu trennen sei. Andere Strömungen, voran Schopenhauer, setzte den Willen als metaphysisches Prinzip a posteriori und sah in ihm ein irrationales Moment, dem Denken entgegengesetzt. Die Frage bleibt, wie sich der Mensch zu sich selbst in ein Verhältnis setzen kann. Oder schärfer gefasst: Wie gelingt das Erlebnis der Einheit und Eigenheit des „Ich" als denkendes, fühlendes und wollendes Wesen? Wie muss das Bewusstsein beschaffen sein, sich in dieser Weise zu konstituieren? Die Schwierigkeit fängt bereits beim Selbstbewusstsein an. Dieses ist nach Kant reine Apperzeption durch das „Ich denke", welche alle meine Vorstellungen begleiten soll. Doch um dieses Momentum nachzuvollziehen, muss die Selbstreflexion bereits vorausgesetzt werden. Das heißt, das Wissen von mir selbst geht immer voraus. Sehr wohl kann Selbstbewusstsein als Prinzip verstanden werden, aus dem Wissen begründet werden kann. So folgerte Descartes aus dem Selbstbewusstsein seine Evidenzen, sowie Kant die Urteile aus den Kategorien der Vernunft. Doch die Schwierigkeit ergibt sich, wenn man das Selbstbewusstsein selbst zum Objekt der Untersuchung macht. Denn wenn wir es denken, haben wir es gedanklich bereits vorausgesetzt, indem das gedachte Ich zum Objekt wird. Es gibt bei dieser Rückbesinnung keine Erweiterung der Erkenntnis von uns selbst, wie auch nicht von der Wirklichkeit. Das Wissen bleibt in der Besinnung auf sich selbst gleich. Noch dazu kommen wir aus dem Zirkel nicht heraus. Dasjenige, was erkannt werden soll, geht dem Erkennen voraus. Der Kern des Ich, dasjenige, was Kant die transzendentale Einheit der Apperzeption nannte, bleibt uns verschlossen. Schopenhauer gebrauchte für diesen Umstand die Metapher der Sonne, die zwar hell leuchtet, aber sich selbst dunkel bleibt. Bei Bloch ist dies im verkürzten Sinne entsprechend das „Dunkel des gelebten Augenblicks".

Da dem so ist, lässt sich ein allumfassendes allheitliches geistiges Prinzip ausschließen. Natur ist demnach nicht das Andere des Geistes, allenfalls kann gefolgert werden, dass sich in der organischen Natur eine erstaunlich diffizile Erkenntnisfähigkeit evolutionär entwickelt hat, die von innen nach außen wirkt. Der materialistische Blick von außen zeitigt das Gehirn als Organ, genauer als Drüse, deren Funktion es ist, Erkenntnis zu produzieren, sich mit den Sinnen in der Außenwelt zurechtzufinden. Gemessen an dieser Tatsache ist es verständlich, dass Erkenntnis nicht absolut gesetzt werden darf. Allerdings muss der materialistische Blick von außen wiederum die apriorischen Gehirnfunktionen voraussetzen. Ansonsten würde er die Rechnung ohne den Wirt machen.

Kants Untersuchungen in der „Kritik der reinen Vernunft" zielen auf ein transzendentales Ich in einem ausschließlich epistemologisch-wissenschaftlichen Sinne. Das einzelne, empirische Selbst wird dabei ausgeschlossen. Die Frage ist, ob ein transzendentales Ich ohne Willen überhaupt denkbar ist. Denn das „Ich denke", das alle meine Vorstellungen begleiten soll, ist nicht zu verwechseln mit der Identität des Selbst, das wiederum erst hergestellt wird durch den einen immer gleichen Willen. Die Verbindung von Wille und Intellekt (transzendentales

Ich) muss synthetisch vorausgehen, wenn es logische Verbindungen wie A=A geben soll. Wille ist ein Begriff, der dem komplexen, opaken Vorgang tief in uns nicht gerecht wird, nicht gerecht werden kann. Und es bleibt ein Rätsel, wie der irrational verstandene Wille mit dem rational ausgerichteten Gehirn korrespondiert. Eine einfache Lösung ist, dem Willen eine Rationalität zu unterstellen, aber dann wären Eigenschaften wie das Begehren, Fühlen, Angst etc. vom Willen losgelöst, aber gerade der Begriff Wille impliziert die dunklen Triebe des Menschen, aus denen heraus er sich versteht und das eigene Selbst, der Charakter, sich herausbildet. Das Cartesianische „Cogito ergo sum" lässt sich umdrehen zu „Sum ergo cogito", da dem Cogito nur cogitationes entspringen, während der Wille als Ausdruck von Leben dem Verstand, der Vernunft, somit der Logik, dem Bewusstsein vom Selbst vorausgeht.

Die Dominanz des Willens besonders in Fragen sittlichen Verhaltens haben zuerst Paulus und später Augustinus herausgestellt. Zuvor in der griechisch-römischen Antike rechnete man entgleisendes Handeln dem Wissen und Emotionen zu. Gut zu handeln, heißt vernünftig handeln und hat somit seinen Ursprung im rechten Wissen. Schlechtes Handeln hingegen rechnete man den Emotionen zu, die im zu starken Maße die Vernunft schwächen.

Stand heute ist, dass jede Selbstverwirklichung, wenn sie systemimmanent sein will, apriori auf Kommerzialität abzielt. Künstler sind Geschäftsleute, so wie Geschäftsleute nur an das Eine denken: Profit. Dabei müsste der Künstler entschieden anders definiert werden; er müsste jenseits finanzieller Interessen stehen. Ihm muss deutlich sein, dass die wertvolle Perspektive des Abseits nicht mit Kommerzialität korrumpiert werden darf. Denn der Künstler weiß, dass es einen Nicht-Ort gibt, in dem der absolute Primat des Geldes keine Geltung haben darf: im Ich.

Vermutlich ist der Künstler abseits von finanziell geleiteten Interessen an sich eine Erfindung bourgeoiser Träume, möglicherweise ein essentiell fiktiver Kontrapunkt zum Establishment, kreiert im Prozess falschen dialektischen Denkens. Lediglich eine Antithese, ein unerreichbares Ideal, das bestenfalls asymptotisch realisiert werden kann. Kunst, geboren nicht aus Rebellion, nicht aus dem Wunsch, reich und berühmt zu werden, aber aus dem dionysischen Feuer, um das eigene kreative Potential energisch genug auszuschöpfen. Lassen wir die Gedanken kreisen um dieses Thema und suchen nach einer Lösung, gemeinsam – jeder für sich. Ein Zurück gibt es nicht mehr.

FREIHEIT

Ein aufgeklärtes Leben

Aufklärung als der großartige Versuch, sich mit den Mitteln des eigenen Verstandes sowie der Vernunft, sich aus der selbst verschuldeten Unmündigkeit zu befreien, sei die alleinige Voraussetzung für ein Leben in Selbstbestimmung, in Würde, das per Grundgesetz unverrückbar festgehalten wird, und sei demnach die bislang einzige Lebensform, in der das Recht eines jeden Einzelnen garantiert ist und das Prinzip Freiheit vorherrscht. Aufklärung hat jedoch einen durchaus gehobenen Anspruch, dem man erst gerecht werden muss. Der Anspruch lautet, eine jede Bürgerin und jeden einzelnen Bürger zur Selbstständigkeit zu bringen. Hierbei helfen das Grundgesetz, die Erziehungs- und Bildungsanstalten wie auch der gesellschaftliche Tenor. Dem Aufklärungsauftrag haftet demnach ein elitärer Zug an und ist in seiner Erfüllung anstrengend, jedoch auch egalitär, weil ein jeder und eine jede diesen Weg einschlagen kann. Jeder und jede hat das gleiche Recht, jede Stimme zählt gleich viel, doch nicht ein jeder und nicht jede hat die Kraft, das Vermögen und den Willen, sich aufklären zu lassen. Da es ein Gefälle im individuellen Vermögen gibt, ist Aufklärung in liberal-demokratischen Systemen ein Gut, dass zwar jedem Menschen zukommen kann, aber nicht muss. Somit schwingen demokratische Gesellschaften unablässig in einer Dialektik der großen Möglichkeiten und fehlender Erfüllung. Die permanente Gefahr besteht, dass Voraussetzungen für ein erfülltes, selbstbestimmtes Leben gegeben sind, aber nicht verwirklicht werden. Die wirkliche Aufgabe einer jeden Politik ist es, die Flamme der Aufklärung hochzuhalten und alles zu tun, damit sie nicht erlischt.

Dass es überhaupt so weit gekommen ist mit der Form einer liberalen Demokratie, verdanken wir den politischen und philosophischen Experimenten der Antike. In der Agora des perikleischen Zeitalters im fünften vorchristlichen Jahrhundert bildete sich ein Verständigungs- und Rechtfertigungsraum heraus, in dem die Grundprinzipien der Polis sich entwickelten. Förderlich hierfür waren Platons „Politeia", sein Alterswerk „Nomos" wie auch Aristoteles' „Politika". Diese Werke lieferten die Theorie für die Staatenbildung, in deren Zentrum die Idee der Gerechtigkeit stand und auf einer allumfassenden Tugendethik fußte. Allerdings hatten beide Philosophen keinerlei Scheu, gemäß der Zeit, in der sie lebten, Menschen in Sklaven und Freie einzuteilen, wodurch die attische Demokratie nur rudimentär als Urheber demokratischer Lebensformen verstanden werden darf.

Erst das Christentum brachte mit seiner zentralen Aussage, dass alle Menschen – alle, uneingeschränkt und ohne Ausnahme – vor Gott gleich seien, die Idee einer universalistischen Wertegültigkeit in die Überlegungen über ein politisches Zusammenleben ein, das in der Renaissance einen radikalen Kurswechsel erfuhr. Mit der Abwendung von Gott und den kirchlichen Dogmen zur Erkenntnis, dass nicht Gott, sondern der Mensch selbst das Maß aller Dinge sei, war die philosophische Bühne frei für die Etablierung einer allumfassenden Vernunft, wobei Immanuel Kant als der Spitzenvertreter dieser geistigen Emanzipationsbewegung angesehen werden kann. Seine Philosophie ist stark geprägt vom Vorsatz, die Vernunft als das alleinige gültige Maß zu etablieren, durch welches das Bestreben nach Allgemeingültigkeit gerechtfertigt wird und in ethischer Hinsicht eine Begründungspflicht als normative Rechtfertigung sicherstellt. Vernunft spielte für ihn die zentrale Rolle in einer aufgeklärten Gesellschaft. Jeder einzelne ist bei ihm aufgefordert, sich hinter Argumente zu stellen, Gefühle bei der Entscheidungsfindung zurückzustellen, nur dadurch lasse sich das Interesse am Gemeinwohl der Gesellschaft aufrechterhalten. Das entscheidende Moment in diesem geistigen Prozess ist die durch die Kraft der Vernunft errungene Freiheit und die daraus politisch wie auch gesellschaftlich sich entwickelnden Freiheitsräume, ohne die ein Leben in Selbstbestimmung nach Kant nicht möglich wäre. Die Frage bleibt natürlich offen, wie wirkungsmächtig die Idee der Freiheit in der Praxis ist. Eine Praxis, die stark von den Herrschaftsformen einer übermächtigen Ökonomie geprägt ist. Bevor wir zu einer Antwort kommen, ist es ratsam, diesen Begriff der Freiheit, auf dem alles fußt und gründet, der unverzichtbar sein soll für ethische Fragen, für juristische Belange wie auch für ein selbstbestimmtes Leben zu untersuchen.

Der methodische Weg zur transzendentalen Freiheit

Es gibt keinen vageren Begriff als den der Freiheit und keine größere Angst der meisten Menschen als im Bewusstsein zu leben, im Handeln und Wollen determiniert zu sein.
Doch so vage und umstritten er ist, ist der Begriff der Freiheit von zentraler Bedeutung im Rechtswesen wie auch in den Agenden demokratischer Staaten. So hängt die Würde jedes einzelnen Menschen vom Begriff der Freiheit ab, wie auch jede Art Schuldzuweisung von der Verantwortung für die eigenen Taten, die wiederum auf den Begriff der moralischen Freiheit gründet.
Die Moral, so wie sie Kant in seinen ethischen Schriften herausgearbeitet hat, steht und fällt mit dem proklamierten Begriff der Freiheit. Dieser Begriff resultiert aus der Kantischen Erkenntnistheorie. Nach Kant fallen Zeit und Raum als reine

Formen der Anschauung sowie die kategorialen Bestimmungen aller Gegenstände auf die subjektive Seite. Wenn also Raum und Zeit bloße Formen unserer sinnlichen Anschauung sind, kommen raumzeitliche Eigenschaften folglich nicht den Dingen an sich, sondern nur ihren Erscheinungen zu. Das Objektive, die Außenwelt, wird als das Ding an sich deklariert, von dem es keine Angaben zu machen gilt, da es außerhalb der subjektiven Erkenntnissphäre liegt. Alles, was das Subjekt erkennt, ist demnach lediglich Erscheinung, eine Welt als bloße Fiktion des zerebralen Wunderwerks Gehirn – das außen bleibt unerkennbar. Die Kantische Erkenntnistheorie ist daher ein Plädoyer für die Unerkennbarkeit der Außenwelt, wie sie an sich ist. Nur als Noumenon – als Gedankending, erschaffen von der Vernunft, – bleibt das Ding an sich, gerade wenn es um moralische Fragen geht, bei Kant im philosophischen Spiel, wie wir weiter unten feststellen werden.

Beweisbar wird diese Theorie für Kant deshalb, weil ein jedes Bewusstsein a priori (= vor aller Erfahrung) Vorstellungen und Wissen hat von der raumzeitlichen Struktur der Welt. In einem weiteren Schritt will Kant aufzeigen, dass sich Raum-Zeitlichkeit nur dann verstehen lasse, wenn die Formen der wahrgenommenen Welt nicht der Welt an sich, sondern ausschließlich der Verfasstheit des menschlichen Wahrnehmungsapparats zukommen.

Mit der Zuweisung aller formalen Erkenntnis auf das Subjekt will Kant die Philosophie als Wissenschaft begründen. Mit dem Begriff des „a priori" glaubte Kant, ein für alle Mal die Allgemeingültigkeit als das bewunderungswürdige Merkmal der Mathematik auf sein eigenes Fach anwenden zu können.

Für die völlige Zuweisung aller Formen auf die subjektive Seite wurde und wird Kant vehement kritisiert. Malte Hossenfelder stellte fest, dass, wenn der reine Raum Gegenstand der unmittelbaren Anschauung werden würde, er nicht mit dem empirischen Raum identisch sein könne. Denn ein und dieselbe Sache kann nicht zugleich möglich und unmöglich sein. Schon im 19. Jahrhundert brachte Friedrich Adolf Trendelenburg den berechtigten Einwand, dass mit der exklusiven Subjektivität des Raumes Kant nicht ausschließen konnte, dass die Dinge an sich ebenfalls genauso räumlich sein könnten, selbst dann, wenn Raum als Anschauungsform nicht aus der Erfahrung der Dinge, sondern im Subjekt entspringt. Dieser Hinweis ging als „Trendelenburgsche Lücke" in die Philosophiegeschichte ein. Die formale Logik Kants war Trendelenburg zu statisch im Denken, zumal es Denken und Sein trennt und der Natur im Denken lediglich die Gesetze vorschreibt. Nach Trendelenburg dürfen logische Formen nicht isoliert, sondern immer nur mit dem Gegenstand selbst entwickelt werden. Auch Hegel hob den kantischen Dualismus von Erscheinung und Ding an sich auf und postulierte die Gesamtheit der sinnlichen Erkenntnis.

Bedeutend an diesen erkenntnistheoretischen Deutungen Kants ist, dass die Trennung von Erscheinung als das Ergebnis transzendentaler Subjektivität und die Unerkennbarkeit des „Dinges an sich" für die praktische Vernunft maßgebend ist.

Zur Kritik der kantischen Erkenntnistheorie

Kant will mit der „Kritik der reinen Vernunft" die Möglichkeiten und Grenzen der Erkenntnis. aufzeigen. Hierfür fragt er nach der Bedingung der Möglichkeit allen Erkennens, um herauszufinden, wie weit Erkenntnis reicht und worauf diese begründet ist. Wenn man von vornherein eine Bedingung vor die Untersuchung setzt, bedingt man dasjenige, das erkennen soll, indem eine Grenze gezogen wird. Apriori, um im kantischen Duktus zu sprechen, vor allem Erkennen, wird eine Grenze des Erkennens gezogen, wobei Kant das Erkennen nicht als Tätigkeit auffasst, nicht nach dem Wie des Erkennens fragt, sondern als eine Sache, die eben durch gewisse Voraussetzungen bedingt sei. Da die Frage nach der Bedingung der Möglichkeit im Singular abgehandelt wird und nicht pluralistisch nach den Bedingungen von Möglichkeiten zielt, mündet die Frage zwangsläufig in die Feststellung, dass alles Erkennen eine grundlegende Bedingung des Vermögens sein muss. „Vermöge eines Vermögens" (Nietzsche) denken und erkennen wir. Erkennen kann man also durch die Möglichkeit des Erkennens, wobei idealistisch vorausgesetzt wird, dass die Mittel des Erkennens für die Erkenntnis rein subjektiver Natur sind. Alles, was erkannt wird, ist bestimmt und bedingt durch die subjektiven Formen des Erkennens wie Zeit und Raum als Formen der reinen Anschauung und den Kategorien des Verstandes. Jedoch: Wenn Denken einer Bedingung unterliegt, ist es selbst ein bedingtes. Denken ist bestimmt und begrenzt durch seine Bedingung. Erkennen kann man demnach die Dinge nur durch das bedingte Erkenntnis-vermögen. Wir erkennen die Dinge nur, wie sie unser eigenes Erkenntnisvermögen vermittelt. Wie aber – und das ist die Konsequenz des kantischen Ansatzes – die Dinge an sich sind, wissen wir nicht, denn wir wissen nur, was uns das eigene Erkenntnisvermögen über die Dinge zuspielt. Aber es ist klar, wenn das Erkennen abhängig von einem Vermögen definiert wird, dann ist das Vermögen die alleinige Bedingung, von der alle meine Erkenntnis abhängt. Alles, was ich demnach erkenne, ist ein Bedingtes, Präformiertes durch die Bedingung meines Erkenntnisapparates.

Die vermeintliche Einschränkung des Erkenntnisvermögens, die dazu führt, dass man die Dinge nur so erkennt, wie sie das Erkenntnisvermögen einspielt und dabei annimmt, dass die

Dinge, so wie sie wirklich sind, unerkennbar bleiben müssen, ist eine paradoxe Behauptung. Das kantische Konstrukt des Erkenntnisvermögens wird willkürlich geleitet von einer imaginären Grenze des Erkennens, ohne dass ein Mangel vorliegt, der durch die ominöse Grenze erzeugt wird. Die Frage, was es sonst noch über die Dinge zu wissen gäbe, lässt sich schwerlich beantworten, da im Grunde nichts fehlt. Ein Baum ist ein Baum, und ein hungriger Löwe, der vor mir steht in der Wildnis, zeigt sich in seinem gefährlichen Habitus in seiner lebendigen Ganzheit, die den Hiatus zwischen vermeintlicher Erscheinung und Ding an sich schnell vergessen lässt. Kant erkennt, dass die Dinge nur so sind, nur so sein können, wie sie das Erkenntnisvermögen vermittelt, aber – und dieser Schritt ist nicht beweisbar – schließt daraus, dass die erkannten Dinge nicht dem Ding an sich entsprechen. Dabei ist offensichtlich: wenn sich die Unterscheidung von Erscheinung und Ding an sich im Erkennen nicht bemerkbar macht, ist die Behauptung eines Dinges an sich im Grunde nicht haltbar. Denn wenn sich das Ding an sich nicht bemerkbar macht, muss man eher annehmen, dass es das Ding an sich nicht geben kann und wenn dem so ist, erweist es sich somit als unnötige Annahme. Mit dem Ding an sich wird eine Grenze behauptet. Eine Grenze jedoch verweist immer auf etwas darüber hinaus Liegendes. Wenn man nun über das darüber hinaus Liegende weiß, fällt entweder die Grenze weg oder aber es gibt keinen Grund für die Behauptung und Festlegung solch einer Grenze.

Kants Erkenntnistheorie wie auch der Ansatz zu dieser wurde schon sehr früh und gezielt kritisiert, vornehmlich von Hegel. Zum einen muss in Anbetracht des Titels „Kritik der reinen Vernunft" gefragt werden, wer die Vernunft einer Kritik unterzieht, um sie in Reinheit festzulegen. Selbst bei der Unterscheidung von genitivus objectivus und genitivus subjectivus konstatieren wir, die Vernunft ist selbst Subjekt und Objekt zugleich, will sie als Vernunft sich selbst – eben als Vernunft – kritisch überprüft. Gleichermaßen eine Selbstprüfung und zugleich ein Formfehler. Die Vernunft tritt aus sich heraus und beurteilt sich von einem imaginierten Außen, als wenn man das eigene Erkenntnisvermögen ablegen könnte, um einen objektiven Standpunkt einzunehmen. Dabei ist klar, dass das Erkennen des Erkennens bereits ein Erkennen-Können voraussetzt – aus diesem Zirkel gibt es kein Entkommen. Und schließlich muss alles Hinterfragen in der synthetischen Einheit des Ich, in dem alle Gedankenfäden zusammenlaufen müssen, der Punkt sein, wo alles Bestreben beginnt und endet.

Bereits Heinrich von Kleist hat in seinem 1808, vier Jahre nach Kants Tod erschienenen illustren Lustspiel „Der zerbrochene Krug" diesen leicht durchschaubaren Vorsatz aufs Beste persifliert. Dorfrichter Adam muss über eine Tat zu Gericht sitzen, die er selbst begangen hat. Er hat Eve verführt, wurde von deren Verlobten in flagranti ertappt. Bei der Flucht von Richter Adam ist unter anderem ein Krug zerbrochen. Dieser Fall kommt vor das Gericht. Somit ist Adam Richter und Angeklagter zugleich. Ein Unding und Justizskandal erster Ordnung, den Kleist genüsslich ausbreitet. Zugleich ist „Krug" nicht nur ein zerbrochener Gegenstand, um den es bei Gericht geht, sondern zugleich handelt es sich um die Person Traugott Krug, der ab 1805 die Nachfolge Kants an der Alberts Universität in Königsberg innehatte. Dieser Traugott Krug vertrat die Transzendental-Philosophie seines Vorgängers und ehelichte 1805 die Generalmajorstochter Wilhelmine von Zenge, die, das ist ein weiterer springender Punkt, zuvor seit 1800 mit Heinrich von Kleist verlobt war. Der Dichter verliebte sich in sie in seiner Heimatstadt Frankfurt an der Oder. Als Kleist zwei Jahre später in eine tiefe Lebenskrise geriet und sich entschied, in die

Schweiz zu ziehen, um dort ein einsiedlerisches Leben zu führen, weigerte sich Wilhelmine, ihm dorthin zu folgen. Daraufhin brach Kleist den Kontakt zu ihr ab mit den lapidaren Worten: „Liebes Mädchen, schreibe mir nicht mehr. Ich habe keinen anderen Wunsch als bald zu sterben. H. K." Jochen Hörisch hat diesen Sachverhalt grandios dargelegt.[27]

Zum Problem der sogenannten Willensfreiheit

In der „Kritik der reinen Vernunft" im Abschnitt der transzendentalen Dialektik findet sich im zweiten Buch das Kapitel „Die Antinomie der reinen Vernunft". (Kritik der reinen Vernunft, S. 279 ff). Kant behandelt dort vier Antinomien, auf die die Vernunft unweigerlich stoßen muss, wenn sie den sicheren Boden empirischer Erkenntnis verlässt. Im Hinblick auf die ewig anhaltende Debatte über die Willensfreiheit interessieren wir uns für die dritte Antinomie, bei der Kant zu dem Widerstreit gelangt, ob **1.** alles in der Welt streng nach Kausalität geregelt sei, also alles Naturgesetzen folgt, oder ob **2.** es zudem noch eine Kausalität durch Freiheit, wie Kant sagt, eine „absolute Spontaneität der Ursachen" geben könne. Zitat: „Die menschliche Vernunft hat das besondere Schicksal in einer Gattung ihrer Erkenntnisse: dass sie durch Fragen belästigt wird, die sie nicht abweisen kann; denn sie sind ihr durch die Natur der Vernunft selbst aufgegeben, die sie aber auch nicht beantworten kann, denn sie übersteigen alles Vermögen der menschlichen Vernunft."[28] – tatsächlich versucht Kant nicht, beide Positionen zu beweisen, vielmehr zeigt er, dass beide Positionen auf scheinbar überzeugenden Gründen beruhen, die jedoch zu

---

[27] Jochen Hörisch: Tauschen, sprechen, begehren. Eine Kritik der unreinen Vernunft, München 2011
[28] Immanuel Kant, Kritik der reinen Vernunft, Vorrede, S. 3, Knaur, Leipzig

einem Widerspruch führen, wenn sie zusammengebracht werden.

Für die Antithese, also die Allgemeingültigkeit der Kausalität durch Gesetze der Natur, führt Kant an, dass jeder Zustand die notwendige Folge eines vorhergehenden Zustands sein muss. Jeder Wirkung geht eine Ursache vorher. Wenn in der Natur alles diesem Gesetz von Ursache und Wirkung unterliegt und jedem Zustand eine Ursache vorausgehen muss, kann es dem Prinzip nach keinen ersten Anfang geben, was jedoch nicht sein kann. Ein infiniter Regress ist nicht denkbar. Ergo muss ein Anfang gesetzt werden, bei dem die erste Ursache jedoch nicht aus einem vorhergehenden Zustand entsteht, sondern aus sich selbst heraus, was jedoch dem Prinzip der Kausalität widerspricht, da ohne Ausnahme jeder Zustand aus einer Ursache entstehen muss. Wenn dem so ist, dann lässt sich nicht ausnahmslos alles durch Naturgesetze erklären. Es muss noch eine andere Form von Kausalität geben, die Kant „Kausalität durch Freiheit" nennt. Unter diesem Term versteht Kant einen Zustand, der sich selbst bedingt, aus sich selbst heraus entsteht, ohne vorhergehende Ursache. Diesen aus der Kette der Kausalität herausbrechenden Prozess nennt Kant „absolute Spontaneität". Denn, so schlussfolgert er, nur ein aus sich selbst heraus bedingender Zustand kann ein erster Anfang sein. Es ist offensichtlich, dass Kant diese Denkfigur von Aristoteles und Thomas von Aquin übernommen hat, die mit eben genau dieser Argumentationskette den sogenannten kosmologischen Gottesbeweis darlegten.[29] Prämisse eins, dass die Welt

---

[29] Dieser kausale Gottesbeweis („ex ratione causae efficientis") geht davon aus, dass alles, was in dieser Welt existiert, auf eine Ursache zurückzuführen ist. Da man die Reihe der Ursachen nicht unendlich fortsetzen könne, müsse eine erste nicht kontingente Ursache (causa prima) existieren, die selbst auf keine andere

existiert, ist richtig. Prämisse zwei, dass alles, was ist, dem Satz vom zureichenden Grunde unterliegt, ist ebenfalls richtig. Prämisse drei, dass es einen Anfang ohne Ursache geben soll, lässt sich jedoch nicht aus den ersten beiden Prämissen ableiten. Das gilt auch für Kants Argumentationskette.

Dem gegenüber steht die These, dass, wenn alles ausnahmslos in der Natur determiniert ist durch die Abfolge von Ursache und Wirkung, dann kann es keine Spontanursachen geben, da diese gegen die universelle Gültigkeit der Kausalität durch Gesetze der Natur verstoßen. Ergo kann es keine Kausalität durch Freiheit geben. Mit dieser These bleibt sich Kant treu gegenüber seinem idealistischen erkenntnistheoretischen Ansatz, der das Subjekt mit seinen Formen als Konstrukteur der Wirklichkeit proklamiert, wodurch das Subjekt jedoch aus dem vom ihm erzeugten Möglichkeitsraum nicht ausbrechen kann.

Kant stellt also nun zwei Thesen gegenüber, die im Widerspruch zueinanderstehen. Sowohl für These wie auch für die Antithese bringt Kant Argumente, die seines Erachtens für die Richtigkeit beider Standpunkte stehen. Die These zeigt, dass Freiheit zur Erklärung der Welt vorausgesetzt werden muss, die Antithese wiederum verdeutlicht, dass Freiheit als Erklärungsmodus nicht vorausgesetzt werden kann.

Bei dem Widerstreit handelt es sich um sogenannte transzendentale Ideen. Transzendental deshalb, weil die Vernunft Träger der Bedingung der Möglichkeit aller Erfahrung und zugleich auch der Bedingung der Möglichkeit aller Gegenstände der Erfahrung sein soll. Die Gesetze des Erkennens sollen zugleich als Gesetze der Natur gelten. Das besagt, dass Sinnlichkeit und der Verstand ihrer Formen nach konstituierend sind, jedoch

---

Ursache zurückführbar sei. Schon Aristoteles postulierte eine solche erste Ursache, die selbst unverursacht ist, und nannte sie „das erste unbewegte Bewegende" oder den „unbewegten Beweger".

keine real existierenden Objekte aufnehmen, sondern lediglich ein mentales Konstrukt liefern, das Kant Erscheinung nennt. Es werden demnach nicht die äußeren Dinge wahrgenommen, sondern lediglich die Sinnesdaten verarbeitet, die vom Verstand zu Konstrukten geformt werden. Zur Außenwelt als die Dinge an sich haben wir keinen Zugang. Dieser Bereich bleibt uns angeblich verschlossen und unbekannt. Wir können keine Aussage über ihn treffen. Transzendentalität besagt zwar, dass die Gesetzmäßigkeit der Natur, Zeit, Raum und Kausalität durch das konstituierende Subjekt bedingt und bestimmbar sind. Hierbei trennt Kant streng Zeit und Raum als reine Formen der sinnlichen Anschauung von den reinen Verstandesbegriffen oder Kategorien. Vereint werden die beiden Disziplinen durch die Schemata, die vermittelnd wirken. Das Vermögen, Schemata zu bilden, nennt Kant produktive oder transzendentale Einbildungskraft. Hiermit ist die Welt der Erscheinung strikt erklärbar, jedoch die Welt an sich bleibt gerade wegen der vorausgesetzten Transzendentalität versperrt. Will Kant nun auf der Position des transzendentalen Ideismus bleiben, die eben besagt, dass die Sinnesdaten ausnahmslos durch das erkennende Subjekt, durch die reinen Formen der Anschauung und den Kategorien des Verstandes zur Erscheinung geformt werden und diese ausnahmslos den Gesetzen der Kausalität unterliegen, kann somit die These der Kausalität durch Freiheit nicht erklärt werden. Demnach müssen für These und Antithese zwei unterschiedliche metaphysische Theoriegrundlagen vorausgesetzt werden, durch die überhaupt dieser Widerstreit entfacht werden konnte. Für die These der Kausalität durch Freiheit dient der „transzendentale Realismus", der die kategorialen Bestimmungen des Subjekts aufhebt und auf die Natur an sich ausweitet und damit das kantische Dogma der subjektiven Bestimmungen preisgibt. Für die Anti-These des Determinismus vertritt Kant hingegen die von ihm erkenntnistheoretisch fundierte Position des transzendentalen Idealismus, wonach nur Erscheinungen nachweisbar sind durch die Formen des Bewusstseins, wonach alles nach Gesetzen der Natur abläuft. Insofern sind die Beweise Kants für die sich widersprechenden, unauflösbaren Antinomien im Grunde Schein-Manöver, womit offensichtlich ist, dass aus der reinen Vernunft keine Erkenntnisse entstehen können, die die Erfahrung übersteigen.

Wenn die sich widersprechenden Antinomien jeweils für sich Wahrheit beanspruchen wollen, gibt es für Kant nur die Lösung, dass es sich bei den Erklärungsmodi nicht beide Male um dieselbe Welt handeln kann. So werden von ihm zwei Welten skizziert, die wir uns genauer ansehen müssen.

Die sinnliche im Gegensatz zur intelligiblen Welt

Mit dem Begriff der „intelligiblen Welt" findet Kant also doch noch einen Zugang zu der Welt an sich, die erkenntnistheoretisch durch seinen subjektiv-idealistischen Ansatz unerkennbar ist, aber durch das Vermögen der Vernunft seines Erachtens postuliert werden muss. So unterscheidet er zwischen Phänomenon als Ausdruck der empirischen Welt samt seinen erfahrbaren Sinnesdaten und dem Noumenon, einem Begriff, den wir näher betrachten werden.

Die „intelligible Welt" steht also im Gegensatz zur sinnlich erfahrbaren Welt, die er als „Erscheinungswelt" bezeichnet. Sie liegt demnach jenseits unserer sinnlichen Erfahrung und ist für uns nicht direkt zugänglich. Sie ist die Welt, wie sie unabhängig von unserer Wahrnehmung und unseren kognitiven Strukturen existiert. Kant argumentiert, dass wir zwar wissen können, dass es eine solche Welt geben muss, aber dass wir über sie nichts Definitives aussagen können, da unser Verstand und auch unsere Sprache auf die Strukturen der Erscheinungswelt beschränkt sind. Gleichwohl war für Kant die Unterscheidung zwischen dem Phänomenon und dem Noumenon von entscheidender Bedeutung für sein philosophisches System. Das Phänomenale bezieht sich auf das, was wir durch unsere Sinne erfahren können, während das Noumenale das bezeichnet, was jenseits unserer sinnlichen Erfahrung liegt. Die intelligible Welt gehört zum Bereich des Noumenalen, der, und das ist der eigentliche Clou, auch der Mensch angehört, aber erst – und das ist der zweite Clou –, sobald er durch seine gesetzgebende Vernunft sittlich agiert. Diese intelligible Welt ist kein Gegenstand der Erkenntnis, kann somit nicht als eine Form von Existenz betrachtet werden, vielmehr ist es ein sich öffnender Raum allein für den Intellekt, der praktische Folgen nach sich zieht. Denn wenn der Wille ins Spiel kommt – und dieser kommt unweigerlich bei jedem Akt des Denkens ins Spiel –, müssen wir uns durch eine gewisse Art des Wollens als zu einer übersinnlichen Sphäre, einem „Reich der Zwecke" zugehörig fühlen. Es ist gleichsam ein moralisches Reich, dem alle Vernunftwesen angehören, und das zugleich durch seine Gesetze auf die Sinnenwelt Einfluss hat. Die Maxime lautet also: Wir müssen so wollen und handeln, als ob uns eine intelligible Welt als Erkenntnisobjekt gegeben wäre. Unsere Aufgabe ist es nun nach Kant, die Idee eines solchen Systems zu verwirklichen, und zwar als vernünftig wollende, freie und autonome Wesen. Dieser Turn ist demnach entscheidend. Erst durch diesen Akt wird die intelligible Welt initiiert, denn sie ist als übersinnliche Idee ein triftiger Grund und zugleich Ziel, die Welt zu verbessern; und obwohl das Sein der intelligiblen Welt nicht dinghaft ist im Sinne einer Existenz, ist sie als Idee in keiner Weise geringwertiger, eher von einer höheren Wertigkeit, da sie laut Kant eine zeitlose, über- und intersubjektive Geltung aufweist. Die intelligible Welt ist laut Kant ein notwendiger Schritt, um bestimmte Aspekte, die die sinnliche Realität übersteigen, zu erklären, da sie in der Erscheinungswelt nicht vollständig verstanden werden können. Zum Beispiel postuliert Kant in der „Kritik der reinen Vernunft" die Existenz von Freiheit und Gott, die späterhin in der Kritik der praktischen Vernunft und zuvor auch in der „Grundlegung zur Metaphysik der Sitten" als Grundlagen der Moral und der religiösen Überzeugung eingeführt wurden. Der Grund hierfür ist klar: Diese Ideen können nicht durch empirische Beobachtung oder logische Ableitung bewiesen werden, aber sie sind für Kant notwendige Annahmen, wichtige Postulate, um die moralische Erfahrung und die religiöse Praxis zu erklären.

Insgesamt ist die intelligible Welt ein zentrales Konzept in Kants Philosophie, das dazu dient, die Grenzen unserer Erkenntnisfähigkeit zu bestimmen und bestimmte Aspekte der Realität zu erklären, die über unsere sinnliche Erfahrung hinausgehen. Die Mundus intelligibilis als die Welt der Gedanken-Dinge steht im Mittelpunkt der kantischen Transzendentalphilosophie und hat weitreichende Auswirkungen auf sein Verständnis von Ethik, Ästhetik und Metaphysik. Obwohl die intelligible Welt für uns nicht direkt über die Sinne zugänglich ist, spielt sie eine entscheidende Rolle bei der Bestimmung unserer moralischen Überzeugungen, unserer ästhetischen Urteile und unseres Verständnisses von Realität und Wahrheit durch die Kraft der vermittelnden Vernunft. Die Kraft, durch die Freiheit möglich sein soll.

Die Freiheit des Willens – welche?

Welche Freiheit des Willens fordert nun Kant als Grundlage einer Moral, die sich nicht auf die Handlungen an sich, sondern ausschließlich auf die Maxime des Willens berufen soll?

Beginnen wir mit den Freiheitsräumen, die Kant für die Grundierung seiner Ethik ausschließt.

1. Die politisch-rechtliche Freiheit ermöglicht Bürgern und Bürgerinnen einen Freiheitsraum, der durch das Gesetz definiert ist. Dieser Freiheitsraum hat klare Grenzen, die durch Verbote nicht überschritten werden dürfen, aber auch eine Schutzfunktion, die den Erhalt des Raumes sicherstellt. Somit hat dieser Freiheitsraum zwar einen gewissen ethischen Grundcharakter, der sich aber lediglich auf das Dürfen bezieht und nicht auf das Können als des sich selbst entscheiden müssens. Es gibt keine Wahl des Willens, das Individuum ist nicht gefordert, das moralisch Richtige zu wählen, sondern muss sich den Gesetzen, die den rechtlich-politischen Raum definieren, akzeptieren. In diesem Fall gilt der Hegelsche Satz: Freiheit ist Einsicht in die Notwendigkeit, aber es ist nicht die Freiheit des Willens, die für moralische Entscheidungen, für die Wahl zwischen Pflicht und Neigung, zwischen Gut und Böse zuständig ist.

2. Dann gibt es auch die Handlungsfreiheit, die gerne mit der Willensfreiheit gleichgestellt wird. Hier ist zwar kein Dürfen vorausgesetzt wie bei der politisch-rechtlichen Freiheit, sondern reines Können. Wie Schopenhauer treffend feststellte: der Mensch kann tun, was er will, aber er kann nicht wollen, was er will. Das bedeutet, einer jeden Handlung geht eine Willensentscheidung voraus. Die Freiheit zu Handeln ist demnach nur die Verwirklichung des Willens, die Entscheidung des Willens ist davon nicht betroffen, denn sie ist, wenn die Handlung geschieht, bereits abgeschlossen und die Richtung des Handelns vorgegeben, wobei es keine Rolle spielt, ob der Wille sich physisch oder geistig äußert.

3. Dann gibt es auch die sogenannte äußere Freiheit, die der Willensfreiheit, wie Kant sie vorschreibt, nähersteht, ihr aber immer noch nicht ganz gerecht wird. Gemeint ist ein Ungebunden-Sein von äußeren Umständen. Äußere Freiheit des Willens bedeutet demnach die Abwesenheit von Zwang, Beschränkungen oder Unterdrückung von externen Quellen wie Regierungen, Institutionen oder sozialen Normen. Sie ermöglicht es dem Individuum, seine Handlungen und Entscheidungen autonom zu treffen, ohne äußere Einflüsse oder Einschränkungen. Diese Freiheit umfasst das Recht auf Selbstbestimmung, freie Meinungsäußerung und Handlungsfreiheit innerhalb eines gesellschaftlichen Rahmens. Sie ist gewissermaßen ein grundlegendes Prinzip der Demokratie und zugleich Voraussetzung für die Entwicklung eines individuellen Lebenswegs.

3. Im Gegensatz dazu gibt es noch die innere Freiheit, die sich auf den Zustand der Unabhängigkeit von inneren Zwängen, Ängsten, Begierden oder anderen psychischen Barrieren bezieht. Sie bedeutet, dass das Individuum im Einklang mit seinen eigenen Werten, Überzeugungen und Zielen lebt, ohne durch innere Konflikte oder Einschränkungen beeinträchtigt zu werden. Diese Form der Freiheit erfordert einen Prozess der Selbstreflexion, Selbstentdeckung und auch Selbsttranszendenz, um die inneren Hindernisse zu überwinden, die die persönliche Entfaltung behindern können. Innere Freiheit ist eng mit dem Streben nach Authentizität, Selbstverwirklichung und spirituellem Wachstum verbunden.

Die moralische Freiheit, wie sie Kant versteht

Für Kant steht fest: Ein Wille per se kann nicht frei sein. Das ist für ihn empirisch nachweisbar. Ein völlig ursachloser Wille würde sich aufheben, wäre kein Wille mehr im Sinne eines intentionalen Willens. Freiheit ist also nichts, was dem Willen als Beschaffenheit zukommt. Seinem Wesen nach ist der Wille unfrei, determiniert, der Natur zugehörig. Kant wählt einen anderen Weg: Freiheit erwächst aus der Autonomie als das Vermögen der Vernunft, dem Willen das Gesetz des Handelns vorzuschreiben. Die Vernunft gibt dem Willen vor, was zu tun ist, nimmt ihn in die Pflicht des unbedingten Sollens: nur so und dann erst wird der Wille frei. Dann erst wird das Ich ein Ich, dann erst wird man Person, wird man ein Selbst, eine sittliche Person!

Immanuel Kant definiert den freien sittlichen Willen als einen Willen, der unabhängig von äußeren Einflüssen oder inneren Neigungen handelt und sich allein durch das Gesetz der Vernunft bestimmt. Seine Konzeption des freien Willens ist eng mit seiner Ethik verbunden, insbesondere mit dem Konzept des kategorischen Imperativs. Freiheit ist also die Bedingung der Möglichkeit allen sittlichen Tuns. Würde es Freiheit nicht geben, würde alle Sittlichkeit entfallen – der Mensch wäre kein sittliches Wesen mehr. Somit wären Tugenden wie Gerechtigkeit, Nächstenliebe, Wahrhaftigkeit zwar als Phänomene noch vorhanden, aber sie wären nicht mehr sittlich zu benennen. Freiheit und Sittlichkeit sind demnach eng verknüpft, in gewisser Weise Korrelate, denn Kant bemisst nicht mehr den Wert einer Handlung, sondern sieht allein im guten Willen die Sittlichkeit begründet. Diesen guten Willen gilt es nun zu untersuchen.

Damit ein Wille gut ist, muss die Intention, die Richtung, stimmen. Um nun sittlich handeln zu wollen, bedarf es eines Zweckes, oder wie Kant formuliert, eines Sein-Sollens in Form eines Sittengesetzes. Wenn der Wille gut sein soll, muss er durch ein Gesetz bestimmt sein, der Wille muss sich nach ihm richten. Aber wo kommt das Gesetz her? Ist es von außen bestimmt? Dann würde auf der einen Seite der Wille und auf der anderen Seite das Gesetz stehen, und der Wille könnte sich frei entscheiden, das Gesetz anzunehmen oder sich zu verweigern. Aber das ist nicht die Intention Kants, denn wäre es so, dass der Wille das Gesetz von außen erhielte, würde dieses heteronome Verhältnis dem Willen Autonomie absprechen. Daher dreht Kant den Spieß um: Das Sittengesetz wird zur Eigengesetzlichkeit des Willens. Das Wesen des Willens selbst muss diese Gesetzgebung sein. Mit diesem Turn verkehrt sich das Verhältnis von Sollen und Wollen. Das Sollen bestimmt nicht mehr das Wollen, sondern umgekehrt, das Wollen bestimmt das Sollen. Sollen soll grundsätzlich eine Notwendigkeit der Handlung ausdrücken. Für Kant gibt es zwei Bedeutungen: zum einen ein Tun als Mittel, um einen Zweck zu erreichen, oder aber ein Tun, das nichts bezweckt. Ersteres unterliegt den hypothetischen Imperativen mit seinen mittelbaren Zwecken, letzteres dem kategorischen Imperativ. Vom kategorischen Imperativ gibt es notwendigerweise keine Ableitung, denn wenn es eine solche gäbe, wäre der Imperativ nicht mehr kategorisch. Es würde den Imperativ in die Sphäre des Bedingten rücken. So wie die Mathematik auf formalen Prinzipien wie dem der Identität und des Widerspruchs beruht – Prinzipien, die zwar bestimmte materielle Voraussetzungen implizieren, selbst aber nicht weiter begründet werden können –, so geht Kant in seiner Ethik mit den Grundproblemen um, etwa der Unbeweisbarkeit des Guten an sich.

Der Wille als das Subjektive wird zum Maßstab des objektiv Guten erklärt. Das Objektive wird mittels der Vernunft subjektiviert. Der Wille schöpft aus sich die Werte, nicht umgekehrt bestimmen die Werte den Willen. Das, was moralischen Wert hat, bestimmt der Wille selbst. Es handelt sich also um die Selbstgesetzgebung des Willens. Der Wille ist dann frei, wenn er nicht von Neigungen, Wünschen oder fremden Autoritäten geleitet wird, sondern von universellen moralischen Prinzipien selbstbestimmt wird. Das Gegenteil wäre Heteronomie, bei der der Wille durch äußere oder innere Zwänge bestimmt würde.

Wir halten fest: Kant versteht Freiheit nicht als Willkür – die Freiheit, einfach tun zu können, was man will – sondern als Autonomie. Ein freier Wille ist autonom, wenn er sich selbst ein Gesetz gibt, das heißt, wenn er nach Prinzipien handelt, die durch die Vernunft bestimmt sind und nicht durch äußere Zwänge oder subjektive Begierden. Die moralische Gesetzgebung, die der freie Wille anerkennen soll, wird im kategorischen Imperativ ausgedrückt. Der kategorische Imperativ ist das zentrale Prinzip der Kantischen Ethik: „Handle so, dass die Maxime deines Willens jederzeit zugleich als Prinzip einer allgemeinen Gesetzgebung gelten könne."[30] Das bedeutet, das jede Handlung einer Maxime folgt, durch die man zugleich wollen kann, dass sie ein allgemeines Gesetz werde. Ein freier sittlicher Wille handelt also nach Maximen – dies ist der Grundsatz, der für alle vernünftigen Wesen gelten soll.

Diese Form der Willensfreiheit ist es also, die laut Kant für echtes moralisches Handeln zuständig sein soll. Für alles Handeln, so lautet die Forderung Kants, zählt allein der gute Wille. Freiheit wird dadurch bestimmt, dass sie ihren Bestimmungsgrund in sich selbst haben soll. Sittliches Gebot und Freiheit fallen im Willen zusammen. Der Wille bestimmt sich in der Freiheit

---

29 Immanuel Kant, Kritik der praktischen Vernunft, §7, S. 41

selbst. Aber – und hier erkennen wir eine Ungereimtheit: wie kann der Wille frei sein, wenn er selbst Träger der Sollensforderung ist? Wenn Freiheit eine unverzichtbare ethische Erfordernis sein soll, müsste der Wille dann nicht zuerst das sittliche Gebot formen, um es dann ablehnen zu können? Aber wenn das Prinzip der Sollensforderung dem Wesen des Willens entspricht, wie kann der Wille dann davon abweichen? Der Wille müsste von sich selbst abweichen. Oder man schiebt die Möglichkeit des Freiheitvollzugs auf den empirisch bestimmten Willen, der anderen Bestimmungsgründen ausgesetzt ist und moralisch nicht zum Tragen kommt. So gäbe es im Menschen zwei Willen, einer, der sich moralisch bindet durch das Sittengesetz, und ein anderer, der den Naturgesetzen kausal ausgesetzt ist. Nach Kant ist der empirische Wille unfrei, denn er kann sich nicht aus seinen naturbedingten Verstrickungen lösen. Und der gute Wille, der dem Sittengesetz nicht nur folgt, sondern der Schöpfer dieser Urheberschaft sein soll, kann sich schlecht widersprechen. Kant indes sieht in der Bejahung des Sittengesetzes die Freiheit begründet, obgleich einzusehen ist, dass der Wille, da er sich das eigene Gesetz gibt, im Grunde gar keine Wahl hat, zuzustimmen oder abzulehnen. Doch für Kant besteht die Freiheit allein darin, dass der Wille sich bejahend zu seiner eigenen Gesetzgebung verhält. Und indem er sich als guter Wille setzt, entscheidet er sich gegen die Unfreiheit der kausal bestimmten Naturgesetzlichkeit. Dieser Erklärungsversuch löst nicht die Verlegenheit, dass ein Wille, der aus seinem eigenen Wesen das Gesetz formuliert, es weder bejahen noch verneinen kann, um sich nicht selbst als Wille aufzuheben. Das einzige Attribut, das dem Willen bei dieser Möglichkeit, aus der Kausalität hinauszutreten, unbedingt zugesprochen werden kann, ist Autonomie. Die Begründung der Freiheit des Willens liegt jedenfalls nicht in der Entscheidung zwischen Naturkausalität und Kausalität aus Freiheit. Erstere wäre völlig determiniert, die endlose Kausalkette lässt sich nicht durchbrechen, es wäre ein Verstoß gegen die Gesetze der Natur. Der Mensch ist der Natur ausgeliefert. Wäre er empirisch frei, würde dies eine Lücke reißen im weltlichen Kausalnexus, was nicht sein kann, da es dem Sinn der Gesetzlichkeit widerspräche. Das liegt daran, dass der menschliche Wille wie alles andere auf dieser Welt laut Kant Erscheinung ist und somit der Gesetzlichkeit der Kausalität unterliegt. Aber wie wir gesehen haben, kann der Wille, sobald er in die An-sich-Sphäre dank Kraft der Vernunft eintritt, zu der bereits existierenden Kausalreihe einen neuen Anfang setzen, der, sobald er gesetzt ist, genauso den Gesetzen der Kausalität unterworfen ist. Wenn dem so ist, hebt sich die Unterscheidung von Determination und Freiheit auf. Sittliche Freiheit ist ein Mehr an Determination, die sich auf einem von der Vernunft bestimmten Willensentschluss gründet. Insofern ist sittliche Freiheit nicht Freiheit von etwas, sondern eine Bestimmung sui generis, eine zusätzliche Determinante, die sich, einmal gesetzt, in den Nexus einfügt. Freiheit ist also durchaus positiv gestimmt, ein unbedingtes Ja zu der Möglichkeit der Vernunft.

Exkurs:

Trotz gravierender philosophischer Differenzen findet man in der Kantischen Definition des freien Willens als Schlüssel für seine deontische, auf Vernunft gegründete Ethik gewisse Parallelen zur Philosophie von Baruch de Spinoza. Spinoza war überzeugter Determinist, und die gesamte Wirklichkeit war für ihn durch die Natur Gottes bestimmt. Alles, was geschieht, geschieht aus der notwendigen Ordnung der Natur. Der determinierte Mensch wird frei, wenn er versteht, dass er ein Teil der göttlichen Natur ist und dass seine Handlungen aus dieser Ordnung hervorgehen. Die Freiheit besteht darin, seine Leidenschaften durch die Vernunft zu überwinden und im Einklang mit der Vernunft zu handeln. Für Spinoza war der freie Wille eine Illusion. Menschen glauben, frei zu sein, weil sie die Ursachen ihrer Handlungen nicht kennen. Doch eine eingeschränkte Freiheit ist bei Spinoza möglich als die Einsicht in die Notwendigkeit und die Fähigkeit, vernünftig zu handeln, indem man die natürlichen Ursachen seines Handelns erkennt. Die Freiheitsbegriffe von Kant und Spinoza sind nur bedingt vergleichbar. Während Spinoza Freiheit als Einsicht in die deterministische Notwendigkeit begreift, versteht Kant sie als Autonomie, die sich in moralischem Handeln ausdrückt. Spinoza ist ein radikaler Monist und Determinist, während Kant mit seiner Unterscheidung von Phänomenon und Noumenon Raum für Freiheit schafft. Die zentrale Differenz liegt in der Beziehung zwischen Freiheit und Notwendigkeit: Bei Spinoza sind sie identisch, bei Kant sind sie strikt getrennt. Verbindend ist bei beiden die Vernunft, durch die Freiheit erst möglich wird.

Kritik am kantischen Freiheitsbegriff

Die intelligible Welt der Dinge an sich, so wie sie Kant philosophisch postuliert, gründet auf Ideen. Es ist klar, dass ein solches ideales Konstrukt sich einer Erklärbarkeit entzieht. Eine Kausalität aus Freiheit als die Möglichkeit, eine neue Ereigniskette in Gang zu setzen, müsste mit den Begriffen und Bestimmungen von Naturgesetzen operieren, was naturgemäß unstatthaft wäre, da gerade die Freiheit bedingt, dass die Naturgesetze aufgehoben werden. Nicht umsonst mahnte Kant an, dass die Freiheit unerforschlich sei, womit er zugesteht, dass die Verknüpfung der empirischen Welt mit einer zweiten

Natur als die intelligible Welt nicht begründbar sei. Aber gerade weil man von einer übersinnlichen Welt keine Kenntnis erlangen kann, da sie rein durch Ideen konstituiert ist, bleibt sie als übersinnliche bestehen. Freiheit als Idee bleibt somit außerhalb einer zustehenden Objektivität und Realität. Sie bleibt als Idee subjektiv und ideal, da Ideen per se keine Synthese von Form und Materie eingehen können. „Freiheit ist nur eine Idee der Vernunft, deren objektive Realität an sich zweifelhaft ist."[31] Demnach würde man Freiheit erklären, wäre die Freiheit keine Freiheit mehr, da es in ihrem Wesen liegt, sich allen Gründen zu entziehen. Freiheit beginnt jenseits aller Gründe. Aber eben diese Freiheit, dieses kostbare Gut, soll durch die praktische Vernunft objektive Realität erhalten. Und das ist nur möglich, wenn man einsieht, dass die Setzung intelligibler Ideen nichts anderes sind als die Äußerung eines intelligiblen Ichs, in dessen Bestrebungen Theorie und Praxis, Verstand und Vernunft, Sinnlichkeit und Übersinnliches, all die kantischen Dualismen, wirksam zusammenfallen. Erst von diesem Punkt der Einheit des Ich stünde die kantische Ethik auf einer theoretisch soliden Basis.

Im Zustand der unüberbrückbaren Kluft von empirischem und ethischem Willen wird klar, dass die Sollensforderung unmittelbar im Raum des Intelligiblen stecken bleiben muss. Hier setzt die Kritik von Max Scheler und Nicolai Hartmann an, denen der strikte Formalismus der kantischen Ethik zu blutleer bleibt, da sie die ethisch bedeutsamen Gefühle wie Nächstenliebe, Mitgefühl, Mitleiden etc. ausschließt. Die einzige Form, die die kantische Ethik erlaubt, ist diejenige, durch dessen Maxime ein allgemeines Gesetz werden könne. Jede Form mate-

---

[31] Immanuel Kant, Grundlegung zur Metaphysik der Sitten, S. 116

rialer Wertethik bleibt außen vor. Aber gerade wegen ihrer Distanz zu menschlichen Neigungen und ihrem alles Empirische ausgrenzenden Universalismus ist die Kantische Ethik gegenüber den relativistischen Positionen des Utilitarismus ein beherzter Versuch, eine Ethik rein auf Vernunft gründen zu wollen.

Die Begründung der Moral durch Freiheit bei Kant

Die Frage lautet nun: wie kommt Kant vom Idealismus der transzendentalen Logik zum Idealismus des sittlichen Bewusstseins als einer Totalität von Identität des Bewusstseins überhaupt? Im Mittelpunkt, als Fixpunkt gleichermaßen, steht ein Wille, der sich selbst bestimmt und ein Gesetz, das sich der Wille selbst zu geben vermag. Dass es dazu kommen konnte, liegt an der Verschiebung der philosophischen Betrachtungsweise: weg von einer Metaphysik des Seins hin zu einem denkenden Subjekt, das nun, als Krönung, einem übersinnlichen Gesetz gehorchen soll und in diesem Gehorsam sich frei macht, indem das sittlich reife Subjekt sich entledigt aller äußeren Einflüsse, auch von jeder inneren Kausalität, nur noch dem eigenen Gewissen folgend.

Die Kopernikanischen Wende, die Kant in seiner Ethik einläutet, dreht sich um den sittlichen Willen, der von nun an im Zentrum stehen soll. Ein Wille ist nicht mehr sittlich zu nennen, der sich an einer äußeren Idee orientiert, sondern nur noch der Wille sei sittlich, der sich selbst gehorcht. Durch den Willen entsteht die sittliche Welt, und die praktische Vernunft liefert hierzu die sittlichen Ideen. Das sittliche Problem trägt Kant also vom Außen ins Innere des Menschen. Von nun ist das Subjekt gesetzgebend und liefert die Ideen. Der Sinn der Welt hängt von nun an am dünnen Faden der Vernunft.

Wie begründet nun Kant die Unbedingtheit des moralischen Gesetzes? Wir erinnern uns: in der transzendentalen Dialektik stellte Kant fest, dass der Verstand nicht begrenzt werden kann und im Denkfortgang ins Unendliche mündet. Empirisches Denken kann weder durch Fortschreiten noch durch Teilung zu einem Ende des Raumes und auch nicht zu einem Anfang in der Zeit gelangen. Gleichwohl pocht eben dieser beschränkte Verstand auf eine geschlossene Reihe. Der Verstand sehnt sich nach Vollständigkeit. Der Verstand verlangt nach dem Absoluten. Dieser Trieb nach dem Unbedingten, dieses unstillbare menschliche Verlangen prägt Bewusstsein in all seinen Phrasierungen. In der praktischen Philosophie, sprich in der Ethik, tritt diese Forderung nach dem Unbedingten in aller Schärfe in Erscheinung: nämlich als Sollen! Es gibt im Theoretischen (wie auch Praktischen) keinen Gegenstand, der diesem Sollen in vollem Umfange gerecht werden könnte. Dieses Sein-Sollen ist für Kant etwas über die Wirklichkeit hinausragendes, eine der Realität entrückte Idealität. Hier beginnt das Unbedingte, hier erreicht die Vernunft ihr Ende, allein deswegen, weil eine vollständige Verwirklichung des Sollens niemals erreicht werden kann. Das Sollen kann nicht überschritten werden. Es ist der unüberschreitbare Omega-Punkt allen theoretischen Strebens. Diese Idee des Unbedingten, die im Sollen begründet liegt, wirkt für das Bewusstsein konstituierend. Der Umstand, dass das menschliche Bewusstsein nach dem Unbedingten strebt, ohne es jemals zu erreichen, ist für Kant Grund genug, die Sittlichkeit auf der Säule des Sollens zu errichten. Der auf dem Sollen errichtete Imperativ bestimmt von nun die Summe aller Bestimmungsgründe des Wollens. Das Sollen setzt den unbedingten Zweck, dem sich alles Wollen unterordnen muss. Ein Bewusstsein, das sich unter diesen Imperativ stellt, erhebt sich aus der empirischen, kausal bedingten Welt und begibt sich in eine andere Weltordnung. Da diese Forderung des Sollens niemals Mittel für einen anderen Zweck sein kann, sondern alleiniger Zweck bleibt für einen sittlichen Willen, nennt Kant diesen Imperativ nicht hypothetisch, sondern kategorisch. Die Allgemeingültigkeit alles davon abgeleiteten Handelns liegt nicht in ihrer Wirkung, sondern einzig in ihrer idealen Bestimmtheit. Für Kant spielt sich die Sittlichkeit im Bewusstsein ab. Somit wird das Unbedingte nie gegenständlich, sondern bleibt stets ein unbedingter Wert. Ein Wille, der sich dem kategorischen Imperativ verschließt, verschließt sich der übersinnlichen, intelligiblen Welt und bleibt im Gefüge der Empirie stecken.

Kants Ethik gründet auf den Pfeilern der Freiheit und Pflicht! Ethische Prinzipien sollen auf der Grundlage der Vernunft und der Idee der Pflicht begründet werden. Maßgeblich gestützt wird diese deontische Ethik durch den sogenannten kategorischen Imperativ, der darauf abzielt, dass alle Handlungen, sollen sie moralisch wertvoll sein, unabhängig von ihren möglichen Folgen betrachtet werden. Verfolgen wir kurz ihre philosophischen Grundlagen sowie ihre praktischen Implikationen. Grundlegend ist die moralische Autonomie. Nicht von äußeren Quellen auferlegt, sondern aus der Vernunft des moralischen Subjekts selbst müssen die moralischen Impulse stammen. Wenn eine Person ihre Handlungen unabhängig und frei von äußeren Einflüssen bestimmt, ist somit die Achtung vor dem Gesetz, die Würde und Autonomie gegeben.

Der kategorische Imperativ

Das Kernprinzip der kantischen Ethik ist der kategorische Imperativ, der in verschiedenen Formulierungen präsentiert wird, aber im Wesentlichen besagt, dass eine Handlung moralisch richtig ist, wenn sie sich auf eine Weise verhält, die sich ohne

Widerspruch zur Allgemeinheit aller vernünftigen Wesen bestimmen lässt. Dies bedeutet, dass eine Handlung nur dann moralisch akzeptabel ist, wenn ihre Maxime, d. h. die Grundsätze, nach denen sie ausgeführt wird, ohne Widerspruch als allgemeines Gesetz für alle vernünftigen Wesen gelten könne. Die Freiheit des Willens ist für Kant, wie wir gesehen haben, die unabdingbare Prämisse für seine Ethik. Nur wer frei ist, kann moralisch handeln! Und das geschieht nur dann, wenn der Wille sich loslöst von den empirischen Umständen, sich befreit von den eigenen naturbedingten Trieben, Zwängen, Wünschen und Begehren. Indem die Vernunft diesen durch sie gereinigten Willen leitet mit dem formalen Gesetz des kategorischen Imperativs, kommt Freiheit zur Geltung. Nicht nur das: der Wille wird zum ausübenden Organ dieser Vernunft, die wiederum, da alles Empirische abgestreift ist, nur noch formal wirksam werden kann. Alles Materiale ist abgestreift. Wie bei Spinoza besteht auch bei Kant die Freiheit darin, allein von inneren Ursachen bestimmt zu sein. Bei Spinoza traf dies ausschließlich bei Gott zu, bei Kant ist der befreite Wille allein durch die Vernunft bestimmt. Wer vernünftig ist, der ist auch frei und moralisch. Frei, weil der Wille sich durch die Vernunft das eigene Gesetz zu geben mag und in dieser Hinsicht autonom ist, und moralisch, weil er im Hinblick auf die Autonomie seines Wirkens für seine Gesinnung wie auch für seine Taten zur Verantwortung gezogen werden kann. Im Hinblick auf eine deontische Ethik besagt dies nicht nur, dass jede ausgeübte Handlung niemand anderen in seinen Rechten verletzen darf (neminem laede), sondern darüber hinaus, dass jede Handlung einer Gesinnung entspringen soll, aus der ein allgemeines Gesetz werden könne. So formuliert Kant seinen kategorischen Imperativ: „Handle so, dass die Maxime deines Willens jederzeit zugleich als Grundlage einer allgemeinen Gesetzgebung gelten könne."[32] Es handelt sich hierbei um eine reine Sollens-Forderung, entsprungen der Vernunft. Da nur diese Vernunft und kein Gott und auch keine andere, fremdartige Instanz für dieses Sollen verantwortlich ist, betrachtet Kant die Vernunft als autonom. Freiheit und Autonomie fallen in eins, wobei nur derjenige Wille, der die Sollensforderung des kategorischen Imperativs annimmt, frei sein kann. Die Sollensforderung, die der Vernunft entspringt, hat für Kant universale Geltung im Gegensatz zu den hypothetischen Imperativen, die situations-bedingt sind. Alle vernunftbegabten Wesen wissen um dieses Sollen.[33] Universale Geltung hat der kategorische Imperativ auch darin, dass ausschließlich dem Willensentschluss morali-sche Bedeutung zukommt. Den Folgen eines Willensentschlus-ses misst Kant keine Bedeutung bei. Seine Konzentration liegt allein auf dem Moment der Gesinnung. Bekannt ist, dass der junge Hegel in seiner Frühschrift „Der Geist des Christentums", entstanden etwa zwischen 1798 und 1800 – also zu einer Zeit, als Kant noch hoch betagt am Leben war – die Gesinnung als das wesentliche Merkmal Jesus' herausarbeitete, indem er die Gesinnung gegen das mosaische Gesetz stellte und erhöhte. „Wo die Sonne erstrahlt, verblassen die Sterne!" Kant stellt die Gesinnung in den Willen und die Vernunft, dadurch bestimmt er, dass eine Entscheidung ausschließlich einem autonomen Wesen zukommen muss und daher verantwortlich gemacht werden muss für seinen Willen. Talente aller Art lässt Kant au-ßer Acht. Er widersetzt sich jeglicher Art von Tugendlehre. Was ausschließlich gut sein kann, ist allein der gute Wille. „Es ist

---

[32] Grundlegung zur Metaphysik der Sitten. Riga 1785. 1. Abschnitt

[33] An anderer Stelle haben wir dieses sonderliche Modalverb behan-delt

überall nichts in der Welt, ja überhaupt auch außerhalb derselben zu denken möglich, was ohne Einschränkung für gut könnte gehalten werden, als allein ein guter Wille." (Grundlegung zur Metaphysik der Sitten, Erster Abschnitt)

Wenn nun nicht die Folgen einer Handlung ethisch untersucht werden, mit welchen Kriterien wird nun der Wille als gut befunden? Sollte ein guter Wille nicht danach bemessen werden, wie gut die Handlung ist? Kant sucht die Beweislast auf Seiten des guten Willens. Für ihn gilt: Moralisch ist eine Gesinnung nur dann, wenn die Maxime des Wollens keinem Widerspruch ausgesetzt ist. Kant verspricht sich durch den Satz des Widerspruchs, also mit Mitteln der Logik, das Fundament der Ethik aufzubauen und den kategorischen Imperativ so zu etablieren.

So exemplifiziert Kant mit einem Beispiel seinen kategorischen Imperativ: Du sollst nicht stehlen? Was würde passieren, wenn man die Maxime umdrehte: Wenn nun ein jeder stehlen dürfte, dann gäbe es ab einem gewissen Punkt kein Eigentum mehr. Und wenn es kein Eigentum mehr gäbe, könnte man nicht mehr stehlen. Die umgedrehte Maxime: Du sollst stehlen, würde sich selbst auflösen. Wenn jeder stiehlt, würde kein Besitz mehr existieren. Aber durch das Stehlen will man Besitz vergrößern. Diese falsche Maxime löst sich also im Widerspruch auf. Man kann Diebstahl nicht als ein allgemeines Gesetz wollen.

Wie sieht es mit der Lüge aus? Ebenso. Wenn alle Lügen würden, gäbe es kein Vertrauen mehr. Gerade wenn man lügt, erwartet man, dass derjenige, der belogen wird, glaubt und vertraut. Wenn nun alle lügen würden, wäre das Vertrauen und das sich gegenseitig Glauben schenken aufgehoben, da man weiß, dass keiner mehr wahrhaftig ist. Die Maxime: Lügen ist gestattet, endet demzufolge im Widerspruch. Bei einer Lüge setzt man darauf, dass geglaubt wird. Ohne Vertrauen hebt sich die Lüge auf. Auch in diesem Fall greift also die Logik des Widerspruchs in die Pflichtethik Kants. Der Wille zu lügen, widerspricht sich selbst. Gleichwohl gibt es Maximen, die zwar logikimmanent sind, aber dennoch moralisch anfechtbar sind. Kant vertrat eine zu rigorose Ansicht in Sachen Lüge. Sein Ansinnen, die Wahrhaftigkeit über die Menschlichkeit zu stellen[34], schießt über das Ziel einer Ethik hinaus. Kants Aufsatz „Über ein vermeintes Recht aus Menschenliebe zu lügen" war eine Stellungnahme auf eine kurz zuvor erschienene Abhandlung von Benjamin Constat: „Der sittliche Grundsatz: es sei eine Pflicht, die Wahrheit zu sagen, würde, wenn man ihn unbedingt und vereinzelt nähme, jede Gesellschaft zur Unmöglichkeit machen. Den Beweis davon haben wir in den sehr unmittelbaren Folgerungen, die ein deutscher Philosoph aus diesem Grundsatze gezogen hat, der so weit geht zu behaupten: dass die Lüge gegen einen Mörder, der uns fragte, ob unser von ihm verfolgter Freund sich nicht in unser Haus geflüchtet, ein Verbrechen sein würde …. Es ist eine Pflicht, die Wahrheit zu sagen. Der Begriff von Pflicht ist unzertrennbar von dem Begriff des Rechts. Eine Pflicht ist, was bei einem Wesen den Rechten eines anderen entspricht. Da, wo es keine Rechte gibt, gibt es keine Pflichten. Die Wahrheit zu sagen, ist also eine Pflicht; aber nur gegen denjenigen, welcher ein Recht auf die Wahrheit hat. Kein Mensch aber hat Recht auf eine Wahrheit, die anderen schadet."[35] Pflicht ist demnach nicht durchführbar ohne den Begriff des Rechts. Pflicht ist die ausübende Pflicht gegenüber den Rechten eines anderen. Ohne Rechte keine

---

[34] Immanuel Kant, Über ein vermeintes Recht aus Menschenliebe zu lügen, Aufsatz von 1797

[35] Benjamin Constant: *Von den politischen Gegenwirkungen*. In: Karl Friedrich Cramer (Hrsg.): *Frankreich im Jahr 1797. Aus den Briefen Deutscher Männer in Paris. mit Belegen*. 1. Auflage. 2, sechstes Stück. Altona 1797, S. 123.

Pflichten. Die Wahrheit zu sagen, ist also nur dann eine Pflicht, wenn ein Gegenüber ein Recht auf diese hat. Wenn ein Mensch einem anderen Menschen schaden will, ist dieses Recht auf Wahrheit verwirkt.

Kant erwiderte: „Die Lüge also, bloß als vorsätzlich unwahre Deklaration gegen einen anderen Menschen definiert, bedarf nicht des Zusatzes, dass sie einem anderen schaden müsse; wie die Juristen es zu ihrer Definition verlangen (mendacium est falsiloquium in praeiudicium alterius.) Denn sie schadet jederzeit einem anderen, wenn gleich nicht einem anderen Menschen, doch der Menschheit überhaupt, indem sie die Rechtsquelle unbrauchbar macht."[36] Kant stellt also die Wahrheit als höchste Pflicht auf. Dies zu untermauern, verweist er auf die Unterscheidung von Wahrheit als einem erkenntnistheoretischen Begriff und der Wahrhaftigkeit, dem inneren Drang, ehrlich sein zu wollen. So gibt es für Kant keine Pflicht zur Aussage einer objektiven Wahrheit. Jedoch beginnt für Kant die Pflicht bei der Sache, die man selbst für wahr hält: „Weil Wahrhaftigkeit eine Pflicht ist, die als die Basis aller auf Vertrag zu gründenden Pflichten angesehen werden muß, deren Gesetz, wenn man ihr auch nur die geringste Ausnahme einräumt, schwankend und unnütz gemacht wird", kam Kant zu der Konklusion: „Es ist also ein heiliges, unbedingt gebietendes, durch keine Konvenienzen einzuschränkendes Vernunftgebot; in allen Erklärungen wahrhaft (ehrlich) zu sein." Kant unterscheidet die Rechtspflicht von der Tugendpflicht, Wahrhaftigkeit ist demnach eine Rechtspflicht. Eine Lüge, so folgert Kant, verletzt eine Pflicht allen anderen gegenüber, auch wenn niemand Schaden leidet. Der in der „Grundlegung zur Metaphysik der Sitten" eingeführte kategorische Imperativ und die daraus sich

---

[36] Kant, AA VIII, S. 426

entwickelnde Pflichtethik verbietet die Lüge, weil einzig die Wahrhaftigkeit garantiert, dass Vertrauen und somit ein gemeinschaftliches Leben möglich ist. Die kantische Ethik unterliegt keinem Zweck, keinem Nützlichkeitsdenken. Kant hat sich bewusst gegen den Utilitarismus gestellt, weil dieser alles relativiert. Pflicht zur Wahrhaftigkeit ist eine unhintergehbare, allgemeine Pflicht. Wäre diese Pflicht aufgehoben, würde die Gesellschaft laut Kant kollabieren.

Die Methodik Kants, die Wahrhaftigkeit über die Menschlichkeit zu stellen, stellt den kategorischen Imperativ in Frage. Wenn eine Lüge Menschenleben schützen kann, ist dann nicht die Lüge Pflicht? Steht nicht das Leben über dem Gesetz?[37] Nicht umsonst haben Adorno und Horkheimer in der Dialektik der Aufklärung erklärt, dass die reine Vernunft zur Unvernunft wurde. Schopenhauer hatte bereits früher das absolute Lügenedikt Kants auf Schärfste verurteilt. Kants Schwäche in seiner Argumentation war, dass er seine Maxime des Lügenverbots auf das Abstraktum Menschheit abzielte: zum Wohle der Menschheit. Er meint nicht jeden einzelnen Menschen, er bezieht sich auf die abstrakte Summe an Menschen. Damit stuft er die Macht der Vernunft mit ihrer Abstraktionskraft höher ein als das Wohl des Einzelnen. So eine Rigorosität verfehlt das Ziel der Ethik. Eine Ethik kann nicht allein auf Logik fußen, so wie Kant sich das vorstellte. Ein kategorischer Imperativ, der moralisch nicht abgeleitet, muss als Prämisse das Wohl und den Schutz jedes einzelnen Menschen berücksichtigen. Erst dann, wenn dieser bedeutende Punkt gewährleistet ist, greift die Logik.

---

[37] Bonmot Talleyrands von 1807: Die Sprache ist dem Menschen gegeben, um seine Gedanken zu verbergen

Zum Begriff der Würde

„Allein dieser Ausdruck ‚Würde des Menschen', ein Mal von KANT ausgesprochen, wurde nachher das Schibboleth aller rath- und gedankenlosen Moralisten, die ihren Mangel an einer wirklichen, oder wenigstens doch irgend etwas sagenden Grundlage der Moral hinter jenem imponirenden Ausdruck ‚Würde des Menschen' versteckten, klug darauf rechnend, daß auch ihr Leser sich gern mit einer solchen Würde angethan sehen und demnach damit zufrieden gestellt seyn würde."
Arthur Schopenhauer, Grundlage der Moral, S. 166

„Die Ceremonien, die Amts- und Standestrachten, die ernsten Mienen, das feierliche Dreinschauen, die langsame Gangart, die gewundene Rede und Alles überhaupt, was Würde heisst: das ist die Vorstellungsform Derer, welche im Grunde furchtsam sind ..."
Friedrich Nietzsche, Morgenröte

„Die Würde des Menschen ist unantastbar. Sie zu achten und zu schützen ist Verpflichtung aller staatlichen Gewalt.
Grundgesetz für die Bundesrepublik Deutschland, Artikel 1, Absatz 1

Der Freiheitsbegriff bei Kant ist, wie wir gesehen haben, problematisch, jedoch ist er, glaubt man an die Dominanz der Vernunft, nachvollziehbar. Auf jeden Fall war es ein probater Weg, die Moral vom Eudämonismus der antiken Vorgänger zu befreien. Indem der Wille durch den Akt der Aufhebung des empirischen Trachtens, Wollens und Begehrens sich durch die bewusste Unterwerfung unter das Gesetz des Sollens befreit, wird er autonom. Der kategorische Imperativ mit seinem unbedingten Primat des Gesetzes des Sollens sowie der logischen

Deduktion ethischer Probleme, die die Suprematie des Lebens und des Wohlergehens eines jeden einzelnen aufgibt zu Gunsten des Abstraktums Menschheit, bereitet hingegen größere Schwierigkeiten. Wenn man, wie Kant es vorschwebte, ein Gesetz postuliert, das etwas sein SOLL, (ob es gleich niemals geschieht), ist, wie Schopenhauer in seinem Fundament der Moral feststellte, eine petitio principii. Denn wie lässt sich beweisen, dass es abstrakte Gesetze geben soll, denen unser Handeln sich unterwerfen soll, wenn es diese gar nicht gibt? Eine Ethik, die auf Sollen gründet, ist mehr Theologie als Philosophie.

Wie sieht es nun mit dem Begriff der Würde aus? Kant hat diesen Begriff eher en passant abgehandelt, letztlich aus dem kategorischen Imperativ abgeleitet, jedoch mit materialen Prämissen versehen – bevor wir überprüfen, ob der daraus gewonnene Begriff der Würde auf ein philosophisch solideres Fundament gestellt worden ist, betrachten wir den Begriff der Würde, wie er vor Kant verstanden worden ist.
Im griechischen Kulturraum der Antike gab es keinen adäquaten Begriff von Würde. Mit dem Wort τιμή für Wertschätzung oder Ehre wird man dem Begriff Würde nicht gerecht. Erst Cicero etablierte den Begriff der Dignitas, der vornehmlich für den politischen Raum geprägt war, der aber nicht mit dem Begriff der Würde, wie wir ihn heute verstehen, verwechselt werden darf. Die Dignitas, wie Cicero den Begriff verstand, räumte dem Menschen eine Vorrangstellung gegenüber der Tierwelt ein, wie auch in politischer Hinsicht dem römischen Staat gegenüber anderen Staaten eine Vorrangstellung zugesprochen wurde, (dignitas rei publicae), doch das Prinzip der unbedingten Gleichheit fehlt dem Begriff. Im Gegenteil: Cicero betrachtete die Würde als ein gesellschaftliches Privileg: Würdigkeit ist für ihn ein Merkmal des Adels. Die Dignitas drehte sich um den

Stand, Ehre, die gesellschaftliche Geltung, vor allem um den sozialen Stand. Zugleich betrachtete Cicero die Dignitas als einen Ansporn für ein sittliches Leben, wie da waren: Wahrung des rechten Maßes, Beherrschung der Leidenschaften, ein von der Vernunft geleitetes Leben. Wer aus dem Adel kommend seine politische Laufbahn verspielte und nicht sittengemäß zu leben vermochte, setzte seine Dignitas aufs Spiel. Sie war ein Gut, dass man durch die Gunst der Geburt erhielt, jedoch auch verlieren konnte. Cicero fand gemäß der Stoa eine unveränderliche Eigenschaft des Menschen, einen sittlichen Kern, den es zu bewahren gilt: „Wenn wir bedenken wollen, eine wie überlegene Stellung und Würde in unserer Natur liegt, dann werden wir einsehen, wie schändlich es ist, in Genusssucht sich treiben zu lassen und verzärtelt und weichlich, und wie ehrenhaft andererseits, sparsam, enthaltsam, streng und nüchtern zu leben."[38] Jedoch wenn in einer Gesellschaft die Sklavenhaltung zum Alltag gehörte, muss das „wir" im Text allein den oberen gesellschaftlichen Schichten zugerechnet werden. Der hohe politische Rang einer Person, seine gehobene soziale Stellung, brachte Verantwortung mit sich, erwartet wurde allerdings im Austausch und Umgang mit anderen ein entsprechendes Verhalten.

Während Cicero den Begriff der Dignitas anthropologisch, ethisch und politisch bestimmte, gab es im jüdisch-christlichen Kulturraum auch theologische Erklärungs- und Deutungsversuche des Begriffs. Das Alte Testament mit seiner Lehre, die den Menschen als einziges Wesen aus der Schöpfung herausragen sieht und ihn sogar als Ebenbild Gottes (Imago dei) betrachtet, darüber hinaus ihn ausgestattet sieht mit einer unsterblichen Seele, hat den Würde-Begriff nicht aus der Stoa mit

---

[38] Cicero, De Officiis, S. 1105 ff

seinem universalistischen Ansatz übernommen, sondern geht einen eigenen Weg, indem es sich auf die eigene Schrift Genesis 1,27-30 bezieht, in der das Verhältnis Mensch und Gott festgelegt ist. Es ist ein theologischer Ansatz, der zu einem anderen Würde-Begriff führt. Dem Menschen wird durch Gott ein Herrschaftsauftrag überantwortet, damit er als Gottes Ebenbild die Ordnung der Schöpfung in seinem Auftrag aufrechterhält. Der Mensch soll – im Auftrag Gottes – über die Erde herrschen.[39] Wer so viel Macht von einem transzendenten Wesen eingeräumt bekommt, muss von ihm geliebt werden. Der Mensch erkennt seinen eigenen Wert, weil er sich im Glauben von Gott geliebt weiß. Der Glaube schweißt Mensch und Gott zusammen, so erfährt er die Liebe. Die Würde des Menschen gründet in der Liebe Gottes.

Das Christentum hat den alttestamentarischen Anspruch der Genesis auf Jesus Christus übertragen. Nun heißt es im Neuen Testament: in Jesus ist der Mensch angenommen und in seiner Liebe aufgehoben. Und das Christentum verfolgt mit seiner Glaubensdoktrin, in dessen Mittelpunkt der Leidensweg Christi steht, einen Ganzheitsanspruch. Nicht allein das Volk der Juden ist auserwählt, durch Jesus Christus ist die gesamte Menschheit gerettet. Durch diesen universalen Anspruch folgt im Christentum konsequent der Schluss, dass vor Gott alle, wirklich alle Menschen gleich seien. So steht im Galater 3, 28: „Hier ist nicht Jude noch Grieche, hier ist nicht Sklave noch Freier, hier ist nicht Mann noch Frau; denn ihr seid allesamt einer in Christus Jesus." Allerdings konnte diese transzendente vertikale Achse die Ungleichheiten im irdischen Dasein nicht ausgleichen, da durch das Mittelalter hindurch weiterhin nur prosperierende Ämter und Macht Würde im Diesseits verliehen.

---

[39] 1. Mose 1:26-27

Nicht zu übersehen ist auch die Leibfeindlichkeit, die mit Paulus Einzug hält. Paulus bringt den unüberbrückbaren Gegensatz von Fleisch (σάρξ) und Geist (πνεῦμα) in die Lehre ein (siehe Römer 7, 14 - 25 und Galater 5,17). Beide Begriffe zeigen einander ausschließende Daseinsweisen auf. Das „Fleisch" meint nicht ausschließlich den Leib, sondern vor allem die Selbstbezogenheit als die Hingabe zu den Begierden (ἐπιθυμίαι), die von Gott entfremden und in dieser Abkehr von Gott den Menschen sündhaft werden lassen. Im Gegensatz hierzu steht der „Geist", gedeutet als Geschenk Gottes, (der ebenfalls Geist ist, wie auch Jesus Christus dieser Geist ist), durch den allein die Abkehr von der Selbstbezogenheit ermöglicht wird und somit auch eine Imitatio Christi erreicht wird als ein irdisches Leben auf Christus hin. Der Mensch wurde so in seiner Ganzheit negiert – wo bleibt da die Würde? Die angeführte Gottesebenbildlichkeit reicht nicht aus, obgleich die Patristik und Hochscholastik die Ganzheit des Menschen herausstellen, wie man in den Schriften Thomas von Aquino lesen kann. Für Thomas ist die Würde gegeben – obgleich er den Begriff dignitas nicht anführt – „weil er nach dem Bilde Gottes gemacht, weil er Vernunft und freien Willen und Herrschaft über sich selbst besitzt." (summa Kap. 121) Wie steht es bei Thomas um den sündigen Menschen? Ist er auch im Besitz der Würde im Antlitz Gottes? So meint Thomas, dass der Mensch, der in Sünde verharrt und somit der Gemeinschaft schadet, wie ein Tier behandelt werden soll, wobei ein notorischer Sünder, sprich ein Verbrecher, noch schlimmer als ein Tier sei. Ob ein Verbrecher für seine Taten hingerichtet werden soll, ist sich Thomas nicht sicher: „Denn in jedem Menschen, auch im Sünder, müssen wir die

Natur, die Gott gemacht hat und welche durch die Tötung zerstört wird, lieben.[40] Gleichwohl ist die Hinrichtung des Verbrechers im Hinblick auf das Gemeinwohl seines Erachtens erlaubt. „Indem er sündigt, verlässt der Mensch die Ordnung der Vernunft und fällt somit ab von der Würde des Menschen, sofern der Mensch von Natur aus frei und seiner selbst wegen da ist" (Summa Theologiae II-II, 64,2,3).

Die Zerrissenheit von Fleisch und Geist, die transzendenten Überforderungen durch einen schweigenden Gott und eines Jesus Christi, dessen Parusie ausblieb, wie auch für die meisten Menschen die Unerreichbarkeit der Erlangung einer Würde im irdischen Dasein waren Anlass genug für einen umwälzenden Paradigmenwechsel in der Renaissance. Von nun an galt es, das Glück und die Würde im Diesseits zu finden. Der Mensch sagte sich los von Gott, und die Würde war nicht eine von Gott gewährte Gunst oder Gnade, sondern der Mensch selbst betrachtete sich als befähigt zur Gestaltung des eigenen, diesseitigen Lebens. Mehrere Aspekte wurden hierbei hervorgerufen:
1. Der Mensch hat ein offenes Wesen. Während das Tier völlig determiniert ist, ist der Mensch offen für seine Gestaltung.
2. Der Mensch ist vernunftbegabt. Dies befähigt ihn mit seinem rationalen Denken und Handeln somit zu einer schöpferischen und autonomen Selbstbestimmung.
3. Der wichtigste Punkt: der Mensch hat eine innere Veranlagung für Moral. Er ist befähigt, seine Empathie zu reflektieren.

Dies alles sind die geistigen Voraussetzungen zur Festigung eines Begriffs der Würde, der nicht von Gottes Gnaden abhängt, sondern allein von den inneren Werten und der geistigen Dis-

---

[40] S.Th. II-II 64, 6 c.: DThA Bd.18, S. 170

position des Menschen. So betonte Giovanni Pico della Miran-
dola in der italienischen Renaissance die besonderen geistigen
Fähigkeiten des Menschen zur Selbstvervollkommnung. 1504,
zehn Jahre nach seinem Tod, wurde ein Buch aus seinen an-
geführten Reden veröffentlicht „De hominis dignitate" lautete
der Titel, der jedoch nicht vom Autor, sondern aus einer anderen Quelle stammte. Entscheidend bei ihm ist, dass er in seinen
Reden die freie Selbstbestimmung und somit auch die Freiheit
des Menschen betonte. Da er die Unsterblichkeit und Gottesebenbildlichkeit des Menschen aus seinen Gedanken aus-
klammerte, dafür aber die Kräfte der Magie hervorhob, verbot
Papst Innozenz VIII. die Ausführungen seiner Reden.

Im französisch-angelsächsischen Denkraum des 17. und 18.
Jahrhundert waren anstelle der Würde die Menschenrechte ge-
treten. Thomas Paine (1737 bis 1809), gebürtiger Engländer,
aus ärmlichen Verhältnissen kommend, von Beruf Korsettma-
cher, doch grandioser Autodidakt, setzte sich Zeit seines Lebens für die Menschenrechte ein. Er ging mit einem Empfeh-
lungsschreiben von Benjamin Franklin 1774 nach Amerika, dort
verfasste er ein Jahr später seine kurze Abhandlung „A serious
thought", dem bald sein Buch „common sense" folgte, das sich
mehr als eine halbe Million Mal verkaufte. Er plädierte für die
Unabhängigkeit Amerikas von England, forderte eine demokratische Regierung, das auf den Menschenrechten gründen sollte
und war ein entschiedener Gegner der Sklaverei. Sein Buch
diente als Vorlage für die Verfassung der amerikanischen Unabhängigkeitserklärung, zumal Paine den Vorschlag einbrachte, die neu gekürte Nation „Vereinigte Staaten von Amerika" zu nennen. Die 1789 ausbrechende Revolution in Frankreich begeisterte ihn, er reiste nach Frankreich mit dem Ziel,
die Revolution nach England zu übertragen, erhielt dort für
sein politisches Engagement das französische Bürgerrecht. Als

Mitglied der französischen Nationalversammlung lehnte er vehement die Hinrichtung des Königs Ludwig XVI. und seiner Frau Marie Antoinette ab. Seine gemäßigte girondistische Haltung erzürnte den Jakobiner Robespierre, der ihn zum Tode verurteilen ließ. Durch einen Zufall entging er der Guillotine und reiste 1802 zurück nach Amerika, wo er noch publizistisch tätig war, aber allmählich in Vergessenheit geriet. Sein Credo lautete: „Die Welt ist mein Land, die ganze Menschheit sind meine Brüder, und Gutes zu tun ist meine Religion." Paine war überzeugt von der Gleichheit aller Menschen, egal welcher Herkunft, welcher Abstammung, in welchen sozialen Verhältnissen sie lebten, er setzte sich auch für die Rechte der Frauen ein. Dennoch geriet er in Misskredit, starb in Armut, da er für alle seine Schriften, die sich millionenfach verkauften, niemals Tantiemen einforderte. Auch heute gilt der Ruf dieses Gründungsvaters Amerikas als beschädigt, obgleich Barack Obama ihn gerne bei öffentlichen Reden zitierte. Feststellbar ist, dass weder in der amerikanischen Unabhängigkeitserklärung noch in der französischen Erklärung der Menschen- und Bürgerrechte vom 26. August 1789 der Begriff der Würde des Menschen gefunden werden kann. Doch in beiden Verfassungen sind die Menschenrechte großgeschrieben: Die Menschen sind und bleiben von Geburt frei und gleich an Rechten – allein deswegen, weil es die Würde gibt, was jedoch unausgesprochen bleibt.

Der Versuch, den Begriff der Würde philosophisch zu etablieren, wurde in Deutschland vorgenommen. Erstmals von Samuel Freiherr von Pufendorf und später von Immanuel Kant. Freiherr von Pufendorf (1632 bis 1694) war Theologe und Jurist zugleich, lehrte unter anderem an der Universität in Lund, Schweden, wo er von orthodoxen Lutheranern vertrieben wurde. 1673 veröffentlichte er in Schweden sein Hauptwerk

De officio hominis et civis iuxta legem naturalem libri duo, das großes Aufsehen erregte und dem bald Über-setzungen in nahezu allen europäischen Sprachen folgten. Es war das bedeutendste Buch seiner Zeit in Sachen Naturrecht. Auf der Grundlage dieses vernunftbetonten Naturrechts skizzierte von Pufendorf das den aufgeklärten Absolutismus prägende System der Staatslehre und des Vernunftrechts. Es war ein für damalige Verhältnisse mutiges und wegweisende Konstrukt: Zum einen sollte das Verbrechen der Ketzerei aus den bürgerlichen Strafgesetzbüchern gestrichen werden, was nichts anderes als die Lossagung des Staates von religiösen Doktrinen bedeutete, und zugleich sollte ein Weg zurück zum ursprünglichen Christentum eingeschlagen werden. Seine ethischen Prinzipien der Freiheit und Menschenwürde stützten sich aus dem Naturrecht begründeten Völkerrecht und er schloss hierdurch auf die natürliche Gleichheit aller Menschen. Die Würde des Menschen sei von Gott gegeben. In seiner Pflichtenlehre waren Recht und Moral als unterschiedliche Kategorien strikt voneinander getrennt. Von Pufendorfs Lehre hinterließ einen bleibenden Eindruck und seine Schriften wurden durch seinen Schüler Christian Thomasius weiterentwickelt. Noch zu Lebzeiten Kants wirkte die Lehre von Pufendorfs nach.

Der Begriff der Würde bei Kant

„Die Würde der Menschen als vernünftige Wesen besteht also darin, dass sie sich selbst ein Gesetz geben, das sie zu gehorchen haben."
(Kant, Grundlegung zur Metaphysik der Sitten)

Seit der Renaissance steht der Mensch und nicht mehr Gott im Fokus der Betrachtung. Es ist – abgesehen von rühmlichen

Ausnahmen wie die Confessiones des Augustinus – der Beginn der Selbstreflektion, jedoch nicht mehr in einer Beziehung zu Gott, sondern ausschließlich bezogen auf sich selbst, auf die eigenen Abgründe. Viel Wichtiges ist seitdem über den Menschen proklamiert worden: dass er frei sei, dass er einen freien Willen habe, dass er autonom sei, dass er einen unschätzbaren Wert an sich habe, der ihn wertvoll mache, dass jeder Mensch einzigartig sei und dass ein jeder Mensch, gleich welcher Herkunft er kommen mag, mitsamt seinen Rechten und Pflichten vom Staat geschützt werden müsse. Alles richtig und gut! Doch vor Kant vermochte niemand, diese Werte in einem philosophischen Kontext überzeugend darzulegen. An diese schwierige Aufgabe wagte sich Kant. Er übernahm die überbrachten Vorstellungen und ging von einer inneren, im Kern unveränderlichen, notwendigen und allgemeinen Eigenschaft des Menschen aus, wie sie schon von Cicero und den christlichen Denkern bis in die italienische Renaissance verstanden wurde, reinigte diese Vorstellung jedoch von metaphysischen und religiösen Fundamenten und definierte sie als Selbstbestimmung oder vielmehr Autonomie des Menschen.

Wir haben bislang mitverfolgt, wie Kant Freiheit und Autonomie definierte und das Sittengesetz als eine von der Vernunft vorgegebene Sollensforderung formulierte. Wie geht nun Kant bei der Definition des Begriffs Würde methodisch vor? Kant sucht, analog zur Kritik der reinen Vernunft, die Möglichkeit, ein Gesetz zu erstellen, das nicht aposteriori aus der Erfahrung stammt, sondern apriori, als von vornherein als Bedingung der Möglichkeit vor aller Erfahrung gegeben ist. Und erneut zieht Kant eine Trennlinie zwischen dem Willen als subjektives Begehrungsvermögen mitsamt seinen Triebfedern und einem rein objektiven Wollen mit einem Bewegungsgrund. Dieser Unterschied ist für Kant ausschlaggebend. Würde man ein Gesetz erstellen aus den triebhaften Beweggründen des Willens, würde man, so folgert er, allenfalls zu hypothetischen Urteilen kommen. In der Erfahrung herrscht ein steter Wandel vor, der ein kategorisches Gesetz, das stets, überall und ausschließlich gelten soll, ausschließt. Aber genau auf dieses unverrückbare Gesetz will Kant hinaus. Und es geht nur, wenn das subjektive Begehren, das lediglich Neigungen abbildet, überwunden wird zugunsten eines objektiven Willens, der alle Neigungen hinter sich lässt, und sich der Vernunft zuwendet und unterordnet. Nur durch die Vernunft kann ein kategorischer Imperativ vermittelt werden, der ein Sollen in seiner Notwendigkeit ausspricht. Also wie beim Sittengesetz geht Kant vom kategorischen Imperativ aus, gibt ihm jedoch eine zweite Fassung: Die zweite Konkretisierungsformel des Kategorischen Imperativs, die auch Menschheits-Zweck-Formel genannt wird, lautet: „Handle so, daß du die Menschheit sowohl in deiner Person, als in der Person eines jeden andern jederzeit zugleich als Zweck, niemals bloß als Mittel brauchst.[41]"

Kant heiligt die Vernunft. Kein Wunder, sie ersetzt Gott und durch sie erlangt der Mensch Autonomie. Und er ist der festen Überzeugung, dass gegen alle Unbill und Widrigkeiten des Lebens, die empirisch feststellbar sind, nur die Abkehr in ein moralisches Reich hilft, in dem ein unbedingtes Gesetz gegeben ist, das den Menschen schützen kann, nämlich der kategorische Imperativ, gezeugt aus der Vernunft, die zum Maß allen sittlichen Verhaltens erklärt wurde, wobei die Autonomie des Willens Voraussetzung ist für das oberste Sittengesetz.

---

[41] Immanuel Kant, Zur Grundlegung der Metaphysik der Sitten, S. 77

Alles Wollen, so Kant, ist stets mit einem Zweck verbunden. „Die Zwecke, die sich ein vernünftiges Wesen als Wirkungen seiner Handlung nach Belieben vorsetzt, sind insgesamt nur relativ; denn nur bloß ihr Verhältnis auf ein besonders geartetes Begehrungsvermögen des Subjekts gibt ihnen den Wert, der daher keine allgemeinen, für alle vernünftigen Wesen und auch nicht für jedes Wollen gültige und notwendige Prinzipien, d. i. praktische Gesetze, an die Hand geben kann. Daher sind alle diese relativen Zwecke nur der Grund von hypothetischen Imperativen."[42] Alle diese Zwecke haben einen Preis. Aber sobald Handlungen geschehen, entsprungen aus Maximen der Vernunft, verstanden als die Selbstgesetzgebung des Menschen, tritt der Mensch ein in ein gemeinsames Reich der Zwecke. In diesem Reich der Zwecke befinden sich allesamt unabhängige Wesen ohne störendes Bedürfnis, auch gibt es keinerlei Einschränkung des Willens. Grundlage dieses Reiches der Zwecke ist eine vorangehende Moralität, die sich auf alle Handlungen bezieht, die somit dadurch zum allgemeinen Gesetz wird. Die Gesetzgebung kann jeder ausüben, der vernünftig ist. Und jeder, der an der Vernunft teilhat, unterliegt den Maximen, aus denen ein allgemeines Gesetz werden könne. Dieses wiederum entsteht aus der Notwendigkeit der Pflicht, die innerhalb der Vernunft und außerhalb von Gefühlen, Trieben und Neigungen zu finden ist. Sie ist Ausdruck der alles verbindenden Vernunft im Reich der Zwecke. Hierfür liefert Kant die dritte Konkretisierungsformel des Kategorischen Imperativs: „Handle so, dass alle Maximen aus eigener Gesetzgebung zu einem möglichen Reich der Zwecke als einem Reich der Natur zusammenstimmen."[43] Diese Form des Imperativs wird auch

---

[42] Kant, Grundlegung zur Metaphysik der Sitten, S. 77

[43] idem

Naturgesetz-Formel genannt. Diese Formel ist dafür bestimmt vorauszusetzen, dass die logische Vereinbarkeit aller Maximen gegeben ist und dabei auch die Autonomie des Menschen, also die Fähigkeit zur Selbstbestimmung, die eigene wie auch die aller anderen Menschen gewährleistet ist. „Im Reiche der Zwecke hat alles entweder einen Preis oder eine Würde. Was einen Preis hat, an dessen Stelle kann auch etwas anderes als Äquivalent gesetzt werden; was dagegen über allen Preis erhaben ist, mithin kein Äquivalent verstattet, das hat eine Würde."[44] Jedoch alles, was sich auf einen Willen bezieht, der sich der Pflicht der Vernunft entzieht und seinen Neigungen nachgeht, hat laut Kant einen Marktpreis, jedoch die Bedingung des Menschseins, im Besitz von Vernunft und somit autonom zu sein, hat nicht einen relativen Wert, also keinen Preis, sondern einen inneren Wert als Zweck an sich, was Kant Würde nennt. Würde ist also Kants Wort für den absoluten, inneren Wert, an dem jeder Mensch teilhat, weil er Vernunft besitzt, oder genauer gesagt: weil jeder Mensch an der Vernunft teilhat. Die Vernunft als Größe ist nicht teilbar, sie ist ganz und unbedingt jedem Menschen zugänglich. „Nun sage ich, der Mensch und überhaupt jedes vernünftige Wesen existiert als Zweck an sich selbst, nicht bloß als Mittel zum beliebigen Gebrauche für diesen oder jenen Willen, sondern muss in allen seinen sowohl auf sich selbst, als auch auf andere vernünftige Wesen gerichteten Handlungen, jederzeit zugleich als Zweck betrachtet werden."[45] Gleich, welchen Neigungen ein Mensch nachgeht, die Würde bleibt bestehen, weil sie in keinerlei Verhältnis gebracht werden kann zu bestimmten Vorlieben und Interessen, auch nicht gegenüber anderen. Es spielt auch keine Rolle, wie eine

---

[44] Immanuel Kant, Die drei Kritiken, S. 255
[45] Immanuel Kant, Grundlegung zur Metaphysik der Sitten, S.78

Person das eigene Leben bewertet. Die Würde kann nicht abhandenkommen, weil sie unbedingt gilt. Daraus ergeben sich folgende Konsequenzen: die Würde ist über jedes Urteil erhaben, kein anderer Wert kann ihre Bedeutung streitig machen. Die Würde lässt sich mit nichts vergleichen, weder mit der Würde eines anderen, noch mit jedem anderen beliebigen Wert. Sie erlaubt kein Äquivalent. Als innerer, unbedingter Wert ist die Würde niemals quantifizierbar durch äußere Bedingungen wie Besitz, soziale Stellung oder die Erfüllung von Zwecken. Sie ist ein unbedingter Wert, der niemals verloren oder aufgehoben werden kann. Die Würde ist somit ein unverlierbarer, unverzichtbarer Wert. So ist jeder Mensch ein Zweck an sich selbst und darf niemals nur als Mittel für andere Zwecke benutzt werden. In diesem Sinne beschreibt Kant die Menschenwürde als das absolute und unbedingte Prinzip, welches besagt, dass der Mensch niemals in einer Weise behandelt werden darf, die seine Selbstbestimmung und moralische Autonomie verletzt.

Die Rechtsbegründung, die in der Metaphysik der Sitten (Kant 1797: AB 43ff.) folgt, beschäftigt sich ebenfalls mit der Zweckformel, um den Übergang vom innerlichen Geltungsbereich moralischer Motive zum äußerlichen Geltungsbereich rechtlich regelbarer Handlungen zu verstehen. Innerlich ist, wie wir gesehen haben, die Selbstachtung, die Autonomie, durch die eine Person moralisch wird, bedingt durch die Pflicht. Eine Person mit solch einer Selbstachtung tritt allen anderen Personen gegenüber mit dem berechtigten Anspruch, selbst Zweck und nicht bloß Mittel zu sein. Wenn dem so ist, muss sie folgerichtig auch jeder anderen Person, die ebenfalls ein Zweck an sich ist, das gleiche Recht zugestehen. Um dies zu gewährleisten, muss darum einer rechtlichen Ordnung zugestimmt werden, die garantiert, dass die Freiheit des einen mit der Freiheit eines jeden anderen nach einem allgemeinen Gesetz zusammen bestehen kann. Hier besinnt sich Kant auf Freiherr von Pufendorf. Es ist das „einzige, ursprüngliche, jedem Menschen, kraft seiner Menschheit, zustehende Recht." Alles ausübende Recht bezieht sich auf äußere Handlungen und nicht auf innerliche Motive. Dennoch ist dieses Recht auf Freiheit gesichert in der Würde der sittlich-autonomen Person, nämlich ein Zweck an sich selbst zu sein. Und genau diese Freiheit bringt die Achtung hervor, die wir als moralische Wesen verdienen.

Kant behandelte den Begriff der Würde in verschiedenen Werken: zuerst in der „Grundlegung zur Metaphysik der Sitten" (1785), sodann in der „Kritik der praktischen Vernunft" (1788), in „Die Religion innerhalb der Grenzen der bloßen Vernunft" (1793/94), „Zum ewigen Frieden" (1795) sowie im zweiten Teil der „Metaphysik der Sitten" (1798)

Kritik an der Ethik und am Begriff der Würde von Kant

Eindringlich und durchaus originell hat sich Arthur Schopenhauer mit dem Begriff der Würde, so wie ihn Kant verstand und in seiner Ethik aufzeigte, kritisch auseinandergesetzt. Die Kritik setzt allgemein mit der Begründung der kantischen Deontik an, da der Begriff der Würde ohne die moralischen Grundsätze nicht zu verstehen ist.

Für Schopenhauer ist die Begründung durch eine moralische Pflicht des „Du sollst!", so wie sie Kant formuliert, nichts anderes als eine petitio principii. Denn wie sollen Gesetze begründet sein durch das, was geschehen soll, auch, wie Kant beteuert, es auch niemals geschehen kann? Wie soll sich eine Maxime gründen auf das, was nicht gewiss ist, ob es jemals geschieht? Kant fordert ein „Sollen", auch wenn es nie geschieht, für eine rechtmäßige, formale Ethik und gibt etwas, das nicht unbedingt auftritt, als gegeben an. Das Sollen, so sagt Schopenhauer, hat seine Bedeutung und seinen Sinn nur in Beziehung auf eine angedrohte Strafe oder auch verheißene Belohnung. „Jenes Sollen ist also notwendig durch Strafe, oder Belohnung bedingt, mithin, in Kants Sprache zu reden, wesentlich und unausweichlich hypothetisch und niemals, wie er behauptet, kategorisch."[46] Würden Belohnung und Strafe wegfallen, wäre das Sollen ohne Sinn. Das betrifft vor allem ein absolutes Sollen, gedacht als gebietende Stimme. Dieses Sollen wird laut Kant belohnt durch das höchste Gut, indem Tugend und Glückseligkeit vereint sind. Aber wenn Moral auf Glückseligkeit aus ist, wird die Ethik eudämonisch – etwas, was Kant vermeiden wollte. Auf dieser vagen Grundlage, resümiert Schopenhauer, lässt sich keine Deontik aufbauen und vor allem kein allgemeines Gesetz begründen, denn ein Gesetz per se ist nicht, wie Kant für seine Erkenntniskritik wie auch für die Ethik fordert, ein allgemeines und immer und überall gültiges, sondern wie alles, was von Menschen geschaffen ist, vergänglich, der Zeit unterstellt. Wie das Wort schon sagt: es ist gesetzt! Und ein Gesetz könnte auch anders gesetzt sein. Ebenso fehlt dem Begriff der Pflicht, der Schopenhauer eine Nähe zum Dekalog unterstellt, eine ernsthafte Beglaubigung. Solch eine Pflicht, die aus der Natur des Menschen kommen sollte, bleibt Kant in seinen Erklärungen schuldig. Wir vergegenwärtigen uns kurz, wie Kant die Pflicht definiert. Pflicht, als Achtung vor dem Gesetz, veranlasst uns zu Handlungen, ohne einen Vorteil daraus zu ziehen, keinerlei Lust dabei zu spüren. Jedes materiale Moment ist im Walten der Pflicht ausgeschaltet und nur als Richtschnur ist das

---

[46] Arthur Schopenhauer, Grundlage der Moral, S. 123

allgemeine, von der Vernunft vorgeschriebene Gesetz einzu-halten. Demzufolge hat eine Handlung aus Pflicht den mora-lischen Wert nicht in der Absicht, sondern nach der Maxime, der sie folgt. Das Prinzip des Wollens hat vor der Wirklichkeit des Gegenstandes der Handlung, wenn sie aus Pflicht geschehen soll, den Vorrang.

Sollen ist also an eine Bedingung gebunden, ist also nicht unbedingt. So ist es auch mit der Pflicht. Während Sollen auf inneren oder äußeren Zwang beruht, so stellt die Pflicht eine Verpflichtung dar, die normalerweise stattfindet zwischen Menschen oder mit gewissen Rechten verbunden ist. Geht man der Pflicht der Arbeit nach, so folgt daraus ein Lohn. So folgert Schopenhauer, macht es keinen Sinn, bedingte Werte als kategorisch oder absolut zu deklarieren, auch wenn sie der Vernunft entspringen. Die kantische Ethik ist für Schopen-hauer im Grunde eine verkappte Theologie, die sich Moral nennt.

Auch das kantische Reinheitsgebot, also dass Moral nicht a posteriori aus der Erfahrung, sondern a priori, vor aller Erfahrung, gewonnen wird, zweifelt Schopenhauer an. Kant hat die Erkenntnisse des A Priori aus der Erkenntnistheorie übernommen. Dort argumentiert er, dass wir die Gesetze des Raumes, der Zeit und der Kausalität a priori erkennen. Nun sollen im analogischen Verfahren aus der Vernunft, vor aller Erfahrung, die moralischen Gesetze gewonnen werden. Hierbei übersieht Kant den wesentlichen Punkt, dass in der Erkenntnistheorie sich alle Erkenntnis auf die Erscheinung und nicht auf das Ding an sich bezieht. So müsste entsprechend auch das moralische Gesetz, das a priori durch Vernunft gesetzt ist, nur eine Form der Erscheinung sein. Aber für Kant ist das Moralische Ausdruck des Wesens an sich der Dinge. Die

Vernunft, so seine Einschätzung, ist befähigt, vermittels antinomischer Gedanken, am Saum des Absoluten zu kratzen. Betrachten wir nun, wie Schopenhauer den Begriff der Würde, so wie er von Kant dargestellt wird, einschätzt. Er beginnt mit den beiden Begriffen Zweck und Mittel. Schopenhauer definiert Zweck als das direkte Motiv eines Willensaktes. Mittel hingegen weist auf das indirekte Motiv. Wenn Kant behauptet, dass „der Mensch, und überhaupt, jedes vernünftige Wesen, existiert als Zweck an sich selbst." Für Schopenhauer ist dies eine contradictio in adjecto. Zweck sein interpretiert Schopenhauer als gewollt werden. Zweck ist stets bezogen auf den Willen. Ohne einen solchen gäbe es keinen Zweck. Wenn nun aber die Beziehung zum Willen nicht vorhanden ist, was bei einem Zweck an sich der Fall zu sein scheint, worauf bezieht sich dann der Zweck an sich? Auf das an sich? Die Annahme eines An-sich verläuft sich in der Beziehungslosigkeit. Wie steht es nun um den absoluten Wert, den eine Person hat? Hierzu der Kaufmannssohn Schopenhauer: „Jeder Wert ist eine Vergleichsgröße, und sogar steht er in doppelter Relation: denn erstens ist er relativ, indem er für jemanden ist, und zweitens ist er komparativ, indem er im Vergleich mit etwas anderem, wonach er geschätzt wird, ist."[47] Ohne diese beiden Relationen verliert der Begriff Wert für Schopenhauer jegliche Bedeutung. Die von Kant proklamierte Würde des Menschen ist für Schopenhauer eine „hohle Hyperbel". Hohl, weil die Begriffe leer sind und eine Hyperbel, weil die Würde eine Erhöhung des Menschen darstellt. Das stärkste Argument gegen den Begriff der Würde findet Schopenhauer in der von Kant vorgeführten Hypostasierung der Vernunft. Er wendet sich gegen den Satz von Kant in den metaphysischen

---

[47] idem, S. 161

Anfangsgründen der Tugendlehre: „Der Mensch kann keine Pflicht gegen irgendein Wesen haben, als bloß gegen den Menschen." Hier sticht der Vorwurf Schopenhauers, der in seiner Ethik das Mitleiden vor die Vernunft setzt und alle Lebewesen wie auch die Natur berücksichtigt. Dies ist der dunkle Fleck im kantischen Würde-Begriff. Kant war ja bekanntlich der Ansicht, dass wir die schlechte Behandlung der Tiere nicht um der Tiere, sondern um unseretwillen unterlassen sollen. Die Pflicht gegenüber Tieren erweist sich als selbstbezogene Pflicht gegenüber dem moralischen Gesetz. So zieht Kant den Schluss, dass derjenige, der rücksichtslos gegen Tiere handle, Gefahr laufe, die eigene moralische Verrohung zu fördern, was dazu führt, sich auch so gegenüber Menschen zu verhalten. Dass Schopenhauer so vehement die Ethik Kants und dessen Begriff der Würde kritisiert, ist auch auf die diametralen Ansichten der metaphysischen Grundansichten über die Welt zurückzuführen. Wenn Kant die Würde als Ausdruck der Autonomie und der Vernunft des Menschen fasst, befindet Schopenhauer diesen Standpunkt als Illusion in Anbetracht des Leidens der Welt. Er sieht im Autonomie-Gedanken eine gefährliche Überhöhung des Menschen.

Während Kant als Grundlage der Ethik die Selbstgesetzgebung und Vernunft betrachtet, erfasst Schopenhauer die Vernunft als das Sekundäre. Primär steht bei ihm der Wille als Agens der Welt. Und aus diesem leitet er das Mitleid ab als intuitive Einsicht in das Leiden aller Wesen. Tat twam asi. Auch die von Kant durch die dritte Antinomie geforderte Freiheit des Willens verneint Schopenhauer. Für ihn ist der Wille blind und deterministisch. Der Grund alles Seins ist a-rational. Kant fordert eine aus Prinzipien geführte praktische Moral, basierend auf abstrakten Maximen. Schopenhauer fordert das

Gegenteil. Für ihn muss praktische Moral lebensnah sein, basierend auf der emotionalen Verbindung zwischen Lebewesen. Vor allem: Für Schopenhauer war das Liberum Arbitrium eine ideologisch verklärte Chimäre. Der einzige Grund, warum solch eine nicht begründbare Konstruktion so lange als Idee überleben konnte, war das nüchterne Kalkül, eine praktikable Lösung des Problems der Verantwortung parat zu haben. Auch die Kirche konnte mit dieser Idee vorzüglich leben. Denn ohne den freien Willen müsste für alle Übel dieser Welt, verursacht durch Menschenhand, der allmächtige Schöpfergott zur Verantwortung gezogen werden. Man kann, auch wenn seine Philosophie zu drückend und schwermütig erscheint, Schopenhauer zu Gute halten, dass er rückhaltlos die Willensfreiheit verneint hat. Dass der Mensch aktiv die Welt gestaltet, darüber hinaus zerstörerische Kräfte entwickelt und sich dabei reflektierend in seinen Taten erkennt, mag der Grund sein, eine Wahl-Freiheit des Willens zu proklamieren. Denn alles auf dieser Welt hat eine Ursache, selbst der Wille ist bestimmt durch Motive, die ihn affizieren – deutlicher kann ein Determinismus nicht zum Vorschein kommen. Anstelle der absoluten Freiheit bietet Schopenhauer in seiner Schrift „Über die Freiheit des Willens" eine relative Freiheit an. Solch eine spricht er dem Menschen nicht ab. Es ist für ihn eine anthropologische Konstante, dass der Mensch gegenüber dem Tier gewisse Freiräume hat. Der Mensch kann sich über das Hier und Jetzt hinwegsetzen und sich distanzieren von sowohl sinnlich gegebenen Reizen als auch inneren Vorstellungen – seien es Prinzipien, Maxime, Wünsche, Gedanken, Ängste, Zweifel. Mit dieser Fähigkeit, sich der situationsbedingten Abhängigkeit kognitiv zu entziehen, ergibt sich ein großer Spielraum, der Leben flexibler, überlegter und reflektierter werden lässt.

Man könnte Kant vorwerfen, dass der von ihm moralisch begabte Typus Mensch mit seiner Schwäche für Formalismus im Grunde ein blass skizziertes Individuum bleibt, ohne Fleisch und Blut. Wollte man diesen Typus im realen Leben suchen, würde schnell auffallen, dass der kategorisch-imperative Mensch eine Seltenheit ist, hingegen die hypothetisch veranlagten Moral-Vertreter in der großen Mehrheit sich befinden. Nach dem kategorisch Begabten müsste mit der Lampe am helllichten Tag gesucht werden. Die Bürde des kategorischen Imperativs ist nur den ganz wenigen Ausnahmen der menschlichen Spezies zuzutrauen, wie Buddha, Jesus oder Sokrates. Lediglich als Idee sind kategorischer Imperativ, Autonomie, Freiheit des Willens und der Begriff der Würde unverzichtbare Elemente für ein friedfertiges und respektvolles Zusammenleben. Ohne sie würde gesellschaftliches Leben beliebig werden.

Würde als Möglichkeit des Noch-Nicht

Bislang haben wir den Begriff der Würde als eine bereits gegebene Eigenschaft des Menschen betrachtet. Lassen wir nun Ernst Bloch zu Wort kommen, der Würde betrachtet als eine dynamische, werdende Qualität. Sie ist nicht bloß eine ontologische Zuschreibung, sondern ein Prozess, ein Streben, das sich erst im Gang der Geschichte und im Vorwärtsstreben des Menschen verwirklicht. Denn der Mensch ist nicht ein bereits in sich vollendetes Wesen, sondern ein grundlegend Noch-Nicht-Seiender, ein in der Zukunft liegendes Potenzial. Würde bedeutet daher nicht einfach, dass der Mensch sie bereits besitzt, sondern dass er sich würdig macht, indem er sich und die Welt über das Bestehende hinaus entwickelt. Der Mensch ist würdig, weil er zur Veränderung fähig ist, weil er sich nicht mit dem Gegebenen zufriedengibt, sondern in der Bewegung des Werdens nach einer besseren Existenz strebt. Ein kleiner Umriss soll verdeutlichen, wie Bloch zu dieser Erkenntnis kommt. In seiner unnachahmlich expressionistischen Schreibweise hat Bloch die epistemologischen Grenzen der Innerlichkeit aufgezeigt. Niemand, so Bloch, kein Mensch, niemals, ist im gelebten Moment wirklich anwesend. Der gelebte und erlebte Augenblick ist dunkel. Die sogenannte Unmittelbarkeit, im Hier und Jetzt zu sein, lässt sich erst im Nachhinein reflektierend erfassen. Auf der Suche nach Selbstbegegnung kommt immer die unkonstruierbare Frage nach uns selber ins Spiel, die keinerlei zureichende Antwort enthält. Wer ich bin, bleibt fremd. Der Mensch bleibt, gleich was er tut, fühlt und denkt, sich unbekannt, er bekommt sich nicht zu fassen. Dieser grundlegende Mangel an Selbsthabe ist es, der zum Handeln antreibt. Mit dem dialektischen Dreisatz „Ich bin" – „Ich habe mich nicht" – „Dazu werden wir erst" erklärt Bloch diesen Prozess und skizziert hierbei eine Philosophie des Werdens, ein Denken, das sich nicht mit dem Gegebenen begnügt, sondern das Sein als ein prinzipiell Unvollendetes begreift. Mit der Thesis „Ich bin" drückt Bloch das bloße Faktum der Existenz aus. Es ist die scheinbare Selbstgewissheit des Subjekts: „Ich bin". Doch diese Feststellung ist trügerisch, denn in ihrer Unmittelbarkeit verbirgt sie einen fundamentalen Mangel, der sich in der Antithesis ausspricht: „Ich habe mich nicht" und verweist auf die uneinholbare Schwierigkeit, die aufkommt, wenn ich bemüht bin, die ursprüngliche Einsicht, dass ich bin, begrifflich einzuholen. Diese Negation des Sich-selbst-Habens verweist darauf, dass das Subjekt nicht mit sich identisch ist, dass es in einem Zustand der Unabgeschlossenheit existiert, dass es sich selbst als Fragment, als Unvollständiges erfährt. Die Diskrepanz zwischen dem „ich bin" und seiner

Unbestimmtheit „ich habe mich nicht", die Antithese vom Faktum des Gegebenen und Sinn des Möglichen, bedingt den Prozess zu ihrer Aufhebung. Mit der Synthesis „Darum werden wir erst" wechselt Bloch von der ersten Person Singular zur ersten Person Plural und verlagert somit die fortschreitende dialektische Auflösung vom subjektiven in den intersubjektiven, gesellschaftlichen Raum. Denn die dialektische Bewegung verweist zugleich auf die soziale und geschichtliche Dimension des Menschen. Das Werden ist kein isolierter, rein innerlicher Prozess, sondern es ist eingebettet in eine Gesellschaft, in eine Kultur, die selbst unvollendet ist. Die Geschichte ist für Bloch keine Abfolge statischer Zustände, sondern ein Feld der Möglichkeiten, in dem sich das menschliche Sein verwirklichen kann. Die Individuen sind nicht bloß in sich selbst werdend, sondern in einer gemeinsamen Bewegung des Noch-Nicht. Das „Wir" in der Synthese ist bewusst gesetzt als die notwendige Gemeinschaft der Werdenden, die erst in der Zukunft zu sich selbst kommen kann.

Die Synthese ist für Bloch nicht nur eine Überwindung eines Mangels an Ich, sondern grundsätzlich eine dynamische Bestimmung der menschlichen Existenz als Prozess. Das Subjekt ist nicht in seinem Sein abgeschlossen, sondern strebt in eine Zukunft, in der es sich erst zu sich selbst bringen kann. Das Werden ist daher nicht eine bloße Fortsetzung oder ein zufälliges Wachstum, sondern es ist eine notwendige Bewegung hin zur Erfüllung einer noch nicht verwirklichten Möglichkeit. Der Mensch ist kein statisches Wesen, sondern ein Werdender, der seine eigene Wahrheit erst in der Zukunft, in einem noch zu realisierenden Zustand, finden kann. Diese Dialektik hebt sich fundamental von traditionellen Konzeptionen der Subjektivität ab. Während klassische Philosophien das Subjekt oft als etwas sich selbst Identisches oder als reines Bewusstsein begreifen, enthüllt Bloch die existenzielle Spannung zwischen dem Sein und dem Sich-Haben. Das Subjekt erfährt sich in der Differenz zu sich selbst, in einer Unruhe, die nicht bloß negativ oder defizitär ist, sondern zugleich den Motor der Entwicklung bildet. Die Nicht-Identität des Menschen mit sich selbst ist für Bloch kein Mangel im pejorativen Sinne, sondern eine strukturelle Bedingung der Möglichkeit des Werdens schlechthin. Und es ist zugleich eine ontologische Kategorie: Der Mensch ist ein Wesen der Zukunft, ein homo utopicus. Er ist auf das hin geöööffnet, was er noch nicht ist, und in dieser Öffnung liegt seine eigentliche Wahrheit. Die Synthese „Darum werden wir erst" ist also nicht nur eine empirische Aussage über den Entwicklungsprozess des Individuums, sondern eine metaphysische Bestimmung der menschlichen Existenz.

Die Konsequenz dieser Philosophie ist eine fundamentale Absage an jedes statische, abgeschlossene Weltbild. Weder die Vergangenheit noch die Gegenwart kann als endgültig gelten, denn das Wesen des Menschen liegt im Noch-Nicht der Zukunft. Damit gewinnt die Dialektik eine eminent politische Dimension: Das Noch-Nicht-Sein des Subjekts ist nicht bloß eine abstrakte metaphysische Bestimmung, sondern es verweist auf die reale Veränderbarkeit der Welt. Der Mensch ist nicht an das Bestehende gebunden, sondern trägt in sich das Potenzial, über sich hinauszuwachsen und die Welt neu zu gestalten. „Darum werden wir erst" ist somit nicht nur eine Aussage über das individuelle Selbst, sondern ein Programm der Hoffnung, eine Philosophie des Fortschritts, die sich gegen jede Form der Resignation stellt. Die menschliche Existenz ist kein abgeschlossener Kreis, sondern eine nach vorne gerichtete Bewegung, eine Spannung auf das Mögliche hin. Und genau in dieser Unabgeschlossenheit liegt die Würde des Menschen: Er ist

nicht einfach ein Seiendes, sondern ein Werdendes, ein Wesen, das sich auf das Zukünftige hin entwirft und sich erst in
der Verwirklichung seines Noch Nicht findet.

Somit verbindet Bloch die Würde mit der Idee der Selbstverwirklichung im kollektiven Fortschritt. Der einzelne Mensch ist
nicht isoliert Träger der Würde, sondern sie entsteht erst in der
geschichtlichen und gesellschaftlichen Bewegung, in der das
„Noch-Nicht-Seiende" zur Wirklichkeit gebracht wird. Würde
bedeutet für Bloch also nicht nur moralische Autonomie, sondern auch die aktive Teilnahme am Prozess der Emanzipation.
Somit ist Würde eine Aufgabe, da der Mensch sich erst in der
Zukunft voll verwirklicht. Sie ist untrennbar mit der Utopie verbunden: mit der Hoffnung auf eine Welt, in der der Mensch
ganz er selbst sein kann. Diese utopische Dimension der Würde
bedeutet, dass sie nicht nur individuell, sondern auch gesellschaftlich gedacht werden muss. Eine Gesellschaft, die Menschen daran hindert, sich zu entfalten, ist eine Gesellschaft, die
ihre Würde unterdrückt. Umgekehrt ist eine wahrhaft menschliche Gesellschaft eine, die den Raum für die Verwirklichung
von Würde schafft – nicht als bloße Anerkennung, sondern als
aktive Ermöglichung. Schließlich ist Würde für Bloch auch ein
Akt des Widerstands gegen jede Form der Unterdrückung. Sie
ist nicht einfach gegeben, sondern um sie muss gekämpft werden. In einem ungerechten Zustand, in dem der Mensch unterdrückt, entmündigt oder entfremdet wird, ist seine Würde
nicht erloschen, sondern zeigt sich gerade darin, dass er sich
gegen Unterdrückung und Ungerechtigkeit auflehnt. Die revo-
lutionäre Energie des Menschen, die Sehnsucht nach Freiheit,
nach Gerechtigkeit und nach einem besseren Leben – all das
ist für Bloch Ausdruck der Würde als einer noch nicht erfüllten,
aber möglichen Realität.

Der Begriff der Würde per legem

Die Charta der Vereinten Nationen, die am 26. Juni 1945 in San Francisco während einer Konferenz der Vereinten Nationen unterzeichnet wurde, trat drei Monate später, am 24. Oktober 1945, in Kraft. In ihrer Präambel heißt es: „Wir, die Völker der Vereinten Nationen – fest entschlossen, unseren Glauben an die Grundrechte des Menschen, an Würde und Wert der menschlichen Persönlichkeit, an die Gleichberechtigung von Mann und Frau sowie von allen Nationen, ob groß oder klein, erneut zu bekräftigen ..."[48]

Auch im Deutschen Grundgesetz findet sich in den Grundrechten in Artikel 1 folgender Wortlaut: „(1) Die Würde des Menschen ist unantastbar. Sie zu achten und zu schützen ist Verpflichtung aller staatlichen Gewalt. (2) Das Deutsche Volk bekennt sich darum zu unverletzlichen und unveräußerlichen Menschenrechten als Grundlage jeder menschlichen Gemeinschaft, des Friedens und der Gerechtigkeit in der Welt."[49]

Beide Gesetzestexte sind beeinflusst vom Begriff der Würde, so wie sie Kant verstand. Allerdings, werfen wir einen genaueren Blick auf die Passage im Deutschen Grundgesetz, wird in Absatz 1 die Würde angeführt und in Absatz 2 folgen, gestützt durch das Pronominaladverb „darum" unverletzliche und unveräußerliche Menschenrechte. Beiden Begriffen ist gemein, dass sie nicht verhandelbar sein sollen und dass ein jedes Individuum innerhalb einer staatlichen Gemeinschaft Würde und Recht besitzt, was weder weggenommen werden, noch in ein äußeres Verhältnis gebracht werden kann. Jedes Individuum besitzt voll und uneingeschränkt diese Rechte.

---

[48] https://unric.org/de/charta/#praeambel

[49] https://www.gesetze-im-internet.de/gg/BJNR000010949.html

Die Würde stellt somit einen unbedingten Wert dar. Sie unterliegt keiner Bedingung. Es gibt für sie kein Äquivalent, wie Kant sagt. Wie steht es nun mit den Menschenrechten? Diese gelten innerhalb einer politischen Ordnung als unbedingt. Allerdings werden sie bedingt durch die staatliche Ordnung, die sie garantieren. Innerhalb dieser Ordnung gelten sie uneingeschränkt, man kann sie nicht verhandeln. Würde und Menschenrechte sind beides unbedingte Werte – jedes Leben ist gleich wertvoll! Aber ist Würde wirklich unbedingt? Kant knüpfte die Würde fest an die Vernunft. Nur durch Vernunft können wir moralische Wesen sein, nur durch Vernunft können wir unser Denken und Tun reflektierend prüfen und nur durch Vernunft sind wir somit im rechtlichen Sinne zurechnungsfähig. Autonomie, Moral, Freiheit, Würde – alles dies ist nur möglich durch die bedingende Vernunft. Der unbedingte Wert der Würde ist bedingt durch Vernunft. Was ist nun mit Menschen, die nicht im Vollbesitz ihrer geistigen Kräfte sind? Was ist mit Kleinkindern, die noch nicht vernünftig genug sind, um moralisch verantwortungsbewusst handeln zu können? Was ist mit Menschen, die an Demenz erkrankt sind, deren Vernunft täglich schwindet? Haben diese Menschen denn keine Würde? Auch ist zu bedenken, dass Vernunft und der korrespondierende Wille sowohl gut als auch böse gesinnt sein können. Die Vernunft kann sich gleichwohl der Sollensforderung und dem moralischen Gesetz entziehen. Solche Entgleisungen sind für Kant die Abkehr vom Reich der Zwecke und der Rückfall in die Natursphäre. Robert Spaemann umging die Vernunft als bedingendes Moment. Für den überzeugten Katholiken kommt die Menschenwürde einer Person nicht unter der Bedingung von Eigenschaften zu wie Vernunft, Selbstbewusstsein etc., sondern ausschließlich aufgrund der biologischen Zugehörigkeit zur Spezies Mensch, gleichsam ein biologisches A Priori.

Damit geht Spaemann bewusst den Schritt in eine andere Gattung. (μετάβασις εἰς ἄλλο γένος) Von der Vernunft in die genetisch verankerte Gebürtlichkeit und mit dem Hinweis versehen, dass, wenn es Rechte geben soll, die allen Personen zukommen, kann es diese Rechte nur geben unter der Bedingung, dass niemand es gestattet ist zu beurteilen, wer Subjekt solcher Rechte ist. Mit der Wendung ins Biologische bleibt ausgeklammert, wie Moral schließlich funktioniert – trotz der biologischen Voraussetzung muss stillschweigend Vernunft vorausgesetzt werden. Allerdings sind mit dem biologischen Ansatz des Mensch-Seins auch diejenigen Personen inkludiert, die noch nicht oder nicht mehr über Vernunft verfügen. Eine andere Lösung bietet der Philosoph Peter Bieri. Er setzt wie Kant Vernunft voraus, jedoch verzichtet er auf die kantische Metaphysik des Reichs der Zwecke, sondern zielt ab auf die Lebensführung jedes Einzelnen. Für ihn ist Würde also kein angeborenes Merkmal, kein Zweck an sich, nichts Unbedingtes, sondern er knüpft das Verdienst der Würde an die jeweiligen moralischen Leistungen. Damit zeigt er auf, dass eine Lebensweise gelingen, aber auch misslingen kann. Bei Misslingen der Lebensführung, also bei moralischer Entgleisung erkennt Peter Bieri einen Prozess der Entwürdigung, aus dem es schwer ist, zu entkommen. Doch die betroffene Person ist in der Lage, sich durch Handlungen moralisch zu bessern. Sobald aber die Person von der Gesellschaft wie auch von sich selbst abgelehnt wird, entsteht eine tiefe Unglücksempfindung, die zum Selbstmord führen kann. Im Umkehrschluss erkennt man an diesem Denkmodell, dass Würde Voraussetzung ist für ein glückliches, gelingendes Leben. Peter Bieris Begriffe der Würde ist eng verknüpft mit der menschlichen Autonomie und der ethischen Verantwortung. Menschliche Würde ist die Grundlage für die Fähigkeit zur Selbstbestimmung und Selbstgestaltung.

Im Grunde sind Autonomie und Würde kongruente Begriffe. Die Würde des Menschen ist für Bieri nicht etwas, das einfach gegeben oder durch äußere Umstände bestimmt ist, sondern vielmehr etwas, das in der Fähigkeit des Individuums liegt, selbständig zu handeln und Entscheidungen zu treffen, die auf einer reflektierten und verantwortungsbewussten Haltung beruhen. Er betont, dass die Würde eng mit dem Konzept der Freiheit verbunden ist, wobei die Freiheit nicht als bloße Abwesenheit von äußeren Einschränkungen zu verstehen ist, sondern als die Fähigkeit, sich in Übereinstimmung mit eigenen Überzeugungen und Werten zu entfalten und zu leben. Es geht also darum, dass die menschliche Würde in der Entfaltung des eigenen Lebensprojekts und der Möglichkeit, moralische und existenzielle Entscheidungen zu treffen, liegt. Diese Fähigkeit, sich selbst zu gestalten und Verantwortung für das eigene Leben zu übernehmen, bildet die Grundlage für die Anerkennung der Menschenwürde.

In seiner Sicht wird die Würde durch die Anerkennung der Autonomie des Einzelnen gewahrt, auch in schwierigen oder komplexen Lebenssituationen. Sie ist nicht nur ein moralischer Wert, sondern auch ein praktischer Maßstab für die gesellschaftliche und zwischenmenschliche Anerkennung.

Kant hatte Freiheit undifferenziert einerseits als Gegensatz zum Determinismus angeführt und andererseits als Auftrag verstanden, den Willen von empirischen Verlockungen zu reinigen. Die Begriffe Freiheit, praktische Vernunft, Moralität, Autonomie, Würde etc. sind derart verknüpft, dass Widersprüche nicht ausbleiben konnten. Für Kant müsste gelten, wer befreit von Naturzusammenhängen handelt und der Vernunft gehorcht, handelt moralisch. Oder anders formuliert: wer sich als Individuum kraft seiner Vernunft aus der empirischen Welt heraushebt, handelt als moralisches Wesen. Die Frage ist, ob eine Ethik durch Freiheit begründbar ist. Weder verbürgt Willensfreiheit Moralität, noch ist Moralität auf Willensfreiheit angewiesen.

Das Falsche im Richtigen & das Richtige im Falschen

„Wir müßen also auch über den Staat hinaus! – Denn jeder Staat muß freie Menschen als mechanisches Räderwerk behandeln;
und das soll er nicht; also soll er aufhören!"
Das älteste Systemprogramm des deutschen Idealismus (um 1796)

„Staat heißt das kälteste aller kalten Ungeheuer. Kalt lügt es auch; und diese Lüge kriecht aus seinem Munde: Ich, der Staat, bin das Volk."
Friedrich Nietzsche, Also sprach Zarathustra, Band 1

„Sowohl die politische wie die bürgerliche Gesetzgebung proklamieren, protokollieren nur das Wollen der ökonomischen Verhältnisse."
Karl Marx, Das Elend der Philosophie

„Alle Staatsgewalt geht vom Volke aus."
Grundgesetz, Art 20 (2)

1. Gefährdete Grundlagen

Alexis de Tocqueville war der Ansicht, dass Demokratie ihrem Wesen nach eine Diktatur der stillen Mehrheit sei, die ohne Gewalt einen gewissen Anpassungszwang auf die Gesellschaft ausübt. Dass rohe Gewalt außen vor bleibt, ist den Gesetzen und Statuten liberal-demokratischer Staaten zu verdanken, dem Grundgesetz, das bereits in der Präambel das Wohl jedes Einzelnen schützt, dem Leitprinzip der Meinungsvielfalt, also genau das Moment, durch das die Mehrheit sich im Stillen bilden kann und vor allem den Werten eines jeden einzelnen Bürgers und jeder Bürgerin, gleichsam einem moralischen Kompass, den jeder in sich trägt, auf den der Staat setzen muss und der den Staat zusammenhält. Eine vorherrschende Meinungsmacht, gleich ob von Gruppen oder durch Medien initiiert, durch die Werte geschwächt würden oder sich sogar auflösen könnten, würde den Sinn einer demokratischen Gesellschaft erheblich schwächen. Pluralismus der Meinungen auf Grundlage der Vernunft und der moralischen Werte, über allem das wertvollste Gut, die Freiheit, sind ein unverrückbarer Wesenskern der Demokratie. Insofern muss es Aufgabe des Staates sein, die Werte zu schützen und gefährliche Meinungsmächte zu verhindern, da sie einen unerwünschten Konzentrationsprozess im Medienbereich darstellen, der die demokratischen Strukturen aufweichen könnte. Bei diesem Spiel der ausgleichenden Mächte muss nicht nur der Staat, sondern ein jeder in der Gesellschaft seinen Teil für ein friedfertiges Zusammenleben beitragen. Die Homogenität der Gesellschaft ist, wie Böckenförde richtig erkannte, die Voraussetzung für einen funktionierenden Staat. Aber wie kommt die tragende Homogenität verbürgende Kraft wie auch die inneren Regulierungskräfte der Freiheit zustande? Lassen wir Böckenförde selbst zu Wort kommen: „So stellt sich die Frage nach den bindenden Kräften von neuem und in ihrem eigentlichen Kern: Der freiheitliche, säkularisierte Staat lebt von Voraussetzungen, die er selbst nicht garantieren kann. Das ist das große Wagnis, das er, um der Freiheit willen, eingegangen ist. Als freiheitlicher Staat kann er einerseits nur bestehen, wenn sich die Freiheit, die er seinen Bürgern gewährt, von innen her, aus der moralischen Substanz des Einzelnen und der Homogenität der Gesellschaft, reguliert. Anderseits kann er diese inneren Regulierungskräfte nicht von sich aus, das heißt mit den Mitteln des Rechtszwanges und autoritativen Gebots zu garantieren suchen, ohne seine Freiheitlichkeit aufzugeben und – auf säkularisierter Ebene – in jenen Totalitätsanspruch zurückzufallen, aus dem er in den konfessionellen Bürgerkriegen herausgeführt hat. Es führt kein Weg über die Schwelle von 1789 zurück, ohne den Staat als die Ordnung der Freiheit zu zerstören.[50]"

Oberstes Ziel eines jeden liberal-demokratischen Staates ist die Bürgschaft der Freiheit. Und um diese Freiheit dreht sich alles in einem liberal-demokratischen Staat, denn er wurde gegründet mit dem Vorsatz, das Wagnis der Freiheit einzugehen. Doch wenn Gesellschaften auseinanderdriften, wird es schwierig, die Ordnung zu wahren und auch die Freiheit wäre in Gefahr. Welche Werte sind es nun, die den Staat zusammenhalten? Gibt es ein verbindendes Ethos und aus welchen Quellen entspringt es? Da ist zum einen der christlich-abendländische Wertekonsens, der auch in einem säkularisierten Staat latent vorhanden ist und moralisches Handeln bestimmt. Der Dekalog des Alten Testaments wie auch das Evangelium werfen immer noch einen langen Schatten. Für Böckenförde schwingen auch die Ideale der französischen Revolution mit den Werten Freiheit, Gleichheit und Brüderlichkeit mit. Und natürlich spielt die Aufklärung eine gewichtige Rolle. Doch im Wesentlichen werden moderne Gesellschaften durch geeignete Rahmenbedingungen zusammengehalten. Es sind die Regeln, die greifen, um die Eigeninteressen des Einzelnen nicht überborden zu lassen. Durch Kultur, Bildung

---

[50] E-W Böckenförde, Staat Gesellschaft Freiheit, 112 f.

und Medien werden gemeinsame Werte und Normen herausgebildet, die ein Gemeinschaftsgefühl fördern können. Es sind unzählig kleine Stellschrauben, darunter auch eine politische und wirtschaftliche Stabilität, ein gerechtes Bildungssystem, innere Sicherheit, transparente politische Prozesse und vieles mehr. Dies sind die Rahmenbedingungen, die realisiert werden müssen, die sich ständig weiterentwickeln, um alle gesellschaftlichen Herausforderungen zu bewältigen. Es bedarf eines Gleichgewichts zwischen individueller Freiheit und gesellschaftlicher Verantwortung, um eine Gesellschaft stabil und lebenswert zu halten.

Den idealen gesellschaftlichen Zustand beschreibt Habermas mit seinem herrschaftsfreien Dialog – ein Konzept als die ideale Form der Kommunikation, in der alle Teilnehmer gleichberechtigt sind und keiner von ihnen seine Macht oder Position nutzt, um die Diskussion zu dominieren oder die anderen zu beeinflussen. In solch einem herrschaftsfreien Dialog gibt es keine Hierarchien oder Machtverhältnisse zwischen den Gesprächspartnern, und alle Argumente werden ausschließlich nach ihrer rationalen Gültigkeit und nicht aufgrund der sozialen Stellung derjenigen, die sie vorbringen, bewertet. Habermas beschreibt diesen Dialog als Teil seiner Theorie des kommunikativen Handelns. Kommunikation ist dann am effektivsten, wenn sie auf Verständigung und Konsens abzielt und nicht auf das Erzwingen von Überzeugungen oder die Durchsetzung von Interessen. Im Kontext der kommunikativen Rationalität setzt Habermas voraus, dass die Teilnehmer eines Dialogs bereit sind, die besten Argumente zu akzeptieren und durch wechselseitige Kritik zu einer gemeinsamen Verständigung zu kommen. Diese postulierte Gleichwertigkeit auf Grundlage einer waltenden Vernunft ist jedoch in praxi selten durchführbar. Dieses Modell lehnt sich an die kantische Figur des autonomen Wesens kraft seiner Vernunft. Es ist ein Ideal, das Habermas entwirft, auf das demokratische Staaten hinwirken sollten. Die empirische Realität der Subjektivität eines jeden Einzelnen ist weit davon entfernt, einen herrschaftsfreien Dialog gestalten zu wollen oder zu können. Vorwissen, prägende Erfahrungen, Erziehung, kognitive Verzerrungen aller Couleur, Wünsche, Ängste, allesamt dunkle Kräfte der Seele, hemmen die Vernunft – noch dazu ist das Gros der Menschen zu träge, zu mutlos, zu sehr verstrickt in die alltäglichen Erfordernisse, um sich gegen einen schleichenden Niedergang des bestehenden Ganzen zu wehren. Vor allem, und hier setzt ein Problem an, gibt es immer wieder Individuen und Gruppen, die dem Willen zur Macht unterliegen. Antonio Gramsci prägte den Begriff der „kulturellen Hegemonie" vor über hundert Jahren. Demnach herrscht eine dominante Gruppe nicht durch Zwang, sondern durch die Durchsetzung ihrer Werte und Normen, die von der Mehrheit als allgemeingültig angenommen werden. Dies ist ein oft eingeschlagener Weg zur Meinungsbildung. Macht-strukturen definieren, was als normal oder akzeptabel gilt. Abweichende Meinungen werden marginalisiert oder stigmatisiert. Dies zeigt sich beispielsweise in Diskursen über Gender, Rasse oder Klasse. Aus diesem Grund plädiert John Rawls für Fairness, den Sense of Justice, auf Grundlage einer Gerechtigkeitsvorstellung. Anhand dieser Einsicht müsste ein jeder erkennen, dass die Einhaltung von Regeln schon allein um seiner selbst willen erfolgen soll. Richard Rorty geht noch einen Schritt weiter: Er fordert Mitleid als universales Mittel, so wie einst Arthur Schopenhauer es tat. Um dieses Mitleid zu sensibilisieren, sei es nötig, Narrative zu entwickeln, damit ein gesellschaftlicher Niederschlag in Form des kollektiven Trauerns und Weinens gefördert wird. Doch eher ist das

Gegenteil in der aktuellen Gesellschaft der Fall. Empathie ist klein geschrieben. Die meisten Menschen scheinen sich selbst am Nächsten zu sein. Als derzeit wichtigster, verbindender Wert scheint das Arbeitsethos zu sein. Arbeit um des Geldes willen und hauptsächlich des Konsumwillens wegen. Das gemeinsame Band, das die pluralisierte Gesellschaft zusammenhält, ist das Verlangen jedes einzelnen, sein Glück im Konsum zu finden. Wenn der Staat dieses Begehren dank seiner wirtschaftlichen Kraft erfüllen kann, ist nicht nur das lose gesellschaftliche Band geknüpft, an dessen Rändern die Aussteiger und Minderbemittelten sich befinden, sondern es kann aus diesem ökonomischen Zusammenhalt auch ein gewisser zurückhaltender Patriotismus entstehen, der das ökonomische System und die Verfassung des Staates gut-heißt. Vielleicht ist dieser Omega-Punkt des kapitalistischen Systems, der sich seit 1945 als amerikanische Verheißung des materiellen Glücks in Europa niedergeschlagen hat, derzeit das einzig probate Mittel gegen die uns immer mehr spaltenden Krisen. Wenn natürlich die Arbeitslosigkeit steigt, die wachsende Schar an Bürgergeld-Empfänger bedrohliche Ausmaße annimmt, die Wirtschaft von Jahr zu Jahr weiter schrumpft, verliert der Staat allmählich seine Glaubwürdigkeit, was sich deutlich widerspiegelt in der Akzeptanz der Parteienlandschaft. Es gibt keine etablierte Partei mehr, die eine Mehrheit der Bevölkerung für sich und ihr politisches Programm überzeugen könnte. Grund hierfür ist eine seit Jahrzehnten kontinuierlich wachsende Inakzeptanz der etablierten Alt-Parteien. Bereits in den 80er Jahren des letzten Jahrhunderts gab es eine Untersuchung in der Bundesrepublik Deutschland, die zu dem Ergebnis kam, dass das herkömmliche politische Parteiensystem an Zustimmung verliere und durch sogenannte „Interessenparteien" ersetzt werden müsste. Diese Untersuchung wurde damals vom „Zentrum für Umfragen, Methoden und Analysen (ZUMA)" durchgeführt[51]. Warum sich die etablierten Parteien trotz gewaltiger Stimmen-Einbußen bislang behaupten können, hat seine Gründe, die wir später genauer untersuchen werden. Erschreckender Weise konnte sich die letzten Jahre eine Partei etablieren, die mehr Stimmen verbuchen kann als die CDU, CSU, SPD, FDP oder Grünen, wodurch das politische Klima in Deutschland deutlich Schaden leiden wird. Wenn der aktuelle Trend, der nicht nur in Deutschland feststellbar ist, in diese Richtung weitergeht, besteht die Gefahr, dass die Rechtsstaatlichkeit sich allmählich auflösen wird.

2. Zur Gründung der Bundesrepublik Deutschland

Kehren wir kurz zu den Ursprüngen demokratischen Schaffens in Deutschland zurück, um die Probleme besser fokussieren zu können. Bei der Gründung der Bundesrepublik Deutschland hatte man das Ziel vor Augen, ein politisches System auf Grundlage einer liberal-demokratischen Verfassung zu schaffen, damit sich die vom Dritten Reich verursachte menschenverachtende Weltbrand-Katastrophe auf keinen Fall wiederholt. Bereits 1940 bildete sich der Kreisauer Kreis unter der Führung von James Graf von Moltke, deren Mitglieder sich überlegten, wie eine grundlegende staatliche, wirtschaftliche und soziale Neugestaltung Deutschlands möglich sein könnte. In der „Grundsätzlichen Erklärung" des Kreises findet sich ein christlich geprägtes Menschenbild, bedingt durch eine

---

[51] ZUMA war eine sozialwissenschaftliche Forschungseinrichtung, die sich mit empirischen Untersuchungen zur politischen Kultur, Wählerverhalten und gesellschaftlichen Entwicklungen beschäftigte. Es fusionierte später mit anderen Einrichtungen zum GESIS –Leibniz-Institut für Sozialwissenschaften, das heute eine führende Rolle in der empirischen Sozialforschung in Deutschland spielt.

angestrebte enge Verbindung von Kirche und Staat. Wahlen sollten nicht partei- sondern personenbezogen sein. Man versprach sich dadurch eine Stärkung der Demokratie bereits in der Basis. Neben der Neuordnung wurde auch die Bestrafung der NS-Verbrechen an einem Internationalen Gerichtshof angestrebt. Darüber hinaus wollte dieser Kreis eine gesamteuropäische Ordnung in Form einer europäischen Föderation, was später tatsächlich weitgehend realisiert worden ist. Neben den Plänen für eine Neuordnung Deutschlands war der Kreisauer Kreis aktiv am Widerstand gegen das Nazi-Regime beteiligt, was vielen Mitgliedern zum Verhängnis wurde. Im Zuge des Stauffenberg-Attentats wurden Moltke und andere festgenommen. Moltkes Frau richtete ein Gnadengesuch an Heinrich Himmler, das jedoch abgelehnt wurde. Ihr Mann wurde von dem NS-Richter Roland Freisler wegen Hochverrats zum Tode verurteilt und im Januar 1945 mit 38 Jahren in Berlin-Plötzensee hingerichtet. Ab 1947, zwei Jahre nach Ende des Krieges, wurde die politische Gesellschaft Imshausen ins Leben gerufen unter der Leitung von Werner von Trott, dem Bruder des von den Nazis ermordeten Adam, und Carl Spiecker. Im Herrenhaus Imshausen, dem Sitz der Familie von Trott zu Solz, trafen sich an die 40 Persönlichkeiten. Zugegen waren unter anderen Carl Friedrich von Weizsäcker, Johann Ludwig Döderlein, Eugen Kogon und Walter Dirks. Für eine Neuordnung Deutschlands mit einem geistigen Neubeginn schlugen sie einen mächtigen Bogen von Freiherr vom Stein über Thomas von Aquin hin zu Marx und Lenin und besonders Döderlein, älter als die anderen Teilnehmer, führte als Links-Hegelianer das dialektische Denken in historischen und gesellschaftlichen Kategorien ein, was die Gruppe überforderte. Nach drei Sitzungen scheiterten die Bemühungen wegen aufkommender Spannungen innerhalb der Gruppe und dem zunehmenden Druck der Besatzungsmächte. Zudem war seit Dezember 1947 der kalte Krieg ausgebrochen, die Aufspaltung Deutschlands zeichnete sich ab, was die Vermittlung zwischen östlichem und westlichem Denken erschwerte.

Jedenfalls ist es nicht zu verwundern, dass bei der Erschaffung der Statuten des Grundgesetzes das Thema Sicherheit an erster Stelle stand. 61 Männer und vier Frauen des Parlamentarischen Rates erarbeiteten in zehn Sitzungen das Grundgesetz für die Westzonen. Am 8. Mai 1949, nach achtmonatigen Beratungen und Verhandlungen mit den Westmächten, trat das Grundgesetz in Kraft. Es sollten damit Werte und Institutionen geschaffen werden, die einen Rückfall in die Barbarei des NS-Regimes für immer verhindern, aber nicht nur das: auch die Gesinnung der Menschen sollte demokratisch geschult werden, vor allem die Einstellung derer, die für die politischen Institutionen im Dienst stehen und verantwortlich sind. Zu erschreckend war die Erkenntnis, wie entschlossen viele Einzelne das national-sozialistische Regime unterstützt hatten, die nach dem Ende des Krieges 1945 plötzlich nichts mehr davon wussten. Dieses kollektive Total-Vergessen, oder besser Verdrängen, schockierte nicht nur Hannah Arendt.

Dass ein gewisses Misstrauen gegenüber dem Wirken des sogenannten Volkes bei der Gründung der Bundesrepublik vorhanden war, erkennt man auch daran, dass die Verfassung bei den wichtigsten Funktionen die Bürger und Bürgerinnen kategorisch ausschließt. Obgleich im Grundgesetz verankert ist: „Alle Staatsgewalt geht vom Volke aus". Das soll besagen, dass die Staatsgewalt vom „Volke in Wahlen und Abstimmungen und durch besondere Organe der Gesetzgebung, der vollziehenden Gewalt und der Rechtsprechung" ausgeübt wird.[52] Doch dem war nie und ist nicht so. Bei den alle vier Jahre stattfindenden Bundestagswahlen wird eine Liste mit den zu wählenden Personen vorgelegt, die lange vor der Wahl durch die Parteigremien festgelegt worden sind. Es sind allein die Oberen der Parteiorgane, die bestimmen, wer gewählt wird, nicht das Volk – die Bürger und Bürgerinnen können allenfalls ablehnen oder zustimmen. Eine Wahl im richtigen Sinne findet nicht statt. Es werden diejenigen Personen gewählt, die schon im kleinen Kreis auserkoren worden sind. Die Wahl entscheidet nur noch über die Stimmverteilung, die Prozente, die über die Macht entscheiden, nicht über die Personen, die die Macht innehaben, was viel wichtiger wäre, was die Wahl gerechter und im eigentlichen Sinn demokratisch machen würde. Laut Parteiengesetz heißt es, dass politische Parteien Vereinigungen von Bürgern seien und die Teilnahme von Bürgern am politischen Leben fördern sollen. Weit gefehlt. Weder geben Parteien eine politische Erziehung, noch informieren sie ausreichend. Es geht nur darum, Stimmung zu machen und Wähler zu gewinnen. Die etablierten Parteien sind selbstständige Mächte, die bundesweit eine funktionierende Organisation und genügend Geldmittel aufweisen. Kleinere Parteien haben kaum Chancen, in diesem politischen Spiel hochzukommen. Zum einen scheitern sie an der Fünf-Prozent-Hürde im Bundestag – man sollte meinen, dass mit dieser Einrichtung die Risiken der Parteien-Zersplitterung während der Weimarer Republik ausgeschlossen werden sollten. Aber es ist interessant zu wissen, dass der Passus über die Fünf-Prozent-Hürde erst nachträglich in das Grundgesetz

---

[52] (1) Die Bundesrepublik Deutschland ist ein demokratischer und sozialer Bundesstaat.
(2) Alle Staatsgewalt geht vom Volke aus. Sie wird vom Volke in Wahlen und Abstimmungen und durch besondere Organe der Gesetzgebung, der vollziehenden Gewalt und der Rechtsprechung ausgeübt. Grundgesetz Artikel 20

aufgenommen wurde auf Anliegen der etablierten Parteien. 1949 galt die Fünf-Prozent-Hürde separat für jedes Bundesland. Erst vier Jahre später, am 25. Juni 1953, wurde vom Bundestag ein neues Bundeswahlgesetz verabschiedet, das nun bundesweite Geltung hatte. Gerade mit dieser Klausel wird den großen Parteien ein gewisses Monopol zum Regieren eingeräumt. Den kleinen Parteien fehlen die finanziellen Mittel zur Verbreitung ihrer politischen Ideen, und die Vertreter der Parteien haben nicht die Möglichkeit, im Bundestag zu sprechen. Somit dringen sie mit ihrem Anliegen nicht an die Öffentlichkeit.

3. Grundrisse einer Parteien-Oligarchie

Alle Parteien müssen laut Gesetz den demokratischen Grundsätzen des Mehrheitsprinzips entsprechen. Diese Regelung gilt natürlich vor allem der Ausschließung der Gründung einer totalitären Einheitspartei. Und alle Parteien, demokratisch gewählt, sind den verfassungsrechtlichen Statuten verpflichtet. So weit so gut. Doch die Tatsache, dass sich seit Gründung der Bundesrepublik die großen etablierten Parteien halten um jeden Preis, lässt die Frage zu, warum dem so ist. Die letzten Jahre haben die Parteien der Mitte enorm an Zuspruch verloren, trotzdem halten sie sich regierungsfähig, indem sie untereinander koalieren. Seit geraumer Zeit drängt vom rechten Rand eine Partei ins Zentrum der Macht, gegen die sich die etablierten Parteien wehren mit allen zur Verfügung stehenden rechtlichen Mitteln. Denn die Vertreter der politischen Mitte wissen, der politische Zuwachs von rechts wird immer stärker und es besteht die Gefahr, dass, wenn der Trend weiter geht, die Parteienlandschaft der Mitte sich auflösen wird. Ein Phänomen, das nicht nur in Deutschland sichtbar ist. Dass sich bis jetzt die etablierten Parteien noch halten, liegt am Zuspruch der Bevölkerung, die allerdings, wenn man sich die Wahlarithmetik anschaut, immer schwächer wird. Noch können sich die Parteien durch Koalitionen die Macht sichern, doch die Zeiten einer absoluten Mehrheit sind längst vorbei. Selbst sogenannte große Koalitionen können kaum noch Minderheitsregierungen bilden, da sie fast nicht mehr zusammen über 50 Prozent kommen. Deren Glück sind die unversöhnlichen Widerstände von Links und Rechts, die ein starkes oppositionelles Bündnis verbieten. Wären die ideologischen Fronten nicht so verhärtet, könnte die Opposition viel stärker an Macht gewinnen. Denn nur um diese geht es, um nichts anderes. Die Folgen einer Schrumpfung der Parteien der Mitte sind unabsehbar. Dass die Demokratie in Gefahr ist, wie lauthals orakelt wird, wäre eine Katastrophe. Das Grundgesetz wie auch die Gewaltenteilung verhindern zum Glück eine gesetzliche Veruntreuung und blockieren die Bildung einer totalitären Einheitspartei. Die Schrecken der Vergangenheit lasten auf der Bundesrepublik. Ein Ruck weg von der Mitte ist oftmals mit zunehmender Wirtschaftsangst und steigender Armut verbunden und die Einsicht der Bürgerinnen und Bürger, dass die waltenden Parteien sich nicht um die Belange des Volkes kümmern, was leider auch stimmt – sie sind eher Staatsorgane, als dass sie das Volk als Souverän ansehen würden. Rechts oder links werden es richten, heißt es dann, wenn das Vertrauen verspielt ist. Vor den Wahlen allerdings werden Versprechungen gemacht, das Volk umgarnt – nach den Wahlen, wenn feststeht, wer das Zepter halten darf, sind die Versprechen Makulatur. Dann läuft der Betrieb wie immer: Die Parteifunktionäre bilden ein Netzwerk innerhalb der etablierten Parteien und treffen maßgeblich die politischen Entscheidungen, ohne Einbindung der Wählerschaft. Der Wille des Volkes bleibt außer Acht. Die demokratischen Strukturen werden bei den Entscheidungen formal eingehalten, jedoch unterliegt der Ablauf und die Kontrolle des politischen Prozesses den dominierenden Parteien und ihren Führungszirkeln. Die Parteien agieren als Staatsorgane und nicht als Repräsentanten des Volkes.

Vergegenwärtigen wir uns alle relevanten Punkte des Parteiwesens: Innerhalb einer Partei entscheidet die Spitze. Dies äußert sich durch die geschlossenen Kandidatenlisten, was nichts anderes ist als Ausdruck einer fehlenden innerparteilichen Demokratie. Politische Karrieren sind gekennzeichnet durch eine starke Abhängigkeit von Parteistrukturen. Wie werden die großen Parteien finanziert? Die Finanzierung läuft zu einem großen Teil über den Staat. Einen Anspruch auf staatliche Teilfinanzierung per annum haben diejenigen Parteien, die bei der Europa- oder Bundestagswahl mindestens 0,5 Prozent erreicht haben. Alternativ gelten auch die Landtagswahlen, bei denen mindestens ein Prozent der abgegebenen gültigen Listenstimmen erreicht werden müssen. Das Parteiengesetz schreibt minutiös vor, wieviel Geld einer Partei zufließt.[53] Die Zahlen der Parteifinanzierung liegen aus dem Jahr 2022 vor: Die SPD erhielt an die 47,7 Millionen Euro an staatlichen Geldern, was ca. 30 Prozent der Gesamteinnahmen ausmachte. Die Beiträge der SPD-Mitglieder betrugen 54,5 Millionen Euro. Hinzu kamen Spenden. Die AfD bekam von allen Parteien die geringste Teilfinanzierung durch den Staat, weil die Einnahmen aus Mitgliedsbeiträgen mit 3,8 Millionen Euro gering ausfielen. Vom Staat flossen 10,4 Millionen Euro in die Parteikasse, was einen Anteil von 44,9 Prozent der Gesamteinnahmen bedeutet. Bei der CDU lag der

---

[53] siehe https://www.bmi.bund.de/DE/themen/verfassung/parteienrecht/parteienfinanzierung/parteienfinanzierung.html

Anteil an staatlichen Geldern gesamt bei 32,6 Prozent. Bei der FDP waren es 36,9, bei der Linken 36,1, bei den Grünen 35,4 und bei der CSU 32,7 Prozent. Durch die staatlich vorgeschriebene Bezuschussung können die dadurch begünstigten Parteien ihre Dominanz leichter aufrechterhalten. Insgesamt werden zwölf Parteien finanziell vom Staat unterstützt. SPD, und CDU bekommen die meisten Steuergelder, dann folgen Grüne, FDP, CSU und Die Linke. An siebter Stelle kommt die AfD, dann fällt die Bezuschussung deutlich ab für dieBasis, Freie Wähler, Die Tierschutzpartei, ÖDP und Volt.[54] Insgesamt erhielten die zwölf Parteien 2023 staatliche Zuschüsse in Höhe von rund 209,6 Millionen Euro. Bei diesen Summen wird klar, was für gewichtige Unternehmen Parteien darstellen. Der Gesamtbetrag fällt insgesamt deutlich voluminöser aus, da viele Spenden wohlweislich nicht gemeldet werden. Hinzu kommt der Auftrag des Regierens. Der Einfluss unabhängiger oder neuer politischer Akteure ohne entsprechende Bezuschussung ist begrenzt. Die Macht ist dort, wo das Geld fließt. Das Grundgesetz garantiert zwar die Parteienfreiheit, aber in der Praxis dominieren etablierte Parteien die politischen Prozesse. Und diese etablierten Parteien, zu denen die AfD zugerechnet werden muss, praktizieren eine parlamentarische Demokratie, was besagt, dass das Volk in den großen Entscheidungen ignoriert wird. Souverän ist nicht das Volk, sondern der Staat. Frühe Überlegungen, ein Räte-System einzuführen, was einen direkten Input der Bürgerinnen und Bürger bedeutet hätte, wurde abgewiesen. Der Staat, das sind im Grunde die regierenden Parteien. Der Staat ist nichts anderes als Ausdruck einer waltenden Parteien-Oligarchie. Nun könnte man meinen,

---

[54] https://de.statista.com/statistik/daten/studie/12293/umfrage/staatliche-teil-finanzierung-der-parteien/

dass die Opposition eine Garantie darstellt für eine Stärkung der Demokratie durch politische Gegendarstellungen. Wenn aber die Opposition wie die Parteien der Regierung nicht die Nöte und Sorgen der Bürgerinnen und Bürger im Blick hat, gerinnt der Streit zur Farce. Dann scheinen Ziele und Motive nur da zu sein als Ausdruck der Besiegten, die darauf warten, wieder nach oben zu kommen. Hier hört das demokratische Herz auf zu schlagen. Die Parteien-Oligarchie in Deutschland ist schon seit langem systemimmanent begründet. Das wusste bereits Karl Jaspers.[55]

4. Meinungsbildung und Kontrolle

Eine Meinung, so fasste es Hegel in der Einleitung zur „Phäno-menologie des Geistes" zusammen, stehe der Wahrheit diametral gegenüber. Dem zufolge ist das Meinen ein Fürwahr-halten, dem eventuell nicht subjektiv aber jedoch objektiv eine zureichende Begründung fehlt.[56] Wie wahr dies doch ist, ohne in den angesprochenen Modus der Subjektivität zu verfallen, wird richtig verständlich, wenn man feststellt, wie sowohl der Meinung wie auch der Meinungsbildung eine große Wichtigkeit zugesprochen wird, wobei gilt, dass eine Kommunikation die-ser Art frei von Herrschaft und Verzerrung nur in seltenen Fäl-len möglich ist. Und was ist schon Wahrheit, wenn nicht das Ganze in seinen jeweiligen Urteilen!

Wir konzentrieren uns hier auf die Genese und Auswirkungen politischer Meinungsbildung, die ein Leitprinzip unserer liberal-demokratischen Gesellschaft darstellt. Diese zu pflegen und zu

---

[55] Karl Jaspers, Wohin treibt die Bundesrepublik Deutschland?

[56] G. W. F. Hegel: „Das Meinen ist ein solcher Modus des Bewusstseins, der in der Wahrheit keine objektive, allgemeine und notwendige Bestimmung erblickt, sondern sich an das bloß Subjektive hält."

schützen, ist im Grundgesetz verankert. Bei dem Prozess der Meinungsbildung kommt den Medien mit ihren nahezu unbegrenzten Möglichkeiten der massenmedial verbreiteten Angebote eine signifikante Rolle zu. Zum einen wird durch die Medienlandschaft der Gesellschaft eine kulturelle Vielfalt offeriert, zum anderen besteht die Gefahr, dass bestimmte Gruppen dominieren und auf den Meinungsbildungsprozess einen zu großen Einfluss nehmen können und dem Gedanken des gelebten Pluralismus zuwiderlaufen. Um einen zu großen Einfluss einzelner Gruppen in der Meinungsbildung zu verhindern, gibt es medienpolitische Regeln. Hauptaugenmerk gilt immer noch dem Fernsehen, wobei Plattformen wie X oder Instagram ein immer größer werdender Einfluss zugesprochen werden muss. Grundlegend ist im Grundgesetz für die Bundesrepublik Deutschland im Artikel 5 festgelegt: „(1) Jeder hat das Recht, seine Meinung in Wort, Schrift und Bild frei zu äußern und zu verbreiten und sich aus allgemein zugänglichen Quellen ungehindert zu unterrichten. Die Pressefreiheit und die Freiheit der Berichterstattung durch Rundfunk und Film werden gewährleistet. Eine Zensur findet nicht statt."[57] Es sei denn, die persönliche Ehre eines einzelnen würde verletzt werden. Hier ist die Schranke der Meinungsfreiheit, hier greift das allgemeine Gesetz. Gewisse Schwellwerte dürfen bei der Konzentration der Meinungsbildung nicht überschritten werden. Falls doch, schaltet sich KEK ein, die Kommission zur Ermittlung der Konzentration im Medienbereich. Bei Untersuchungen der KEK sind drei Kriterien entscheidend: Erstens die Breitenwirkung, die sich auf die Reichweite des Mediums in der Gesellschaft wie auch auf die zeitliche und räumliche Verfügbarkeit des Medi-

---

[57] https://www.gesetze-im-internet.de/impressum.html

ums bezieht. Zweitens ist die Aktualität entscheidend: Das Medium Fernsehen ist stark durch aktuelle Informationen und den Live-Charakter der Berichterstattung geprägt. Und schließlich als dritter Punkt wird die Suggestivkraft überprüft, die als eine Kombination von bewegten Bildern und Ton verstanden wird, durch die dargestellte Inhalte besonders anschaulich, eindringlich und authentisch vermittelt werden können. Ist bei diesen Kriterien der Schwellwert von 30/100 überschritten, werden dem Veranstalter weitere Programme untersagt. Dies trifft auch zu, wenn die Regeln des freien Marktes verletzt werden. Das zeigt, welchen Wert die Meinungsfreiheit und deren Bildung in Deutschland zukommt.

Es geht jedoch nicht nur um die Konzentration und Verbreitung sondern auch um die Inhalte, die Medien ausstrahlen, und auch diese sind reglementiert. Es kann Wissen vermittelt werden, dabei aber auch bewusst Teilaspekte hervorgerufen werden, die einen Interpretationsraum öffnen. Medien können mit ihren Sendungen ein Meinungsklima abbilden, indem sie diverse Meinungsbilder verbreiten. Sie können persuasiv wirken und auch Handlungsimpulse setzen – sowohl kurzfristig als auch langfristig, was sich in einem bestimmten Partikulationsmuster abbildet. Die Medienlandschaft ist mächtig, und es ist gut, dass eine Kontrolle vorherrscht. Die wichtigste Funktion der Medien ist es, ein Stimmungsbild des Landes abzubilden. So findet der Einzelne in der medialen Präsentation Anhaltspunkte, ob die eigene Meinung einen Widerhall in der Öffentlichkeit findet. Das geht gut, solange die Kommunikation nicht persuasiv abläuft. Wenn eine Sendung darauf abzielt, eine bestimmte Zustimmung bei den Rezipienten zu erreichen, gleitet es in den dubiosen Bereich der Werbung ab. Politische Kommunikation gehört diesem Bereich an, obgleich angegeben wird, dass für die politische Berichterstattung journalistische

Normen gelten müssen. Diese Normen sollen eine unabhängige individuelle Meinungsbildung der Mediennutzer garantieren. Doch wie sieht es in der Praxis aus? Medienangebote werden redaktionell erstellt. Jede Redaktion verfolgt die eigene politische Linie. Dieser Umstand ist bekannt, und jeder Einzelne muss sich in dem Rechts-Links-Muster der verschiedenen Sender zurechtfinden. Dennoch ist von einer langfristigen Beeinflussung auszugehen. Eine Zeitung, die man täglich aufschlägt, ist auf lange Sicht prägend. Die so generierten Einstellungen, die über längere Zeiträume stattfinden, sind im Grunde nichts anderes als von den Medien kolportierte übernommene Haltungen gegenüber Themen, die nicht nur durch Wissen bereichert werden, sondern auch emotionale Bindungen hervorrufen und einen gewissen Handlungsbedarf erzeugen können. Die Haltung eines Lesers einer großen Tageszeitung gegenüber einem Thema aufzubrechen, ist ein kaum zu bewältigendes Unterfangen. Jedoch hängt es davon ab, wie offen der Rezipient ist und wie intensiv er sich mit Inhalten auseinandersetzt. Doch was passiert, wenn die Stimmung im Volk kippt? Wenn in der Meinungsbildung sich disparate Gruppen bilden, die sich unversöhnlich gegenüberstehen? Wenn die Meinung sich verfestigt in eine unabänderliche politische Haltung, hat das mehrere Gründe. Zum einen gibt es eine Diskrepanz zwischen politisch-ökonomischer Realität und den großen Verheißungen in den Wahlperioden. Schnell entpuppen sich Versprechen als Lügen – in ihrem Essay „Wahrheit und Lüge in der Politik" hat Hannah Arendt beherzt darauf hingewiesen, dass Wahrhaftigkeit nicht zu den Tugenden von Politikern zugerechnet werden kann. Im Gegenteil, falsche Versprechen gehören zur Tagesordnung, solange sie funktionieren. Zum anderen spüren Menschen, wenn sie nicht ernst genommen werden.

Dies ist schon seit langem der Fall. Den etablierten großen Parteien geht es allein um die Regierungsmacht. Das Volk sollte der Souverän sein, dem ist nicht so. Die Parteien fühlen sich mehr dem Staat als dem Volk verpflichtet. Das ist zum einen gut, denn damit präsentieren sie sich getreu dem Grundgesetz der Bundesrepublik, jedoch ist diese Buchstabentreue blutleer. Es ist eine eher fadenscheinig präsentierte Demokratie, eine gelebte Demokratie in einer repräsentativen Arbeit für das Volk müsste anders aussehen. Diese seit Jahrzehnten erfahrbare Differenz zwischen politischem hohem Anspruch der Parteien und deren gesellschaftlicher Verwirklichung, die sich besonders vor den Wahlen medial niederschlägt, hinterlässt Spuren in der Meinungsbildung. Besonders schwerwiegend ist die Tatsache, dass eine Partei, die eine schlecht geführte Legislaturperiode zu verantworten hat, sich nicht zu den miserablen Leistungen bekennt, sondern zuversichtlich auf die zukünftige Arbeit verweist. Dies ist ein deutliches Anzeichen von Ignoranz, fehlenden Respekts und fehlender Verantwortung. Wo ist die Integrität der Politiker? Darf man nicht erwarten, dass Politiker nach Fehlentscheidungen Farbe bekennen und zu ihren Taten stehen? Bei Wahlveranstaltungen zeigen sich die von den Parteien (nicht vom Volk) aufgestellten Politiker als Promoter einer ökonomisch sicheren Zeit. Kein Wunder, dass, je mehr Probleme das Land belasten, die Stimmung kippt, weil die Menschen dieses Landes das Vertrauen verlieren. Viele wandern aus Enttäuschung politisch ganz nach rechts. Aber dort ist alles noch viel schlimmer: es werden auch von dieser Seite Versprechen getätigt, die nicht einlösbar sind, und es gibt Politiker in deren Reihen, die liebend gern das Grundgesetz aushebeln würden. Sollte eine Rechtspartei eines Tages die Regierungsgewalt übernehmen, würde Deutschland unter Umständen zum zweiten Mal in den Totalitarismus absinken. Dass so etwas durchaus passieren kann, liegt an der fehlenden Integrität der politischen Akteure der etablierten Parteien. Es geht, wie es scheint, nur um Macht, Einfluss und Ansehen. Nur das Äußerliche unterscheidet sie von Popstars. Diese Richtung verstärkte bei Amtsantritt am 27. Oktober 1998 Bundeskanzler Gerhard Schröder, der nonchalant zu erkennen gab, dass er den höchsten und verantwortungsvollsten Posten Deutschlands lediglich als einen Job betrachtete, der Einfluss und Geld bringt. Er fühlte sich nicht oder kaum berufen, sich in eine aufopferungsvolle Rolle zu begeben wie seine großen Vorgänger Brandt und Schmidt. Seine provozierende Attitüde nannte einstmals der Kulturwissenschaftler Diedrich Diederichsen kurzum „Pop II" als eine karikierende Beschreibung, dass die Seriosität der politischen Sphäre aufgehoben war. Es war der Eintritt in ein neues politisches Milieu, in dem offensichtlich wurde, was latent und hintergründig schon immer vorhanden war: dass die Motive der Politiker sich nicht um das politische Wohlergehen Deutschlands drehen. Die machtbewusste aber rechtschaffene Bundeskanzlerin Angela Merkel hat diesen Reigen auf ihre ganz eigene Art unterbrochen. Ihre Nachfolger sind primär als Geschäftsleute zu betrachten, die es verstehen, auf ihren eigenen Vorteil zu schauen und sichtlich Vergnügen haben, sich auf der Sonnenseite der Macht zu bewegen. Dass dieser Umstand trotz der großen Kunst der lang geschulten Beschwichtigungen gefährdet ist durch einen drohenden Rechts-Ruck, der immer mehr an Fahrt aufnimmt, nicht nur in Deutschland, ist der fragwürdigen Attitüde der Vertreter der etablierten Parteien zuzuschreiben. Die Politiker setzen auf Charisma und versuchen mit ihrer geschulten Ausstrahlungskraft zu überzeugen. Doch es fehlen die Visionen, die ein charismatisches Auftreten begründen. Es ist der Schein einer höheren Befähigung, erzeugt aus

Marketingkampagnen und werbenden Plakaten. Politik und Werbung sind eng verwandt.

Eine Einschätzung der politischen und gesellschaftlichen Situation

Erleben wir derzeit einen Zerfallsprozess unserer demokratischen Verfassung? Für diese Annahme gibt es mehrere Hinweise. Seit Jahren bildet sich ein Erregungsraum heraus, in dem unkontrollierte Affekte und daraus resultierende Gegenaffekte sich ausbreiten. Verursacht wurde dieser Zustand einerseits durch einen Paradigmenwechsel, einhergehend mit einem Werteverfall, zum anderen steht dafür ein Typus novus des politischen Akteurs, der geleitet und bestimmt ist von weitgehend ökonomischen und nicht-politischen Zielen, dem jedes Mittel recht ist, um seine Ziele zu erreichen. Immanuel Kant war der Ansicht, dass es eine unüberbrückbare Kluft gibt zwischen Theorie und Praxis, dessen Differenz metaphysisch begründet ist in der Aufteilung des Phänomenalen und Noumenalen und sich zeigt in praktischer und theoretischer Vernunft, im Wollen und Wissen. Mit dieser Unterscheidung verweist Kant auf die Kraft der Begierde, in der sich der Mensch in der empirischen Welt aufhält, in der nichts anderes zählt als die Erreichung eines vorgegebenen Ziels, in der alles Handeln einem Ziel und einem Zweck unterworfen ist einer unausweichlichen Kausalitätskette, in der nichts wirklich Gutes erreicht werden kann. Dem hält der Königsberger Philosoph die Macht der Vernunft entgegen, geschöpft aus dem eigenen Selbst, ohne transzendenten Zauber, mit der nur allein seiner Ansicht nach Kraft der moralischen Maxime das Gute erreicht werden kann. Nicht im Ziel des Schaffbaren, aber in der Maxime des Wollens. Da Vernunft ambivalent ist und nicht hypostasiert werden darf, so wie Kant es tat, da sie sowohl das

Gute wie auch das Böse entfachen kann, müsste ein anderes Kriterium gefunden werden, um den moralischen Kickpunkt im Menschen zu beschreiben. Es könnte ein probater Versuch sein, die Unterscheidung zwischen Gesetz und Gesinnung vorzunehmen. Das Gesetz zu verwalten, sich nichts zu Schulden kommen lassen, eine Achtung vor dem Gesetz haben, ist für einen Politiker eine Voraussetzung oder sollte es zumindest sein. Doch ohne die entsprechende Gesinnung fehlt der Gesetzes- und Buchstabentreue der nötige sittliche Wert. Denn nur allein durch die gute Gesinnung ist eine Denkweise gewährleistet, die durch Moral und Werte geprägt ist. Wenn die moralische Gesinnung fehlt, wird alles Handeln fadenscheinig. Die Vita eines Politikers sollte nach seiner Gesinnung und seinen Wandlungen überprüft werden. Die viel und oft zitierte weiße Weste ist nichts anderes als ein Lebenslauf, in dem keine größeren Fehltritte auffindbar sind, durch die klar wird, dass wir es mit einem vertrauenswürdigen Menschen zu tun haben. Es ist zwar lediglich ein induktives Urteil, denn jeder Mensch kann sich zu jeder Zeit ändern, aber zumindest ist eine unbefleckte Vergangenheit ein gewisser Gradmesser. Gesinnung heißt, jeden Tag bemüht sein, die Werte und die Moral hochzuhalten. Deswegen ist die Arbeit eines untadeligen Politikers so hoch einzuschätzen. Es ist nicht der ungeheure Arbeitsaufwand – CEOs von Großkonzernen stecken, was das Arbeitspensum angeht, Politiker locker weg, es ist der Anspruch der moralischen Integrität, es ist das Wissen, dass jemand ein Volk führt, auf den Verlass ist, der sich im harten Ringen die richtigen Entscheidungen abnötigt, dem man Vertrauen schenken darf, zu dem man hochblicken muss – dessen Gesinnung nicht anfechtbar ist. Jedoch: Wenn man durch die politische Landschaft wandert, nützt auch die berühmte Laterne am helllichten Tag nichts, die einst Diogenes mit sich trug. Diogenes fand nicht den wahren Menschen, und heutzutage ist es äußerst mühsam, den ehrlichen, redlichen Politiker in den Spitzenpositionen zu finden. Egal wie stark die Laterne brennt, niemand ist in Sicht, der als Spitzenkandidat im politischen Raum mit einer redlichen Gesinnung aufwarten könnte. Diese mangelnde Gesinnung spüren die Menschen, da helfen auch die Werbemaßnahmen wie Reportagen und Kommentare der Medien nicht, um diesen Umstand zu korrigieren. Im Gegenteil: je suggestiver die Reportagen platziert werden, je eindringlicher die Tageszeitungen vor den Gefahren warnen, den demokratischen Pfad aus den Augen zu verlieren und beherzt für die Vertreter der etablierten politischen Mitte plädieren, desto stärker wird bei vielen die Enttäuschung und der Unmut, weil sie die moralische Kraft der politischen Akteure vermissen, die diese Aussagen rechtfertigen könnte. Das Werben um pluralistisch-demokratische Werte, die zum Ausdruck gebrachte Sorge der Medien, Deutschland könne seine liberal-demokratische Verfassung verlieren, ist nur so viel Wert, wie die politischen Akteure diese Haltung repräsentieren können. Wenn zudem die Wirtschaft krankt und ein Teil des Mittelstands in die Armut abrutscht, kommt Enttäuschung und Entrüstung hoch – dann werden die Plädoyers für Demokratie und Freiheit zur Farce. Je tiefer das Misstrauen und die Enttäuschung gegenüber den Taten, den Ergebnissen und dem Auftreten der Politiker wachsen, je mehr die Fahne der liberalen Gesinnung hochgehalten wird, je stärker die Wirtschaftskraft sinkt, desto mehr entsteht ein Erregungsraum, in dem nicht mehr argumentativ kommuniziert wird, sondern wodurch Affekte wie Ablehnung, Verzweiflung, Resignation und Wut hervorkommen und das politische Klima bestimmen.

In dieser aufgeheizten Stimmung, geboren aus der Enttäuschung angesichts der Hilf- und Ratlosigkeit der amtierenden Politelite, das ökonomische Ruder herumzureißen, wenden sich viele Bürgerinnen und Bürger der radikalen rechten Seite zu. Es ist gewiss eine Trotzreaktion. Dort, im rechten Lager, erhoffen sie sich das, was die politische Mitte nicht mehr zu geben vermag: eine redliche Gesinnung und Vertrauen, dass sich die Lage in Deutschland verbessern könnte. Doch auch den Vertretern der radikal Rechten fehlt es an Gesinnung und an Lösungen. Sie kritisieren die Regierung und erzeugen durch teilweise klar scheinende Prognosen den Eindruck, dass sie es besser machen könnten. Sie legen es geschickt darauf an, den Glauben zu entfachen, dass sie die Rettung Deutschlands wären. Doch sie sind nicht die Rettung. Sie wären genauso hilflos, wenn nicht sogar hilfloser als die etablierten Parteien. Ihnen fehlt es wie den etablierten Parteien an der Moral. Sie sind Karrieristen, denen es nur um die Macht geht. In dieser Hinsicht unterscheiden sie sich nicht von der politischen Mitte. Aber wenn die Rechten die Regierungsgewalt übernähmen, würde die liberale Ordnung Deutschlands bedroht sein. Es würde ein gesellschaftlicher Ton vorherrschen, der die pluralistische Meinungsvielfalt untergraben würde. Die Parolen vieler rechter Politiker orientieren sich deutlich an deren üblen Vorbildern, die die Gründungsmitglieder der Bundesrepublik Deutschlands verfassungsrechtlich nie wieder zulassen wollten. Wenn der Erregungsraum weiterwächst, wenn die etablierten Parteien gesinnungslos weiter agieren und die wirtschaftliche Lage nicht stabilisieren können, werden die Rechten immer mehr an Fahrt aufnehmen und, was zu befürchten ist, irgendwann die Regierungsmacht übernehmen. Es ist naiv anzunehmen, dass eine rechte Partei die Rettung Deutschlands wäre. Politische

Entscheidungen eines Staates sind im internationalen Geflecht von Interessen zu sehr verstrickt. Eine Entscheidung ist in einer Hinsicht vorteilhaft, zieht aber auf einer anderen Seite Nachteile mit sich. Es gibt keine einfachen Lösungen mehr in einer weltpolitischen Lage, die von geopolitischen Spannungen geprägt ist. Die Rechten vermitteln das Bild, dass nur sie es schaffen könnten und ihr Werben für deren Sache ist erfolgreich. Doch eine Partei, die die pluralistischen Werte in Frage stellt, die die liberal-demokratische Verfassung aufweichen würde, die den Wert des Lebens missachtet, darf nicht so groß werden, um die Regierungsmacht zu übernehmen. Soweit darf es in Deutschland nicht kommen. Man kann den Parteien der sogenannten Mitte vorwerfen, dass sie die falschen Entscheidungen treffen, sich ideologisch zum Teil verrennen, aber solange sie an den Werten und an der Verfassung festhalten und sich als liberal erweisen, sind diese Parteien die einzige richtige Wahl. In einer Demokratie zu leben, ist ein großes Privileg. Das wissen in Deutschland die Bürger und Bürgerinnen, die die Grauen des Dritten Reiches miterlebt haben, am besten. Doch um die kostbaren Werte, die ein liberales System mit sich bringt, muss gerungen werden. Das gesetzlich verankerte Vorhandensein dieser Werte und deren bloße Anerkennung reicht nicht aus. Werte müssen verwirklicht werden – mit ganzer Kraft, jeden Tag, immer wieder aufs Neue. Ein Wert wird erst zum Wert, wenn er gelebt wird. Und hierfür bedarf es der richtigen Gesinnung.

Was ist richtig, was ist falsch?

Wir erleben eine paradoxe Situation. Diejenigen Politiker, die auf der richtigen Seite stehen und das liberale System Deutschlands vertreten, treffen oft zielgenau die falschen

Entscheidungen, zumindest wird es so von einem Großteil der Bevölkerung wahrgenommen Die rechtsorientierten Politiker hingegen, die die grundlegenden Werte der liberalen Ordnung der Bundesrepublik Deutschland in Frage stellen, scheinen in schwierigen Situationen die bessere Lösung parat zu haben. Dieser Umstand lässt den Erregungsraum anwachsen. Die Europäische Union hat 2012 zu Recht den Friedensnobelpreis erhalten. Damals war Friede das höchste Gebot! Nunmehr sind Versuche einer Entspannungspolitik nicht mehr erwünscht. Stattdessen veranlasste die EU unzählige wirtschaftliche Sanktionen gegen Russland und unterstützte die Ukraine gegen den Aggressor Russland mit Waffen und technischem Knowhow. Bemühungen, den Krieg abzuwenden, waren nicht erkennbar. Angesichts der Leiden und der unfassbar vielen toten jungen Menschen in diesem Krieg in Verbindung mit den Idealen der Aufklärung und dem damit verbundenen Gedanken einer Entspannungspolitik sowie der Bedeutung der Würde und dem Schutz eines jeden einzelnen Menschen, bleibt die Frage, ob Europa seine Maxime der Menschlichkeit vergessen hat. Denn ein osteuropäischer Politiker wie auch der Papst haben gezeigt, dass es Wege aus dem Dilemma geben könnte. Beide Akteure haben sich couragiert für eine Friedenslösung eingesetzt. Beide Akteure haben hierfür harte Kritik einstecken müssen. Der Gedanke der Bestrafung des Aggressors wiegt im europäischen Denken viel schwerer als der Versuch einer möglichen politischen Entspannungspolitik. Der Weg des Krieges ist bestimmt auch der Bemühung geschuldet, Gerechtigkeit walten zu lassen. Aber die selbst zugewiesene Rolle des Ombudsmanns scheitert von vornherein an der fehlenden Neutralität, um der Kardinaltugend Gerechtigkeit wirklich Herr zu werden. Oder wie Nietzsche pointiert anmerkte: gerecht kommt von gerächt! Es ist die Attitüde der harten Unnachgiebigkeit, die im derzeitigen europäischen Denken erschreckt. Eine Haltung, die sich nachteilig in der Meinungsbildung niederschlägt. Wer versöhnliche Töne anschlagen will, und dabei eine andere Position vertritt, wird abgetan. Eine pluralistische, offene Meinungsbildung sieht anders aus. Der Gedanke an das von Russland verletzte Völkerrecht wiegt schwerer als Überlegungen, den Krieg beenden zu wollen. Im heißen Kern bedeutet Aufklärung, dass jedes einzelne Leben einen unendlich großen Wert an sich darstellt, dass jedes einzelne Leben geschützt werden muss und das um jeden Preis. Und diese Vision eines würdevollen, friedfertigen Lebens erscheint mir erstrebenswerter als das Ziel einer politischen Gerechtigkeit, was immer das auch sein mag. Der Wert des Lebens scheint in den politischen Wirren verloren gegangen zu sein.

So kommen wir zur zweiten Paradoxie. Es ist im Grunde keine Paradoxie, sondern vielmehr eine Aporie. In einer Welt, die allmählich aus den Fugen gerät, ist es widersinnig geworden, eine Erwartungshaltung für reale Lösungen einnehmen zu wollen. Ein Wirtschaftssystem, das weltweit dominiert, und rücksichtslos die Natur mit ihren Ressourcen ausbeutet, die Umwelt verschmutzt, den irreparablen Klimawandel voran-treibt, macht ein Innehalten, ein Umdenken, ein anderes Wollen obsolet. Wenn man diese drohende Kulisse, diesen real gewordenen Albtraum bedenkt, sollten aktuelle politische und wirtschaftliche Probleme zur cura posterior werden. Doch die großen Mächte agieren, als ob es keine warnenden Vorzeichen gibt. Andererseits, wenn man von dieser Kulisse absieht und sich den aktuellen politischen und wirtschaftlichen Problemen stellt, muss klar sein, dass durch die internationale Verflechtung und Verstrickung politischer Aktionen in einem unüberschaubar gewordenen geopolitischen Ringen, sowie der

Umgang mit den bürokratischen Hürden der Europäischen Union jeder Lösungsvorschlag einhergeht mit nachteiligen Folgen. Jeder Schritt in eine bestimmte Richtung zieht einen Schweif anderer Probleme mit sich. Hier kann man nur hoffen, dass der gute Wille vorhanden ist, verbunden mit einem Weitblick. Auch hier gilt: Am Ende zählen nur die Wahrhaftigkeit und die Gesinnung. Lassen wir Hannah Arendt zu Wort kommen: „Niemand hat je bezweifelt, dass es um die Wahrheit in der Politik schlecht bestellt ist, niemand hat die Wahrhaftigkeit zu den politischen Tugenden gerechnet. Lügen scheint zum Handwerk nicht nur des Demagogen, sondern auch des Politikers und sogar des Staatsmannes zu gehören. Ein bemerkenswerter und beunruhigender Tatbestand."[58]

Wenn das Unbehagen wächst ...

Sollte es möglich sein, ein richtiges Leben im Falschen zu führen? Wobei bereits der Hinweis hilfreich ist, dass es durchaus ein richtiges Leben geben kann oder zumindest vorstellbar ist – dabei ist nicht daran gedacht, dem Luxus zu frönen, Status-Symbole zu sammeln und die kleinen und größeren Lüstchen am Tag und in der Nacht zu befriedigen. Entschieden nein! Eher wird ein status essendi gesucht, in dem man – auch wenn es sonderlich altmodisch klingt – bei sich ist. Ein unumstößlicher innerer Zustand, eine sichere Festung, eine Trutzburg, ein unbedingtes Festhalten in und an sich, selbst wenn die Welt aus den Fugen geraten sollte! Docht Vorsicht, es gibt innere Widerstände. Einstmals wuchs die Wüste, im Innern, rasant schnell, und es hieß: „Weh Dem, der Wüsten birgt"[59]. Es war

---

[58] Hannah Arendt, Wahrheit und Lüge in der Politik, S. 44

[59] Friedrich Nietzsche, Also sprach Zarathustra,

das Heraufkommen der inneren Leere des Menschen, der Beginn der Selbstzerstörung, der Verödung der Seele. Nunmehr, gut 150 Jahre später, wissen wir mit der inneren Leere gut umzugehen. Wir haben probate Mittel gefunden, uns dagegen zu wehren. Wir sind Routiniers der Leere geworden. Wenn der innere Blick schmerzt, richten wir das Augenmerk auf den Glanz der schönen Dinge, einer vom Menschen geschaffenen künstlichen Welt. Doch auch dieser Blick auf die vermeintliche Attraktivität der Dinge um uns herum, auf den Abglanz dieser Welt, beginnt zu schmerzen, denn es kommt ein neues Gefühl auf, egal wohin man blickt: es ist das Gefühl des Unbehagens! Und das Unbehagen wächst wie ein unaufhaltsames Geschwür, das sich breit macht und alles Vertraute überwuchert, und nichts und niemand kann dieses seltsam unbestimmte, unangenehme Gefühl, gepaart mit Fremdheit, Abneigung, Unruhe und Angst aufhalten.

Hier hilft nur innere Stärke, um sich gegen das anwachsende Unbehagen aufbäumen zu können. Für dieses nicht ganz einfache Unterfangen könnte – und erneut greifen wir geschichtlich weit zurück – Integrität eventuell als standhafte Lebensform am besten helfen. Im Lateinischen hatte der Begriff integritas gleich mehrere Bedeutungen: Unversehrtheit, Reinheit, Redlichkeit, Unbescholtenheit, Uneigennützigkeit wie auch geistige Frische und im sexuellen Bereich Unberührtheit sowie Jungfräulichkeit. Trotz der kategorialen verschiedenen Bedeutungen verfolgt die integritas ein großes Ziel: mit sich selbst im Reinen zu sein. Wie wäre dies möglich? Welche Maßstäbe müssten für ein integres Leben angewendet werden? Vordergründig besagt Integrität nichts anderes als die Übereinstimmung zwischen Werten, Überzeugungen und Handlungen. Wer integer ist, handelt konsequent nach ethischen Prinzipien, selbst wenn äußere Umstände oder persönliche Vorteile dagegensprechen. Ein idealer Zustand also, geboren aus dem Verzicht und einem starken Willen. Immanuel Kant schwebte dieser ideelle, ganz auf Vernunft basierte Zustand vor, als er die Autonomie des freien Willens herausarbeitete und den kategorischen Imperativ als ethischen Maßstab formulierte. Wer so leben würde und könnte, wäre wahrhaftig, ehrlich, verlässlich und auch authentisch – mit anderen Worten: es wäre die richtige Gesinnung, wobei die innere Konsistenz des Charakters wie auch die Standhaftigkeit gegenüber äußeren Einflüssen gewährleistet sein müsste, insbesondere wenn diese im Widerspruch zu den eigenen ethischen Normen stehen. Aber wer unter uns „letzten Menschen" vermag diese hohe Hürde zu nehmen? Vielleicht im Ansatz und auch nicht immer. Da müssten, wie im antiken Griechenland, in der Paideia bereits die Tugenden eingeübt werden, um diese innere Kraft und Stärke erlangen zu können. Die heranwachsenden jungen Männer wurden im Gymnasion umfangreich geschult: Die Bildung umfasste körperliches Training, geistige Übungen, Redekunst, Rhetorik und die Wissenschaften. Körperliche Stärke und Phronesis (praktische Weisheit) waren für die Griechen untrennbar verbunden. Bemühungen, sich mit den Möglichkeiten des Bewusstseins gegen die Widrigkeiten des Lebens zur Wehr zu setzen, sind also alt. In der Nikomachischen Ethik, Buch 2, Kapitel 6, beschreibt Aristoteles den Begriff der Arete: „Tugend ist also eine Gewohnheit oder geschulte Fähigkeit zur Wahl, deren Merkmal in der Mäßigung oder Beachtung des Mittelmaßes im Verhältnis zu den betreffenden Personen liegt, wie es durch die Vernunft bestimmt wird, d. h. durch die Vernunft, mit der der verständige Mensch es bestimmen würde."[60] Er definierte Übermaß, Mitte und Mangel und entdeckte für sich als

---

[60] Aristoteles, Nikomachische Ethik

ethische Richtlinie die goldene Mitte.[61] Auch Paulus gemahnte im Philipper 4,8: „Weiter, Brüder und Schwestern: Was wahrhaftig ist, was ehrbar, was gerecht, was rein, was liebenswert, was einen guten Ruf hat, sei es eine Tugend, sei es ein Lob – darauf seid bedacht!"[62] Der letzte große Aufruf zur integrativen Lebensform geschah im Existenzialismus. Allein die Tatsache, dass alle Essenz negiert wird und stattdessen die bloße Existenz für einen autonom bestimmten Lebensentwurf vorherrscht, zeigt einen attraktiven Verinnerlichungsprozess und eine inhärente individuelle Stärke. Sartre plädierte für eine radikale Authentizität – als selbst gegebene Verpflichtung, gemäß der eigenen selbstgewählten Werte zu handeln, ohne sich durch gesellschaftliche Erwartungen oder durch quälende Fragen der Herkunft korrumpieren zu lassen. Integrität wird so verstanden als ein strukturelles Merkmal eines selbstbestimmten, ethisch reflektierten Lebens.

Ein anderes Mittel, sich gegen das um sich greifende Unbehagen zur Wehr zu setzen, ist der Rückzug! Der Rückzug wohin? Erneut geht es in das Innere, von dem Novalis verheißungsvoll verkündete, dass dort im Innern das Geheimnis warte. So heißt es etwa in den „Blütenstaub"-Fragmenten: „Wir träumen von Reisen durch das Weltall: ist denn das Weltall nicht in uns? Die Tiefen unseres Geistes kennen wir nicht. – Nach Innen geht der geheimnisvolle Weg. In uns, oder nirgends ist die Ewigkeit mit ihren Welten, die Vergangenheit und Zukunft" [63]

Als Künstlernatur betrete ich imaginative inwendige Räume, die eine kurzzeitige Erlösung bieten von den gesellschaftlichen,

---

[61] Die Nikomachische Ethik-Lektüre würde ich den Verantwortlichen der Welt empfehlen: Als Übermaß gibt Aristoteles dort die Wehrlosigkeit an, als Mitte die Friedensliebe und als Mangel die Streitsucht und den Militarismus.

[62] Philipper 4,8

[63] Otto Friedrich Bollnow, Der Weg nach Innen bei Novalis, S. 179

politischen und ökonomischen Turbulenzen. Da gibt es zum einen die helle Kammer der Kreativität, in dessen Bereich derjenige, der ingeniösen Zutritt findet, ganz bei sich ist. Der Zugang in diese helle Kammer ist verbunden mit einem Gedankenblitz, der in den Kopf einschlägt, sich dort festnistet und nicht mehr losgelassen werden will. Nur dieser eine kreative Gedanke ist dominierend vorhanden, alles andere ringsherum fällt ab, verliert an Bedeutung. An dem Gedanken wird gewoben, bis daraus ein Werk entsteht. Dann fällt man zurück ins Alltägliche. Das zweite Ressort ist das von Schopenhauer so brillant formulierte Szenario der ästhetischen Kontemplation. Bei Betrachtung eines Kunstwerkes hebt sich das Individuum auf. Es hört auf, die Welt mitsamt ihren Dingen als Mittel zum Erreichen seiner kleinen Ziele zu betrachten. Sie verlieren ihre Bedeutung als Objekte seines Willens. Es wird in der Betrachtung des Kunstgegenstandes ganz dieser Gegenstand. Die Wahrnehmung zerfällt nicht mehr in Subjekt und Objekt. Im Anblick des Kunstwerkes hebt sich das Subjektive auf. Nur die Wahrnehmung bleibt als verschwindend kleiner Bewusstseinsrest in Form des angeschauten Objekts, sonst nichts. Hier feiert der sich plagende Wille kurzfristigen Ruhestand und somit ruht auch die Welt.

Als letzter Fluchtversuch aus dem Getriebe des Gewöhnlichen bleibt nicht nur innerhalb der Kunst das Moment der Ekstase. Wenn diese im Lärmen und Toben der Instrumente ausbricht, tritt das Individuum heraus aus dem alltäglich Seienden. Es ist eine ganz eigene Seins-Erfahrung, in der jeder erlebten Sekunde eine entrückende Bedeutung zukommt. Töne, Farben, Gerüche werden in einer ungeheuren Intensität wahrgenommen. Das Ich ist aufgehoben in einer anderen Sphäre, handelt wie traumwandlerisch und agiert gleichwohl zielgenau mit geschärften Sinnen. Wie im Rausch wird alles erfasst, ganz nah am heißen Kern des Lebens, oft verglimmend nah – bis die Ekstase abflacht und das Individuum im Hier und Jetzt wieder ankommt. Auch in spirituellen Sitzungen oder im Zungenreden, wie auch teilweise in epileptischen Anfällen sind ekstatische Zustände möglich. Aber sie halten nicht lange an. Es folgt Erschöpfung und ein Wissen um ein gesteigertes Seins-Erlebnis. In einer Gesellschaft sind keine Fluchtressorts verortbar. Hier heißt es mitspielen oder ausgeschlossen sein. Dabei gibt es Gruppierungen Gleichgesinnter, die Trost und Zuspruch spenden können, aber der gesellschaftliche Grundtenor nach Ende des zweiten Weltkriegs läuft hinaus auf Leistung, Fortschritt und Produktivität. Alles ist zweckbestimmt, wobei Kant richtig erkannte, dass „Zweck" kein objektives Urteil darstellt, welches den Dingen inhärent ist, sondern ausschließlich eine von der Urteilskraft in die Dinge gelegte Eigenschaft ist. Das bedeutet, der Zweck findet sich nicht in der Wahrnehmung, wir nehmen den Zweck aus uns und übertragen somit den Dingen eine völlig fremde Eigenschaft. Vor allem: Zweckdenken entfremdet uns von der Welt. Und ein säkularisierter Staat befeuert dieses Denken, denn von einer funktionstüchtigen Regierung erwartet man allererst eine florierende Wirtschaft mit steter Steigerung des Bruttosozialprodukts, des damit stets verbundenen Wachstums – andere Bereiche wie die Nische der Kultur, des Undergrounds hingegen verlieren immer mehr an Boden und Bedeutung. Es ist klar, dass eine Gesellschaft, die von Zwecken und von ausschließlich ökonomischen Interessen geleitet ist, in einen totalen Positivismus abgleiten muss. Wenn der Fokus ausschließlich auf dem Geld, auf Konsum, auf dem äußerlichen Glück liegt, kann das auf Dauer für die Gesellschaft nicht gut gehen.

Ein Plädoyer: Alle(s) für die Freiheit?

Dabei ist klar: Die Freiheit ist das höchste Gut, das wir haben. Und wir haben die Freiheit, weil in Frankreich am Ende des 18. Jahrhunderts „des malheureux, les misérables und les damnés de la terre"[64] aufgestanden sind, um gegen den maroden Absolutismus von Louis Seize vorzugehen. Die Revolution verlief blutig, mündete zeitweilig in eine Welle eines ungeheuren Terrors, in der bekanntlich der Furor der Revolution die eigenen Kinder fraß, doch verhalf dieser Schritt zu einem noch nie da gewesenen Bewusstseinssprung, der ganz Europa erfasste. In Amerika zündete der Freiheitsgedanke bereits früher. Dort konnten die bislang dreizehn gegründeten Kolonien sich bereits zehn Jahre früher gegen die britische Kolonialmacht siegreich durchsetzen und eine Unabhängigkeitserklärung etablieren, die seitdem ein bedeutendes Dokument der demokratischen Staatstheorie ist. Seitdem gilt: Neben der privaten Freiheit, erlebt als Sicherheit und Wohlstand für die Wenigsten, gab es nunmehr in Amerika wie auch in Frankreich die politische Freiheit als eine historisch erkämpfte Möglichkeit eines jeden Einzelnen, an öffentlichen Angelegenheiten teilzunehmen. Politik war ab nun für jedermann greifbar und formbar. Grundlage hierfür war eine vom Staat garantierte Freiheit, eine politische Freiheit, die grundlegende Freiheit, frei zu sein. Wir kehren hier also ab vom philosophisch definierten Freiheitsbegriff, obgleich Kant gerade durch die Französische Revolution inspiriert war, den Begriff der Freiheit zu untersuchen, und wenden uns stattdessen der in der Politik und im gesellschaftlichen Leben konkret verwirklichten Freiheit zu, wie sie sich uns darstellt. Wie sieht diese Freiheit aus? Ausgehend vom 20.

---

[64] Hannah Arendt, Die Freiheit, frei zu sein, S. 17

Jahrhundert erleben wir einen im Westen gelebten Liberalismus, der sich dadurch auszeichnet, dass er die individuellen Rechte der Menschen, die Gleichheit aller vor dem Gesetz wie auch Freiheit, Sicherheit und Eigentum garantiert. In diesem System ist der Mensch autonom und auch die von Kant verliehene Würde als der höchste ethische Wert ist durch den liberalen Rechtsstaat gewährleistet. Innerhalb des liberalen Rechtsstaatssystems haben diese Ansprüche ihre Gültigkeit. Man darf jedoch nicht vergessen, dass der Liberalismus zwar die Ideale von Freiheit und Gleichheit in die Welt gebracht, diese aber zugleich den kolonisierten Staaten vorenthalten hat. Man denke an England, das den Liberalismus im eigenen Land hochgehalten hat, während die Kolonien rücksichtslos ausgebeutet wurden. Es ist ein offenes Geheimnis, dass außerhalb des libertär bestimmten Polit-Raumes der Liberalismus als ausbeutende Macht auftritt, der sich auf die Fahnen heftet, universell zu gelten. Wer sich in den Reihen illiberaler Regime gegen den Liberalismus ausspricht, wird als widerspenstiger Systemgegner angesehen. Ein absolutistischer Ansatz nach außen, ganz der instrumentellen Vernunft verpflichtet, ist dem Liberalismus des Westens eigen. Das geht so weit, dass kurioserweise dieses System, das so verschwenderisch mit den Weltressourcen umgeht, keine diskursiven Bemühungen zu erkennen gibt, sich mit den eigenen systemimmanenten Schwächen auseinanderzusetzen. Die eigenen Denkkategorien werden nicht in Frage gestellt, selbst dann nicht, wenn offen zu Tage tritt, dass die weltweiten Klimaschutz-Bestrebungen nur deshalb nötig geworden sind, weil die liberal-kapitalistische Lebensweise der privilegierten Staaten viel zu lange viel zu verschwenderisch anhielt. Die Versuche, den CO_2-Ausstoß zu verringern oder die Umstellung auf grüne Energieversorgung voranzutreiben, dient eher dem angegriffenen Gewissen, als dass es die sich anbahnende Klimakatastrophe verhindern könnte.

So wie der Liberalismus nach außen eine entschiedene Haltung einnimmt und aufgrund der inhärenten, überzeugenden Kristallpalast-Argumente sich als Sieger weiß, so sehr leidet er im Blick nach innen an den eigenen Dilemmata. Denn wenn der vom Staat garantierte Freiheitsraum im Wesentlichen von Bürgerinnen und Bürgern genutzt wird, um zu konsumieren, das Auto zu fahren, alle Vorteile eines Wirtschaftsstaates zu nutzen, dann sind die propagierten Werte eng verknüpft mit ökonomischen Interessen. Wo bleibt die Würde? Ist sie die Erlaubnis, verschwenderisch mit den Ressourcen umzugehen? Wo bleibt die Selbsteinschätzung der Würde? Wie fühlt es sich an, den Äußerlichkeiten nachzujagen? Ist das Gefühl der aufkommenden Leere ein selbstbestimmtes, würdevolles Leben? Wie weit steht es um die Werte der liberal-demokratischen Verfassung im Dienst einer allmächtigen, alles bestimmenden Industrie? Es scheint, als ob es zwischen den Gesetzes-Statuten mit den damit verbundenen Werte-Ansprüchen und dem gelebten individuellen Liberalismus, bei dem sich ein jeder die Freiheit herausnimmt, zu machen, was er will, eine Differenz gibt. Klafft zwischen diesen beiden Positionen – hier Grundgesetz mit seinen Werten, dort gelebter Liberalismus – eine Sinnes- und Wertelücke? Auf der einen Seite haben wir einen im Grundgesetz gesicherten Werte-Katalog, der die Freiheit, die Würde, den Schutz eines jeden Einzelnen und ein autonom geführtes Leben garantiert. Es ist die negative Freiheit, die das äußere Verhältnis zu anderen bestimmt wie auch zu den einzelnen staatlichen Institutionen. Auf der anderen Seite wird Freiheit positiv genutzt als eine Möglichkeit des nahezu uneingeschränkten Konsumierens. Grenzenlos ist diese positive Freiheit nicht. Auch hier gibt es Beschränkungen: durch innere Zwänge, durch das Fehlen von Bildung und Kompetenz, wie auch durch das Fehlen von Ressourcen. Freiheit wird also aufgefasst als eine Abwesenheit von Zwang und Fremdbestimmung, sowie als die Freiheit, tun zu können, was man will. Es ist der gelebte klassische Liberalismus, für den die Freiheit des einzelnen Menschen erst an der Freiheit der anderen endet.

Angesichts der Verwüstung der Erde, der Ausgrenzung anderer für das Wohl einzelner hat der westliche Liberalismus seine Glaubwürdigkeit verloren; gleichwohl sind die Gegenpositionen wie Islamismus, Autoritarismus und Populismus wahrlich keine überzeugenden Alternativen. Eine Lösung aus dem Dilemma muss der Liberalismus selbst bereiten. Denn wenn man den Liberalismus im Sinne seiner Bestimmungen ernst nehmen will, darf man die Kernaussage nicht übersehen, nämlich dass ein jeder das Recht und auch die Freiheit hat, sein Heil für sich selbst zu suchen, gleich wie und wo, Hauptsache, es kommt dabei niemand zu Schaden. Ein Rückzug ins Innere, ein Sinneswandel, eine Abkehr von den äußeren Genüssen müsste stattfinden. Wie sollte ein solcher Gesinnungswandel möglich sein? Wie so oft helfen auch hier die Postulate der Aufklärung, die Kant in der Kritik der Urteilskraft vortrefflich formulierte: Es gibt für ihn folgende Maximen des gemeinen Menschenverstandes:

„1. Selbst denken;

2. An der Stelle jedes anderen denken;

3. Jederzeit mit sich selbst einstimmig denken."[65]

Das Selbstdenken fordert dazu auf, den Mut zu haben, eigenständig zu denken und sich nicht blind auf Autoritäten oder

---

[65] Immanuel Kant, Kritik der Urteilskraft, § 40, S. 158

Traditionen zu verlassen. Dieses Selbstdenken steht in engem Zusammenhang mit Kants berühmtem Wahlspruch der Aufklärung: Sapere aude! („Wage es, weise zu sein!"). Solch ein kritisches und eigenständiges Denken wäre notwendig, um sich von Vorurteilen und fremdbestimmtem Denken zu befreien.

Das an der Stelle jedes anderen denken als Maxime der erweiterten Denkungsart verlangt, dass man sich in die Perspektiven anderer hineinversetzt und deren Standpunkte berücksichtigt. Dies entspricht einem offenen und vorurteilsfreien Denken, das nicht nur auf die eigene Sichtweise fixiert bleibt. Das entspricht der Diskursethik von Habermas, nach der moralische Normen in einem herrschaftsfreien Diskurs begründet werden müssen. Das bedeutet: Jeder Beteiligte muss gleiche Möglichkeiten zur Argumentation haben. Nur Argumente, die rational begründet und von allen akzeptiert werden können, sind legitim. Kant fordert zudem Empathie. Erst mit ihr besitzt die Vernunft, die Fähigkeit, sich in verschiedene Perspektiven hineinzuversetzen, um ausgewogene und universalisierbare Urteile zu fällen. Universalisierbar heißt, so zu agieren, dass zukünftige Generationen nicht nachteilig betroffen sind.

Schließlich die Forderung, jederzeit mit sich selbst einstimmig zu denken als Maxime der Konsistenz bzw. des konsequenten Denkens, was bedeutet, dass das eigene Denken und Handeln kohärent und widerspruchsfrei sein sollten. Wer heute eine Überzeugung vertritt, sollte nicht morgen aus Opportunismus das Gegenteil behaupten. Erst durch innere Konsistenz und Ehrlichkeit gegenüber sich selbst, entwickelt sich moralisches Denken. Diese Maximen einzuhalten, wäre die Grundlage für kritisches, reflektiertes und moralisch verantwortliches Denken.

Im Wandel solch einer liberalen Gesinnung müssten Politik, Wirtschaft und Gesellschaft neugestaltet werden. Denn ein kollektiv bestimmter Rückzug ins Innere würde die Wirtschaft, so wie sie derzeit aufgestellt ist, ins Straucheln bringen. Dann müsste radikal umgestellt werden auf die Produktion des Lebensnotwendigen. Keinen Luxus mehr, nur noch das Nötige. Dies müsste einhergehen mit einem kollektiven Sinneswandel. Die Illusion müsste schwinden, dass das Glück im Konsum liege. Der Trugschluss müsste aufgehoben werden, dass, je mehr wir kaufen und besitzen, desto glücklicher wir sind. Dann, erst dann nach einem Prozess der Besinnung auf die Werte eines maßvollen Lebens, im Einklang mit Natur, versorgt durch eine Industrie, die nur noch das Nötigste produziert und nicht mehr blind kahlschlägt, würde der Liberalismus globale Anerkennung finden.

Literaturverzeichnis

Arthur Schopenhauer, *Die Welt als Wille und Vorstellung*,
Band 1 und 2, Wiesbaden 1972
Arthur Schopenhauer, *Die beiden Grundprobleme der Ethik*,
Wiesbaden 1972
Jochen Hörisch, *Tauschen, sprechen, begehren*, München 2011
Erich Przywara, *In und Gegen*, Nürnberg 1955
Nicolai Hartmann, *Ethik*, Berlin 1962
Max Scheler, *Der Formalismus in der Ethik und die materiale
Wertethik, Halle 1927*
Theodor W. Adorno, *Ästhetische Theorie*, Gesammelte Schriften 7,
Frankfurt am Main 1970
Friedrich Nietzsche, *Also sprach Zarathustra,* Kritische Studienaus-
gabe, Band 4, München 1999
Friedrich Nietzsche, *Zur Genealogie der Moral*, Kritische
Studienausgabe, Band 5, München 1999
Friedrich von Hardenberg, *Logologisches Fragment*, Novalis
Schriften, Kritische Neuausgabe Band 2, Berlin 1901
Karl Marx, *Das Kapital, Kritik der politischen Ökonomie*, Marx Engels
Werke, Band 23, 24 25, Berlin 1977
Alfred Sohn-Rethel, *Geld, die bare Münze des Apriori*, Berlin 1990
Peter Decker (Hrsg.), *Demokratie. Die perfekte Form bürgerlicher
Herrschaft*, München 2013
Wilhelm Capelle, *Die Vorsokratiker,* Stuttgart 2008
Hannah Arendt, *Vita Activa* oder *Vom tätigen Leben*, München 2013
Hannah Arendt, *Wahrheit und Lüge in der Politik*, München 2013
Hanna Arendt, Die Freiheit, frei zu sein, München 2018
Immanuel Kant, *Kritik der reinen Vernunft*, Berlin, Leipzig o. J.
Immanuel Kant, *Kritik der praktischen Vernunft, Leipzig o. J.*
Immanuel Kant, *Kritik der Urteilskraft,* Leipzig 1924
Immanuel Kant, *Grundlegung zur Metaphysik der Sitten,*
Stuttgart 1982
Ernst Bloch, *Geist der Utopie,* Frankfurt am Main 1964
Ernst Bloch, *Das Prinzip Hoffnung*, Frankfurt am Main 1973
Ernst Cassirer, *Kants Leben und Lehre*, Berlin 1918
Wolfgang M. Schwiedrzik, *Träume der ersten Stunde
Die Gesellschaft Imshausen*, Berlin 1991
Ernst-Wolfgang Böckenförde, *Staat, Gesellschaft, Freiheit,.*
Frankfurt am Main 1976
Karl Jaspers, *Wohin treibt die Bundesrepublik?* Diessen 1966
Otto Friedrich Bollnow, *Unruhe und Geborgenheit im Weltbild
neuerer Dichter,* Stuttgart, 1953

Erwin Teufel (Herausgeber), *Was hält die moderne Gesellschaft zusammen?* Frankfurt am Main 1996

Netz-Quellen

https://de.wikipedia.org/wiki/Milton_Friedman
https://www.spiegel.de/politik/afd-partei-finanziert-sich-hauptsaech-lich-durch-staatliche-gelder-a-06a04713-56b9-45e8-847c-48ffced0301f
https://de.statista.com/statistik/daten/studie/12293/umfrage/staatli-che-teilfinanzierung-der-parteien/
https://www.bmi.bund.de/DE/themen/verfassung/parteienrecht/par-teienfinanzierung/parteienfinanzierung.html
Ralph Janick, Liberal vs. neoliberal: Die große Begriffsverwirrung
https://ralphjanik.com/author/raljan/
Deutschlandfunk/Stefan Weidner, Unsere Freiheit, von außen gese-hen
https://www.sueddeutsche.de/kultur/ki-assistenten-deepseek-chat-gpt-china-test-erfahrung-li.3191035?reduced=true
https://heiup.uni-heidelberg.de/journals/generale/article/view/23599
Johann Kreuzer, Das Licht als Metapher in der Philosophie
https://www.gewerkschaftsgeschichte.de/data/Gewerbeordnung.pdf